本书出版受"中央高校基本科研业务费专项资金"（360-63233157）资助

社会主义：
柯亨与马克思

朱雪微 著

Socialism Cohen and Marx

中国社会科学出版社

图书在版编目（CIP）数据

社会主义：柯亨与马克思/朱雪微著．—北京：中国社会科学出版社，2023.9
ISBN 978-7-5227-2496-6

Ⅰ.①社… Ⅱ.①朱… Ⅲ.①柯亨—社会主义—研究 Ⅳ.①D091.6

中国国家版本馆 CIP 数据核字（2023）第 163542 号

出 版 人	赵剑英
责任编辑	朱华彬　李　立
责任校对	谢　静
责任印制	张雪娇
出　　版	中国社会科学出版社
社　　址	北京鼓楼西大街甲 158 号
邮　　编	100720
网　　址	http://www.csspw.cn
发 行 部	010-84083685
门 市 部	010-84029450
经　　销	新华书店及其他书店
印　　刷	北京君升印刷有限公司
装　　订	廊坊市广阳区广增装订厂
版　　次	2023 年 9 月第 1 版
印　　次	2023 年 9 月第 1 次印刷
开　　本	710×1000　1/16
印　　张	14
插　　页	2
字　　数	219 千字
定　　价	88.00 元

凡购买中国社会科学出版社图书，如有质量问题请与本社营销中心联系调换
电话：010-84083683
版权所有　侵权必究

目　录

导　言 …………………………………………………………（1）

第一章　道德上维护：柯亨对社会主义的道德辩护 ………（8）
　第一节　对"张伯伦论证"的批判——柯亨为
　　　　　社会主义道德辩护的起点 ……………………………（9）
　　一　柯亨对"张伯伦论证"根本理论依据的批判 ………（9）
　　二　人性观和边界约束理论无法为"张伯伦论证"
　　　　辩护 ………………………………………………………（13）
　　三　"张伯伦论证"概念的诡计无法为资本主义
　　　　合法性辩护 ……………………………………………（16）
　第二节　资格理论何以可能——柯亨对诺齐克理论
　　　　　核心的批判 ……………………………………………（18）
　　一　诺齐克的理论核心——资格理论 ……………………（19）
　　二　柯亨对诺齐克获取正义原则的前提批判 ……………（21）
　　三　柯亨对诺齐克转让正义原则的前提批判 ……………（26）
　第三节　自我所有能走多远——柯亨对诺齐克理论
　　　　　思想的前提批判 ………………………………………（29）
　　一　自我所有——诺齐克思想的理论前提 ………………（30）
　　二　以退为进的策略——柯亨对自我所有的初步批判 …（33）
　　三　直面自我所有——柯亨对自我所有命题的批判 ……（37）

第二章 批判性解构：柯亨对社会主义理论前提的批判 …………（42）

第一节 走出"分娩论"的泥淖——柯亨重建社会主义的理论缘由 ……………………………………………（42）

一 经典马克思主义的"分娩论"泥淖 ………………………（43）

二 "分娩论"的滥觞——黑格尔的哲学思想 ………………（46）

三 从"助产士"到"工程师"——走出"分娩论"泥淖的真实内涵 ………………………………………（49）

第二节 社会主义何以可能——柯亨对社会主义理论前提的批判 ……………………………………………（52）

一 从肯定到否定——柯亨对马克思唯物史观的态度转变 ………………………………………………（53）

二 清晰论证——柯亨对马克思劳动价值理论的解构 ……（56）

三 无产阶级解体——革命主体何以可能 ………………（60）

第三章 理论性建构：柯亨对社会主义的重建 ……………（64）

第一节 公平的正义——罗尔斯的正义理论 ………………（65）

一 正义的主题——社会的基本结构 ………………………（65）

二 正义的灵魂——正义的两原则 …………………………（68）

三 正义原则的证明——新社会契约论 ……………………（72）

四 正义理论的方法——建构主义 …………………………（75）

第二节 拯救平等——柯亨对罗尔斯差别原则的批判 ……（78）

一 差别原则的初次批判——柯亨对差别原则适用的批判 …………………………………………………（79）

二 差别原则的根本批判——柯亨对差别原则本身的批判 …………………………………………………（85）

三 从差别原则中拯救的平等——柯亨的社会主义平等观 …………………………………………………（88）

第三节 拯救正义——柯亨对罗尔斯建构主义的批判 ……（90）

一 正义是不敏于事实的原则——对建构主义前提的批判 …………………………………………………（91）

二　正义原则不等于最优的社会调节规则——对建构主义
　　　　独特缺陷的批判 ………………………………………… (95)
　　三　从建构主义中拯救的正义——社会主义平等主义的
　　　　正义观 …………………………………………………… (98)
　第四节　工程师的绘制——柯亨重建社会主义的理论路径 …… (103)
　　一　重建社会主义的基本原则——平等原则和共享原则 … (103)
　　二　重建社会主义的引入原则——罗尔斯的差别原则 …… (106)
　　三　弥补个人选择的缺失——基督教的社会改革秘方 …… (108)
　　四　作为次好选择的市场社会主义——通向社会主义的
　　　　阶梯 ……………………………………………………… (111)

第四章　继承与发展：柯亨对马克思主义的推进 ……………… (116)
　第一节　作为理念的社会主义 …………………………………… (117)
　　一　理解社会主义的双重前提——实践观点的思维方式和
　　　　现实的独立的个人 ……………………………………… (117)
　　二　作为理念的社会主义：人的自我实现的哲学理念 …… (121)
　　三　人的自我实现的哲学理念——人与自然、人与人、
　　　　人与自身的本质统一 …………………………………… (125)
　第二节　作为实存的共产主义 …………………………………… (130)
　　一　作为思想的共产主义 ………………………………… (131)
　　二　作为运动的共产主义 ………………………………… (136)
　　三　作为社会形态的共产主义 …………………………… (140)
　第三节　马克思主义：理念和实存的统一 ……………………… (143)
　第四节　柯亨对马克思主义的继承与发展 ……………………… (150)
　　一　柯亨对社会主义理念的继承与发展 ………………… (151)
　　二　柯亨对社会建设方案的继承与发展 ………………… (155)

第五章　批判与澄清：柯亨对社会主义理论前提的误解 ……… (160)
　第一节　辩证法和唯物史观何以可能？——澄清柯亨对
　　　　辩证法和唯物史观的误解 ……………………………… (160)

一　辩证法何以可能——澄清柯亨对马克思辩证法的
　　　　误解 ……………………………………………………（161）
　　二　唯物史观何以可能——澄清柯亨对马克思
　　　　唯物史观的误解 ………………………………………（165）
　　三　澄清马克思与黑格尔的理论渊源 ……………………（169）
第二节　劳动价值论何以可能？——澄清柯亨对劳动
　　　　价值论的误解 …………………………………………（172）
　　一　清晰论证不能替代劳动价值论 ………………………（173）
　　二　劳动价值论的真正意蕴 ………………………………（176）
　　三　柯亨误解劳动价值论的原因 …………………………（181）
第三节　革命主体何以可能？——澄清柯亨对无产阶级
　　　　理论的误解 ……………………………………………（185）
　　一　澄清柯亨对马克思无产阶级概念的误解 ……………（186）
　　二　澄清柯亨对马克思无产阶级解体的误解 ……………（188）
　　三　澄清柯亨对马克思哲学与无产阶级结合的误解 ……（193）

结　语 ……………………………………………………………（197）

参考文献 …………………………………………………………（201）

后　记 ……………………………………………………………（214）

导　言

在对柯亨理论思想的研究中，一些学者将注意力放在柯亨前期对历史唯物主义的辩护上，一些学者将重心倾向于柯亨与诺齐克、罗尔斯的争论上，但事实上，这些都只是柯亨社会主义思想的一个方面。而在对柯亨社会主义思想的研究中，研究者们更多的是聚焦于柯亨对社会主义平等的考量，但这并不是柯亨社会主义思想的全部。柯亨的社会主义思想经历了从为社会主义做道德辩护，到对社会主义理念的坚信但对社会主义现实道路的质疑，再到试图对社会主义现实道路重建的探索。因此，可以说，尽管柯亨前期对历史唯物主义的批判开启了国外对马克思思想研究的新热潮，尽管柯亨与诺齐克、罗尔斯的交锋掀起了巨大的风浪，尽管社会主义平等是柯亨的重要思想，但实际上，柯亨的抱负远不止于此，柯亨的学术追求是要以分析的方法重建社会主义。鉴于学界对柯亨的社会主义思想研究的局限性，本书试图对柯亨的社会主义思想进行全面梳理，试图说明柯亨如何在自由主义的重重包围之中展开对社会主义的"道德上维护"，揭示柯亨如何在时代变迁中质疑社会主义从而对社会主义的理论前提进行"批判性解构"，以及论述柯亨如何在政治哲学与马克思主义哲学议题之间保持一种张力，进而在这种张力中思索如何在社会发展中对社会主义道路进行"理论性建构"。

问题是：我们能否止步于对柯亨社会主义思想的梳理？答案当然是否定的。对柯亨社会主义思想进行全面梳理有助于我们理解柯亨一生的学术思想，是我们研究柯亨思想理论的第一步，也是关键的一步。柯亨有很多称谓，其中"分析马克思主义代表"与"社会主义平等主义者"的称号都在提醒我们不能止于对柯亨社会主义思想的梳理，而应该以马克思主义为参照反观柯亨的思想与马克思主义之间的关系。在以往的研究中，学界大多放大或过多地赞扬柯亨作为社会主义平等主义者对马克思主义的贡献，而缩小或忽视了柯亨对马克思主义的误解和错判，这不利于我们对柯亨思想做出严谨的考察。所以，我们必须以经典马克思主义①为标准，反思柯亨究竟在哪些地方对马克思主义有所发展，又在哪些地方对马克思主义有所误解和错判。在柯亨对马克思主义发展的地方，我们必须给以积极的肯定，而对于其误解和错判的地方我们必须给以批判和澄清，这样才是对柯亨思想最中肯的评价和考察。

如果以马克思主义为参照，我们又面临一个问题，那就是我们必须明晰马克思主义究竟是什么。在当今时代重回马克思的经典文本中考察马克思主义是什么至关重要。第一，东欧剧变、苏联解体，人们认为倒塌的不仅仅是柏林墙，还有马克思主义理论，一时间社会主义终结、共产主义终结、马克思主义理论终结的三终结理论甚嚣尘上。罗尔斯的资本主义改良秩序增加了资本主义的信心，诺齐克的持有正义理论又给社会主义理论致命一击，新自由主义的飓风席卷全球。但新自由主义并没有解决资本主义的矛盾，西方激进左派又掀起了"拒斥社会主义，回到共产主义"的热潮，这样，如何走出自由主义的包围，超越现存的社会主义秩序就萦绕在人们心头，这些时代问题把对马克思主义、社会主义和共产主义思想的研究提上日程。第二，柯亨在自由主义席卷全球之际举起为社会主义理念辩护的大旗，而西方激进左派却提出"拒斥社会主义，重回共产主义"的口号，在拒斥苏联社会主义实践的同时将社会主义理念也一并拒斥了，为此我们必须讨论作为理念的社会主义到底是什么。西方激进左派提出"重回共产主义"，但他们内部对共产主义的理解又都莫衷一是，而柯亨在对社会主义反思的行文中夹杂着对共产主义的论述，将社会主义和共产主义混合使用，所以在理论和现实层面的双重意义上，我们都需要重回马克思的经典文本之中考察马克思社会主义和共产主义的本真意蕴。第三，对柯亨与西方激进左派的对比考察，更值得反思的是社会主义与共产主义关系的问题，只有在二者关系的厘清和分析之中，我们才能揭示马克思主义的本真意蕴是社会主义理念指导下

---

① 柯亨所谓"经典马克思主义"是指马克思和恩格斯的思想。

的共产主义运动学说，也才能以此为标准评判柯亨对马克思主义的继承与发展，批判和澄清柯亨对马克思主义的误解和错判。柯亨对社会主义理念和社会建设方案做出的贡献无疑是对马克思主义的继承与发展，从这个角度来说柯亨的确是一个马克思主义者。柯亨在反思和探索社会主义的过程之中，也存有许多对马克思主义的误解和错判，而其对社会主义理论前提的解构可以说质疑了马克思社会主义的科学性，我们必须进行批判和澄清，从这一角度来说柯亨又是一个后马克思主义者。只有既看到柯亨对马克思主义的继承与发展，又看到他对马克思主义的误解与错判，才可以说是对柯亨思想负责任的研究。

梳理柯亨的社会主义思想对整体把握柯亨理论具有重要意义。第一，对柯亨社会主义思想的研究，使我们看到柯亨的志向不仅仅局限于对历史唯物主义的辩护，也不仅仅是反驳自由主义对社会主义的责难，更不仅仅是对社会主义平等的探讨，寻求与时代相契合的社会主义理论路径才是柯亨一生的学术追求。只有明晰了柯亨学术的核心思想，我们才能更加清楚地理解他为历史唯物主义做的辩护、与自由主义的交锋、彰显社会主义平等重要性的真正用意。第二，在与诺齐克的交锋之中，柯亨直面诺齐克对社会主义的责难，直击其理论核心与理论前提，捍卫了社会主义的坚定立场，在道德上维护了社会主义的理念，使我们看到了柯亨对社会主义理念做出的贡献。第三，在对罗尔斯的批判和借鉴之中，柯亨既剔除了罗尔斯对正义与平等探讨的糟粕之处，又吸取了罗尔斯对正义与平等探讨的精华之处。更重要的是，柯亨在回应了当代自由主义对社会主义责难的同时，又深化了从经典马克思主义思想中吸收而来的构建社会主义的核心原则——平等原则与共享原则，实现了政治哲学和马克思主义哲学的深层对话。第四，柯亨创造性地将马克思主义主题、最近政治哲学议题与犹太—基督教三者加以糅合，用以阐述对社会主义的重建，使我们看到柯亨对社会主义的执着追求，明晰柯亨无论是对历史唯物主义的辩护，还是与自由主义的论战，抑或是对经典马克思主义的反思，都是围绕柯亨对社会主义的探索而展开的。第五，柯亨对社会主义的反思点燃了本来处于低潮的社会主义思想和马克思主义思想，在某种程度上化解了社会主义终结、共产主义终结和马克思主义理论终结的三终结理论，重燃人们对社会主义的希望。因此，探究柯亨的社会主义思想不仅有利于明晰柯亨学术思想的理论思路，也为研究分析马克思主义以及国外马克思主义思想开拓了道路。

考察柯亨的社会主义思想，不仅是我们理解柯亨思想的关键，更有利于重思马克思的思想。我们可以看到，尽管柯亨对社会主义的坚定信念自始至终都没有改变，但柯亨对社会主义的理论路径经历了从信仰到质疑再到试图重建的改变。在这过程中，无论是柯亨对社会主义的道德辩护，还是对社会主义思想的质疑，抑或是对社会主义的重建，都为社会主义的研究开辟了新的理论路径，体现了在时代的发展中推进马克思社会主义研究的重要性。但同时，柯亨对社会主义理论前提的解构与柯亨对社会主义理论的重建，都存在对马克思社会主义思想的误解和错判。如果柯亨是对的，那么马克思的社会主义思想面临的不仅仅是时代发展的拷问，更是理论本身科学性的严峻挑战，为此，我们需要反思、澄清、深化马克思的社会主义思想。在西方政治哲学与马克思主义哲学对话的语境中，反思社会主义的时代性与科学性不仅有助于推进西方政治哲学的发展，而且有利于深化马克思主义哲学的当代意义。在澄清马克思社会主义思想的过程中，我们需要重新返回到马克思的经典文本，退回到马克思的原初立场，重新思考纯粹的马克思主义到底是什么，从而才能使我们明晰苏联社会主义失败的原因以及我们社会主义建设中的瓶颈。同时，正是柯亨对社会主义理论前提的批判，让我们看到社会主义理论前提的重要性。因此对社会主义理论前提的澄清，一方面是对辩证法、唯物史观、劳动价值论、剩余价值论、无产阶级等马克思主义和社会主义核心思想的强调，另一方面也为研究这些理论前提提供了新的思路。

本书试图突破就柯亨的平等思想谈其社会主义思想的通常看法，将社会主义作为其思想主线和核心主题加以研究，试图重新梳理柯亨社会主义思想的理论路径，揭示柯亨的社会主义思想绝不单单是对社会主义平等的关注，而且是经历了从为社会主义做道德辩护，到依然坚信社会主义理念但质疑社会主义的现实路径，再到试图重建一条与时代发展相契合的理论路径，同时试图重返马克思的经典文本，以反思柯亨的社会主义思想与马克思的社会主义思想之间的关系，解析柯亨到底在哪些方面对马克思主义有所继承和发展，又在哪些方面对马克思主义有所误解和错判，并且对其继承与发展马克思主义的方面给予肯定与赞扬，对其误解和错判马克思主义的方面进行批判与澄清。

基于以上的思考，本书主要囊括了以下五个部分：前三章试图通过"道德上维护"、"批判性解构"和"理论性建构"三个方面来重新梳理柯亨的社会主义思想脉络，后两章试图从"继承与发展"和"批判与澄清"两个方面，分析柯亨的社会主义和马克思的社会主义的关系。

第一章侧重从柯亨与诺齐克之争来揭示柯亨如何在自由主义的包围之中实现对社会主义的"道德上维护"：柯亨以对诺齐克"张伯伦论证"的批判为起点开启为社会主义的道德辩护，以批判"资格理论"为重点直击诺齐克理论的核心，以批判自我所有原则为目的对诺齐克理论做前提性的批判，进而从根本上削弱了诺齐克理论的吸引力，实现对社会主义理念的"道德上的维护"。

第二章围绕柯亨对社会主义的"批判性解构"加以展开。首先，在反思社会主义的过程中，柯亨认为辩证法滥觞于黑格尔，并且马克思对辩证法的研究并没有超越黑格尔，这样柯亨就得出辩证法使科学社会主义陷入"分娩论"泥淖的论断。之后，柯亨对以辩证法为基础的唯物史观的态度也发生了改变，从原来肯定马克思赋予唯物史观新的意义到认为马克思的唯物史观是在黑格尔唯心史观框架内的简单改造。所以按照柯亨的观点，辩证法和唯物史观都存在不合理性。其次，在柯亨看来，劳动不创造价值，那么劳动价值论和以劳动价值论为基础的剩余价值论都无法为揭露资本主义剥削提供理论依据，从而柯亨试图以"清晰论证"取而代之。最后，柯亨提出对社会主义的革命主体的疑问，即对无产阶级概念、无产阶级解体、无产阶级与哲学的关系进行诘难，指出我们能做的只是抛开革命主体，开辟一条从道德上宣扬社会主义的新的理论路径。因此，柯亨对马克思辩证法、唯物史观、剩余价值论、无产阶级等社会主义的理论前提进行了"批判性解构"，指出这些社会主义前提的错误导致社会主义面临严峻的挑战，进而揭示出对社会主义进行"理论性重建"才是发展社会主义的最好出路。

第三章探讨柯亨对社会主义的"理论性建构"。对罗尔斯正义论的阐释及批判构成柯亨重建社会主义的理论来源。所以这部分首先介绍了罗尔斯的正义理论，然后以柯亨和罗尔斯之争为切入点，揭示柯亨如何在对"差别原则"和"建构主义"的批判中拯救出"平等"和"正义"，而这种"平等"和"正义"不是什么别的"平等"和"正义"，正是"社会主义的平等"和"社会主义的正义"，实现对这个时代的主题——正义与平等的考察。正是在对罗尔斯的批判与借鉴、对经典马克思主义的反思以及对基督教精神风尚的考察中，柯亨逐渐发现了一条重建社会主义的路径，即以经典马克思主义的平等原则和共享原则为核心，用差别原则调节平等原则与共享原则无法调节的不平等，同时将基督教精神风尚融入其中弥补差别原则对个人选择的缺失，实现对社会主义的"理论性建构"。但是在对社会主义的可欲性和可行性的追问中，柯亨意识到社会主义理想最难解决的是我们不清楚怎样设计社会主义运行的机制，在这样的困境面前，他最终提出市场社会主义作为次好的选择是通向社会主义的中介。

梳理柯亨的社会主义思想固然重要，但这只是我们考察柯亨社会主义思想的第一步，我们还需向前迈进一步，反思柯亨对马克思主义何以"继承与发展"，又如何"批判与澄清"柯亨对马克思主义的误解和错判。为此第四、五章从"继承与发展"和"批判与澄清"两个方面，分析柯亨的社会主义与马克思的社会主义之间的关系。第四章试图重返马克思的经典文本，揭示马克思主义的本真意蕴，进而以此为参照评判柯亨对马克思主义的"继承与发展"。在柯亨对社会主义理念的道德辩护与西方激进左派拒斥社会主义理念的双重考察，以及对经典马克思主义文本和思想的回溯之中，审视我们究竟如何看待社会主义理念，进而基于柯亨对马克思社会主义和共产主义的混用，以及西方激进左派对马克思共产主义的不同解读，立足马克思的原初立场，反思马克思的共产主义到底是什么，进而明晰马克思主义的本真意蕴。在马克思主义的视域中，反思柯亨如何在社会主义理念与社会建设方案方面，对马克思主义加以继承与发展，揭示柯亨思想独到的批判性、原创性和说服力，以及对他重新激活社会主义和马克思主义给予肯定和赞扬。

第五章是对柯亨社会主义理论前提误解的"批判和澄清"。要想彻底、全面、辩证地考察柯亨的社会主义思想，不能只看到柯亨对马克思主义的"继承与发展"，还必须"批判与澄清"柯亨对马克思社会主义的误解和错判。由此可见，我们需要解决的是马克思社会主义理论前提何以可能的问题：辩证法和唯物史观是马克思在黑格尔理论框架内的简单改造吗？马克思没有对黑格尔思想做出任何超越吗？劳动价值论和剩余价值论是否真的错了？在当今时代，无产阶级是否真的退出了历史的舞台？这些问题的探讨对深入理解和反思马克思社会主义思想至关重要，因为如果柯亨是对的，那么马克思的社会主义理论的科学性就受到质疑。只有从整体上把握和梳理柯亨的社会主义思想，并且反思柯亨对马克思主义的继承与发展，批判与澄清柯亨对马克思主义的误解和错判，我们才能实现全面考察柯亨社会主义思想的目的，做到在时代发展中对各种马克思主义思潮进行借鉴与评判，明晰"马克思主义哲学的世界性影响，不仅是通过马克思的理论和实践活动而实现的，而且是通过其后继者的理论和实践活动来实现的"[①]。

[①] 袁贵仁、杨耕：《马克思与我们同行》，《当代学者视野中的马克思主义哲学》（西方学者卷上），北京师范大学出版社2012年版，第2页。

第一章

道德上维护：
柯亨对社会主义的道德辩护

在柯亨看来，道德论证的缺失既是今天人们对社会主义正当性质疑的症结所在，也是动摇人们心中理想社会主义信念的根本缘由。为此，柯亨呼吁今天亟须为社会主义做道德辩护，而柯亨为社会主义的道德辩护"实际上是从反击诺齐克对社会主义的攻击开始的"[①]。诺齐克在《无政府、国家和乌托邦》中通过对社会主义非正义性和限制自由的诽谤，为资本主义的正义和自由做辩护，这使柯亨从社会主义教条的迷梦中惊醒，意识到反击诺齐克守护社会主义理念的重要性。柯亨是以"张伯伦论证"为起点对诺齐克理论体系进行批判的，这同时也是他为社会主义道德辩护的起点。通过对"张伯伦论证"的深入分析，柯亨发现任何想从道德哲学和政治哲学方面为社会主义做辩护的人，之所以都不能绕开诺齐克的"张伯伦论证"，是因为它蕴含着诺齐克的理论核心——持有正义的资格理论，更重要的是它是以诺齐克为资本主义辩护的理论前提——自我所有——为依据的。正是对诺齐克理论体系和逻辑的深入剖析，才能使柯亨犹如剥洋葱般对诺齐克的理论进行层层批判。换言之，柯亨首先以"张伯伦论证"为起点展开对诺齐克的批判，进而对资格理论的批判来削弱诺齐克维护资本主义正义性的理论体系，最终对诺齐克理论体系的前提——自我所有的批判，瓦解诺齐克对资本主义不平等的正当性和私有制的合理性的诡辩，为社会主义理念辩护。

---

① 段忠桥：《为社会主义平等主义辩护——G. A. 科恩的政治哲学追求》，中国社会科学出版社2014年版，第6页。

第一节 对"张伯伦论证"的批判——柯亨为
社会主义道德辩护的起点

柯亨对社会主义的道德辩护实际是以反驳诺齐克"张伯伦论证"为起点的。因为"张伯伦论证"内含诺齐克理论核心——资格理论,更重要的是"张伯伦论证"以自我所有为理论前提,所以要想攻击诺齐克的理论核心,摧毁诺齐克的理论前提,必须首先从"张伯伦论证"入手,才能层层递进地对其理论核心和理论前提进行批判。柯亨首先以批判"张伯伦论证"论据的不证自明性为切入点;其次通过对第三方利益的考察来反驳诺齐克社会主义的非正义性的论断;再次指出人性观和行为的边界约束难以证明社会主义限制自由、资本主义维护自由;最后柯亨揭穿诺齐克玩弄概念的诡计,指出诺齐克只是企图通过概念的循环定义来维护资本主义私有制的合法性和不平等的正当性,从而证明"张伯伦论证"不具有说服力。

一 柯亨对"张伯伦论证"根本理论依据的批判

诺齐克宣称的是一种比当今现实的资本主义更纯粹的资本主义,他往往以攻击社会主义为手段来为资本主义做辩护,而"张伯伦论证"号称诺齐克维护资本主义的铜墙铁壁难以攻克。"张伯伦论证"旨在证明社会主义的非正义性和限制自由,为资本主义的正义性和自由性做辩护。在《无政府、国家和乌托邦》中,诺齐克假设一种初始平等的社会主义分配模式为 D1,威尔特·张伯伦作为一名天资卓越的篮球运动员,因其精湛的篮球技能吸引许多观众买票观看,他带来的票房价值使球队和他定下了契约,这样就建立了一种新的分配模式 D2,契约规定他可以从每一场他主场的篮球赛所卖出的每一张门票中抽取 25 美分的额外提成,那么如果有 100 万观众看了他的比赛,他就会比其他球员多赚 25 万美元。按照诺齐克的观点,D1 中每个人都有权支配初始分配的平等份额,这不是不公正的,而 D2 只是在 D1 的基础上,自愿地转让了自己所属的份额给张伯伦,如果说在 D1 那里不存在不公正,那么建立在 D1 基础上的自愿地支配自己所属的资源怎么就能是不公正的呢?所以,诺齐克认为 D2

也是公正的。况且，D2 丝毫没有改变第三方的利益，无论是转让前还是转让后，第三方都没有对交易双方产生过异议，这就是著名的难以攻克的"张伯伦论证"。这里诺齐克意在说明，自愿行为可以使原有的模式向其他模式转变，而维持原有模式的唯一方法只能是对自由进行限制，社会主义就是这样一种试图以牺牲自由为代价来维持原有模式的制度。这样诺齐克就得出了结论：资本主义是公正的和自由的，社会主义是非公正的和限制自由的。由此可见，为社会主义做道德辩护无法绕开"张伯伦论证"。

在考察"张伯伦论证"的过程中，柯亨发现诺齐克"张伯伦论证"的理论依据是：步骤的正义性＝结果的正义性，即命题由（1）"无论什么，只要它是从公正的状态中以公正的步骤产生的，它本身就是公正的"①，而怎么证明命题中所谓"步骤的正义性"呢？答：建立在主体自愿基础上的步骤就是正义的，这就引出命题（2）"无论什么，只要它是从公正的状态中、作为所有参与交易的主体的完全自愿交易的结果而产生的，它本身就是公正的"②。柯亨发现人们之所以通常会被"张伯伦论证"吸引，原因在于"张伯伦论证"是以（2）为依据的，而（2）是一个看似不证自明的真理，问题的关键在于"自愿"赋予这个命题以某种看似不证自明的真理性。因为我们通常确实将"自愿"视为一种"公正"的代名词，将"自愿"视为没有沾染不正义，进而认为没有沾染不正义就等于正义。柯亨否定"自愿"为"张伯伦论证"的依据提供的不证自明性，展开对"自愿"这一前提的批判。

柯亨开始试图以"奴隶制"为反例削弱"自愿"的不证自明性。柯亨指出，我们可以说我们自愿受人奴役，但即使这样，也不能说明奴隶制的存在是公正的。但诺齐克可能会反驳，只要这种奴隶制是从公正步骤中产生的，那它就具有正义性。所以，柯亨不得不转向第二步，以分析的方法从诺齐克的论述入手，找到诺齐克论证的漏洞。柯亨指出诺齐

---

① G. A. Cohen, *Self-ownership, Freedom, and Equality*, Cambridge: Cambridge University Press, 1995, p. 21.

② G. A. Cohen, *Self-ownership, Freedom, and Equality*, Cambridge: Cambridge University Press, 1995, p. 21.

克的这段论述无法说明球迷们去看张伯伦的比赛是出于"自愿",只能看出诺齐克意在强调球迷们买票看比赛的动机,即"然而必须承认,假如人们对把自己的持有转让给别人所提供的理由总是非理性的和任意的,那么我们就会感觉到这种不安。……既然在一个资本主义社会里,人们通常是按照他们认为这些人会使自己受益多少而把其持有转让给别人的,所以这种由个人交易和转让构成的整体结构在很大程度上就是有理由的和可理解的"①。在柯亨看来,"张伯伦论证"没有说服力的原因首先在于诺齐克没有表述清楚人们是否基于"自愿"付钱去看张伯伦打比赛,其次就算诺齐克讲清楚人们是基于"自愿"的选择也还是不够,因为这种行为的合理性还必须被证明。这种行为的合理性说的是交易双方要知道交易的结果,如果在这种情况下双方依然坚持交易,那才能够称得上是"公正的"。因为很难说如果张伯伦的球迷知道张伯伦凭借这些额外酬劳占有了特殊的权力地位,并且得知这些酬劳导致了他们之间的贫富悬殊的后果后,他们是否还会坚持交易。所以过程的正义性≠结果的正义性,诺齐克程序正义的理论不具有说服力。最后柯亨对诺齐克"自愿"的评判标准持质疑态度。诺齐克对"自愿"的评判标准是:如果限制一个人选择的是自然的事实而非人的行为,那么这种限制就是自愿的。因此,判断一个人行为自愿与否的标准"取决于这些其他人是否有权利这样做"②。在柯亨看来,这种"自愿"的标准并非像诺齐克所认为的没有改变第三方的利益,这种选择的局限性恰恰给第三方造成了影响,对此需要进行详细论述。

诺齐克假设从 A 到 Z 的 26 个男人和从 A' 到 Z' 的 26 个女人,其中 A 到 Z 和 A' 到 Z' 是按照双方喜欢程度的递减顺序排列的,如果 A 和 A' 是自愿地选择彼此结婚,那么即使 B 希望和 A' 结婚,B' 也想要同 A 结婚,但是 A 和 A' 结婚限制了他们的选择,所以直到 Z 和 Z' 面临的选择都将变成要么选择彼此等级的人结婚,要么选择不结婚,但无论怎

---

① [美] 罗伯特·诺奇克:《无政府、国家和乌托邦》,姚大志译,中国社会科学出版社 2008 年版,第 190 页。

② [美] 罗伯特·诺奇克:《无政府、国家和乌托邦》,姚大志译,中国社会科学出版社 2008 年版,第 314 页。

样，他们的利益都没有被侵犯且都是自愿的，因为人们都在各自的范围内进行选择，没有人的合法权利被限制。正是以此为依据，诺齐克指出无产者Z为资本家工作并非被强迫，而是出于"自愿"，因为对于面临要么饿死要么工作的无产者来说，他们的利益没有被侵犯，他们为资本家工作也不是被强迫的，因为资本家和无产者都是在自己的权利范围内进行选择。

对于诺齐克认为所有人都在自己的权利范围内进行选择就没有任何不自愿而言，柯亨持反对意见。柯亨认为A和B的交易如果使C的选择变少，A和B就限制了C的自由，那么C的选择就不是出于"自愿"。况且，"一个人的所得是否有效，取决于他可以在多大程度上利用自己的所有物，而这不仅取决于他有多少，而且还取决于他人有什么以及他人的所有物是如何分配的"①。所以，C作为第三方并不像诺齐克所说的利益不受侵犯。第三方的选择受到局限必然会影响他们的利益，不会像诺齐克宣称的那样份额没有改变。在柯亨看来，球迷们购票给予张伯伦巨大的额外收入势必会造成贫富差异的两极分化，以及阶级地位悬殊的阶级分化现象，随之而来的必然是第三方的选择的局限。张伯伦和球迷们的这种财富和阶级分化会对他们未出生的后代，以及第三方未出生的后代产生世世代代的影响。进而，柯亨以分析的方法对诺齐克为Z不是被迫为资本家工作的论证进行分析，指出我们需要反驳命题（3）"Z只有在限制了他的选择的行为是非法的行为时才会如此选择"②，柯亨的关注点集中于"选择的局限性"的结果到底是"自愿"与否，而（3）也可以表述为"如果某人被迫去做某事，那么某人的行为就是非法的"③。

柯亨通过两个例子来进行反驳，柯亨假设农夫a和农夫b都拥有一块地，而村民c喜欢从农夫a的地里穿过而行，村民d也喜欢穿过农夫b的地，不同的是村民c有权穿过农夫a的地，而村民d是因农夫b的慷慨大

---

① ［英］G.A.柯亨：《自我所有、自由和平等》，李朝晖译，东方出版社2008年版，第32页。
② ［英］G.A.柯亨：《自我所有、自由和平等》，李朝晖译，东方出版社2008年版，第43页。
③ ［英］G.A.柯亨：《自我所有、自由和平等》，李朝晖译，东方出版社2008年版，第43页。

度才能从其地中穿行，如果农夫 a 和 b 都筑起了一道篱笆阻止村民 c 和 d 从中穿行，在诺齐克看来，村民 c 是被迫改变路线的，而村民 d 并不能宣称自己是被迫的，因为村民 c 被农夫 a 剥夺了本属于他的穿行的权利，而村民 d 不具有这种权利。柯亨则指出村民 c 和 d 都是被迫改变路线的，这两个例子间的差别并不能够使村民 d 不能宣称自己是非自愿地改变路线，这表明了（3）不能为"自愿"提供论据，诺齐克的"自愿"说难以成立，所以诺齐克不能证明 D2 的公正性，这样柯亨就反驳了诺齐克"张伯伦论证"的不证自明性。

职是之故，柯亨驳斥了诺齐克不证自明的"张伯伦论证"论据，指出诺齐克无法证明 D2 是公正的，即使 D2 是公正的，也难以说明 D2 就一定会取代 D1，即使诺齐克能证明 D1 可能被 D2 取代，这充其量只能表明分配主义原则的多元化，而以此为依据说明 D1 势必会产生不正义并不具有说服力。换句话说，诺齐克似乎认为他的"张伯伦论证"击败了社会主义分配模式 D1，但是柯亨指出诺齐克只是说明了社会主义分配模式并非只是分配原则的唯一模式，也就是说它只是表达了 D1 与 D2 分属两种不同的分配模式。而对交易双方以及第三方和未出生者利益的伤害，证明诺齐克所赞同的社会有失公正，诺齐克不能对其"资本主义社会是公正的"论断自圆其说。这样看来，诺齐克既不能说明社会主义的非正义性，也不能宣称资本主义的正义性。

二 人性观和边界约束理论无法为"张伯伦论证"辩护

柯亨指出诺齐克的"张伯伦论证"旨在表明社会主义陷入一种进退维谷的境地：要么承认 D2 的公正性而放弃原有的社会主义模式化原则，要么以限制人们的自由为代价来坚持社会主义。柯亨指出，即使社会主义中出现很多可能会给社会主义带来严重后果的资本主义行为，但是这也不代表社会主义只能通过限制自由的手段来禁止此现象，社会主义不是靠简单粗暴的一味干涉和禁止，而是靠人们的一致同意和人性观。这样，柯亨以人性观为依据对诺齐克"社会主义只能禁止人们之间的资本主义行为"和"社会主义是限制人自由的制度"的论断继续展开批判。

首先，柯亨从社会主义者和诺齐克秉持的不同人性观入手，指出社会主义没有禁止资本主义行为，而且指责诺齐克没有证明社会主义与自由冲突的必然性。在传统社会主义中,资本主义难以发展并不是因为社会主义把资本主义视为非法,进而加以禁止,而是从人性观来理解,社会主义的合作模式满足他们深层的社会需求,人们基于自愿的合作而非需要牺牲自由来实现社会主义,反之,他们认为资本主义是缺乏公正性的。与柯亨背道而驰,诺齐克秉持的人性观是"人是市场社会的产物",人们之间仅仅是利益交换的行为主体,在他看来,交易是自愿的,禁止自愿交易就是限制自由。柯亨指出,这只能说明诺齐克和社会主义者秉持着不同的人性观,诺齐克没有说明社会主义者的人性观是不正确的,所以按照社会主义者的人性观来说,他们无须禁止资本主义的行为,那这样怎么能说社会主义与自由是冲突的呢?其次,柯亨认为社会主义者没有要求所有人都必须有社会主义情感,没有以"所有人都想维持社会主义模式"为先决条件。如果不是所有人都有社会主义热情,那么就存在三种可能性:极少数人没有社会主义情感,这种情况对社会主义的发展不构成威胁,社会主义无须禁止资本主义活动;很多人没有社会主义情感,这种情况建立社会主义的时机还不成熟,社会主义必须在资本主义创造了足够推翻它的可能的条件下才会发生,不然"全部陈腐污浊的东西又要死灰复燃"[①];数量位于这两种可能之间的人没有社会主义情感的情况下,社会主义可以为了"社会利益和广泛的自由"而限制资本主义的行为,但这种特殊的情况也不代表社会主义与自由具有冲突的必然性。柯亨指出,这种情况虽然会受到诺齐克行为的边界约束理论的责难,但是诺齐克的边界约束理论本身也存在问题,无法证明社会主义限制自由。

　　诺齐克以禁止自愿交易为因由,认为社会主义维持原有模式的唯一出路只能是限制自由。诺齐克这一论断的背后实际并非仅仅是自愿交易这么简单,而是他行为的边界约束理论。这种行为的边界约束表达了个人权利的不可侵犯性,在诺齐克看来,这种个人权利就是一种自由,而对权利的侵犯违反了这种行为的边界约束,也就侵犯了人的自由。诺齐克自认为其行为的边界约束原则是建立在康德原则基础之上:"个人是目的,而不仅仅是手段;没有他们的同意,他们不能被牺牲或被用来达到

---

① 《马克思恩格斯文集》第1卷,人民出版社2009年版,第538页。

其他的目的。"① 诺齐克的思维逻辑是不存在社会实体，存在着的只是不同的个人，而行为的边界约束的根本理念是"任何人都不可以为了他人而被牺牲"②。诺齐克认为"张伯伦论证"恰恰是以行为的边界约束为依据，来说明社会主义为了多数人的自由而限制少数人的自由，也就是为了多数人而牺牲了少数人，这恰恰反映的就是诺齐克行为边界约束的根本理念。柯亨对诺齐克行为的边界约束质疑并展开批判，指出行为的边界约束不能为"张伯伦论证"提供依据，不能证明社会主义限制了自由。

在柯亨看来，诺齐克行为的"边界约束理论"具有含混性。柯亨指出在《为什么是边界约束》这一章节中，诺齐克并没有阐述清楚行为的边界约束究竟是什么。在第一段中，诺齐克提出了自己为什么把侵犯权利作为行为的边界约束，并自认为在第二段借康德主义的根本原则给出了回答，但是在柯亨看来，诺齐克在第二段中只是重述了此问题，他只是再次强调"个人权利的神圣不可侵犯性"，并没有对为什么这成为行为的边界约束给出解答。在柯亨看来，这部分的最后一段更像是对边界约束的解释，即"边界约束表达了他人的神圣不可侵犯性。……谈论社会整体利益就把这个问题掩盖起来了"③。但是，这种解释却存在着含混不清的问题。柯亨表明，诺齐克要么是在说不可以把利益的再分配与以牺牲为代价换取更大利益等同，要么是在强调再分配的道德不具有正当性，就前者来说，它虽是正确的但与所要讨论的问题并不相关；就后者来说，它虽与探讨的问题相关但却是错误的。也就是说，我们并不知道诺齐克是想表达不能赞同 A，还是想说明他赞同 B，"A 因为由很多人组成的社会实体与单个人的实体相似（P），所以在人们之间进行重新分配是允许的（Q）。B 因为 P 错，所以 Q 错"④。柯亨支持诺齐克不赞同 A 的解释，但这样却没有合理地解释边界约束。而赞同 B 是不正确的，因为诺齐克

---

① ［美］罗伯特·诺奇克：《无政府、国家和乌托邦》，姚大志译，中国社会科学出版社 2008 年版，第 37 页。
② ［美］罗伯特·诺奇克：《无政府、国家和乌托邦》，姚大志译，中国社会科学出版社 2008 年版，第 40 页。
③ ［美］罗伯特·诺奇克：《无政府、国家和乌托邦》，姚大志译，中国社会科学出版社 2008 年版，第 39 页。
④ ［英］G. A. 柯亨：《自我所有、自由和平等》，李朝晖译，东方出版社 2008 年版，第 39 页。

关于再分配是对人的独立性的论断是错误的。从规范定义来说,"人的独立性"要么是在说物有其主的道德正当性,要么是在表明再分配的道德非正当性。柯亨指出,如果诺齐克所言是前者,那么一切模式化原则,甚至没有模式化的平等主义也都符合这一要求,如果诺齐克所言是后者,那么人的独立性不能为反对再分配提供依据。所以无论诺齐克是在哪种意义上给予解释,都不能为诺齐克的边界约束提供证明,如果诺齐克无法解释边界约束,那他就不能为支持社会主义限制自由提供理论依据。

三 "张伯伦论证"概念的诡计无法为资本主义合法性辩护

通过上述论述,柯亨对"张伯伦论证"根本理论依据的批判,以及证明人性观和边界约束无法为"张伯伦论证"辩护,从而表明了诺齐克的"张伯伦论证"无法证明社会主义是不公正的,也因此不能说明社会主义限制了自由。进而,柯亨指出诺齐克在"张伯伦论证"中使用了概念的诡计,而这种概念的诡计无法为资本主义合法性辩护。

在"张伯伦论证"中,诺齐克将"自愿"视为一种"自由",将禁止自愿转让视为对自由的限制,将自由的限制视为对权利的干涉,将对权利的干涉视为不正义,从中可以看出诺齐克的观点:自愿=自由=权利=正义,这样就陷入一种循环定义。具体来说,第一,柯亨揭示了诺齐克"自由"和"权利"的定义循环,一方面,我是否自由要看我是否有做某事的权利,只是在某人禁止我去做我有权利所做的事情时,我才是不自由的;另一方面,"人们对权利的拥有保障了人们的自由"①,这样诺齐克就徘徊在"自由"和"权利"的互相定义中。第二,柯亨揭示了诺齐克"权利"和"正义"的定义循环,一方面诺齐克将正义定义为权利的不被侵犯,另一方面他又指出保护权利就是正义,这样诺齐克就游走在权利和正义的循环定义之中。第三,柯亨揭示了诺齐克"自由"和"正义"的循环定义,自由的不被侵犯就是正义,正义就是对自由的保护。柯亨指出诺齐克沉浸在"自由""权利""正义"的恶性循环中,所以诺齐克既没有给出"自由"的定义,也没有说清楚究竟什么是"权

---

① G. A. Cohen, *Self-Ownership, Freedom, and Equality*, Cambridge: Cambridge University Press, 1995, p. 61.

利",更没有提出我们要如何理解"正义",他只是在玩弄概念的诡计。柯亨揭示在这种用"自由"定义"权利",用"权利"定义"正义",用"正义"定义"自由"的恶性循环背后,隐藏的是诺齐克的"自由的权利定义"。

诺齐克利用"张伯伦论证"表明,干涉球迷们合法地处理自己的25美分的私有财产的使用就是对球迷自由的限制。柯亨为此通过深入的分析,指出诺齐克用一种概念的诡计为资本主义合法性辩护,这种概念的诡计是他对自由的一种特殊的定义,柯亨称之为"自由的权利定义"。柯亨以诺齐克的文本为依据,揭示诺齐克的文本中蕴含着的这种"自由的权利定义",即"别人的行为限制着一个人可利用的机会,而这是否使一个人的行为不自愿,要依这个人是否有权这样做而定"①。也就是说,我的自由与否取决于我是否有权利做某事,如果我有做某事的权利,而你却阻止我做我有权利做的事情,那么我就是不自由的;反之,你阻止我做我没有权利做的事,我并不能宣称你干涉了我的自由,我是自由的。从中可以看出,这种"自由的权利定义"与我们通常所理解的"自由"定义不一样,柯亨称之为"自由的权利中立解释",即"无论何时,只要某人对我的行为进行了干涉,不论我有没有权利来进行我的行为,也不论我的阻碍者有没有权利来阻止我,我都是不自由的"②。一方面,诺齐克将"自由的权利定义"与对"私有财产的道德维护"相结合来为资本主义私有财产的合法性做辩护;另一方面,诺齐克又将"自由的权利中立解释"与"私有财产的道德维护"结合起来为非所有者的自由没有被侵犯做论证。为此,柯亨试图揭穿诺齐克徘徊于"自由的权利定义"与"自由的权利中立解释"之间为资本主义辩护的"概念的诡计"。

在柯亨看来,诺齐克的主要目的是证明保护私有财产既没有使私有制的自由受到制约,也没有使非所有者的自由受到侵犯。当他为保护私有财产即维护私有财产的自由辩护时,他用"自由的权利定义"定义自

---

① [英] G. A. 柯亨:《自我所有、自由和平等》,李朝晖译,东方出版社2008年版,第72页。

② G. A. Cohen, *Self-Ownership, Freedom, and Equality*, Cambridge: Cambridge University Press, 1995, p. 59.

由，指出私有者对自己的私有财产享有合法的持有权利，对私有财产的干涉就是对私有者自由的限制。也就是说，如果人们具有拥有私有财产的合法权利，那么保护私有财产就是保护私有者的自由。柯亨指出，如果侵犯私有财产是对私有者自由的限制，那么保护私有者的私有财产难道不是对非所有者自由的侵犯吗？这时，诺齐克又用"自由的权利中立解释"为非所有者的自由没有被侵犯做论证，认为无论非所有者是否有权利干涉私有者的私有财产，他们都是对私有者权利的侵犯，为此，对私有者私有财产的保护没有涉及对非私有者权利的侵犯，也没有造成对非所有者自由的限制。这样，诺齐克就在"自由的权利定义"与"自由的权利中立解释"两种"自由"的定义之间徘徊，这种徘徊并非因为他纠结于哪个定义更好，而是他为资本主义私有财产的合法性辩护而不得不采取的权宜之计，否则他将无法捍卫他的立场。正是在揭露诺齐克使用概念诡计的过程中，柯亨削弱了诺齐克为资本主义私有财产辩护的合法性，指出诺齐克的"张伯伦论证"不能为资本主义辩护。

在对"张伯伦论证"的反驳过程中，柯亨发现"张伯伦论证"的主要依据，即（1）和（2）是诺齐克资格理论持有正义原则中的获取正义的原则和转让正义的原则，进而柯亨发现诺齐克思想的理论核心是他的"资格理论"，也称为"权利理论""持有正义理论"，为此要想驳倒诺齐克，必须对"资格理论"展开强有力的批判。在发现资格理论是诺齐克理论思想的核心之后，以及对经典马克思主义与自由主义考察的双向视域中，柯亨发现诺齐克理论思想的前提是"自我所有"。由此可见，不仅要对诺齐克理论核心——资格理论展开批判，还应该对诺齐克理论思想的前提——自我所有进行批判。只有在对理论核心——资格理论和思想前提——自我所有的双重批判之中，才能说是对诺齐克为资本主义辩护的有力抨击，才能称得上是对社会主义的道德维护。

第二节　资格理论何以可能——柯亨对诺齐克理论核心的批判

柯亨在对诺齐克理论的进一步研究中，发现诺齐克坚持一种"个人权利逻辑先在性"的理论，这种理论表达了个人权利的神圣不可侵犯性。这种权利理论就是诺齐克的"资格理论"，强调对私有财产持有的资格和权利，为资本主义私有财产持有的合理性辩护，也称为"持有正义理论"。资格理论以持有正义的三原则——获取正义原则、转让正义原则和矫正正义原则——为依据。在诺齐克看来，获取正义原则保证私有财产原初占有的正当性，转让正义原则保证私有财产市场交易的正当性，矫正正义原则用来对前两个原则造成的不正义进行矫正，以期达到完全的公正。这样，诺齐克试图以资格理论的三个原则保证私有财产持有的各个环节的正当性，进而为资本主义辩护提供坚实的理论依据。如果说对"张伯伦论证"是间接地批判诺齐克的理论，那么现在柯亨开始直接面向诺齐克的理论，如果说柯亨是以"张伯伦论证"为起点为社会主义辩护，那么现在柯亨开始展开为社会主义辩护的理论历程。因为矫正原则由前两个原则所规定，所以如果击破了资格理论的前两个原则，那么第三原则自然也会不攻自破。为此，柯亨在分析方法的基础上，对构成诺齐克资格理论的获取正义原则和转让正义原则进行了前提批判，试图瓦解诺齐克的理论核心——资格理论。

一 诺齐克的理论核心——资格理论

诺齐克的资格理论强调对私有财产持有的一种资格和权利，它以罗尔斯的分配正义为靶子来阐述自己持有正义的分配理论。诺齐克不满罗尔斯在调和正义与平等时天平偏向平等的一方，诺齐克强调自由优先于平等，不平等是与生俱来的和难以调和的；罗尔斯主张的是一种社会合作的共同体，为此需要建立一种共同体的分配制度。但是在诺齐克看来，根本不存在任何形式的共同体，构成社会的是每个个体的个人，为此需要的是保护个人财产的持有正义理论，而不是集中于对财产分配的考量；罗尔斯反对社会分配领域的不平等现象，认为不平等必须加以调整，而他的分配正义理论正是为了提高社会最不利者的利益来试图调整这种不平等的现象。但是这在诺齐克看来是对个人权利神圣不可侵犯的亵渎，因为这种为了调整不平等而对社会最不利者的补偿侵犯了个人的权利，况且不平等本来就是难以避免的。换句话说，"分配正义"是把天赋较高和能力较强的人的财富收集起来，对天赋较低和能力较弱的人进行一种补偿。为此,诺齐克批判这种"分配"的天平偏向天赋较低和能力较弱的人,宣称天赋较高和能力较强的人的合法利益没有得到应有的维护,所以诺齐克反对"分配正义"的非中立性,提出"持有正义"取代"分配正义"来维护私有者应有的合法权利。

诺齐克的资格理论以持有正义原则——获取正义原则、转让正义原则和矫正正义原则——为理论依据。获取正义原则表达了所有物如何从初始的不被拥有到被占有的情况,这一原则可以表示为获取初始状态的正义+获取过程的正义=获取结果的正义/原初占有的正义,诺齐克用获取正义原则证明资本主义私有财产原初占有的正义性;转让正义原则用来揭示某物怎么从合法地占有到合法地转让,自愿转让是它的核心内容,这一原则可以表述为原初占有的正义+自愿转让=转让的正义,转让正义原则表明资本主义市场交易中不存在不公正,因为转让都是自愿的行为;矫正正义原则纠正获取正义和转让正义过程中出现的难以避免的不正义情况。这样,诺齐克就声称持有正义各原则为资本主义社会的正义性提供了依据,即获取的正义+转让的正义+矫正的正义=持有的正义。从中我们可以看到,当且仅当你对财产持有的各个步骤都没有沾染不正义的行为,也就是说只有你坚持了获取、转让和矫正各原则必须遵循的步骤,你才能称得上是合法地持有你的私有财产,这就是诺齐克为私有财产正当性辩护的基本理论。

在诺齐克看来,资格理论的持有正义优于其他分配正义观的原因在于持有正义的资格理论是一种历史的、非模式化的原则,它强调的是获得财产的过程而非分配所采取的模式。诺齐克认为分配正义是关注结果的即时原则,也被诺齐克称为"结果—目的原则";而持有正义是一种强调历史过程的重要的历史原则,实质是说对财产持有的正当与否完全在于历史的考察持有产生的过程,关注持有是如何发生的,即如何从获取到转让再到持有的过程。分配正义坚持的是一种即时原则,关注的是东西如何进行分配,看重的是分配的结果是谁最终得到了什么东西,诺齐克认为这种只关注结果而不考察过程的分配原则可能会侵犯人们的资格和权利。他认为持有正义原则的优越之处还在于它是一种非模式化原则,"认为步骤优先于任何可能形成或不可能形成的模式"①。模式化原则与非模式化原则相对，是"随着某种自然维度、自然维度的权重总合或自然维度的词典式序列"②进行分配，诺齐克认为模式化是分配正义原则的特点，因为它总是根据人的"道德功绩、需要、边际产品、努力程度"③或者这几项的权重之和加以分配。而持有正义的资格原则持有任何一种模式都是随机的观点，模式的随机性证明了非模式化，诺齐克指出不要因为它的随机性就认为它难以把握，因为获取正义原则清楚地说明了初始的分配是如何发生的，转让正义原则也明白地表述了分配是如何从一个人转向另一个人的，这些历史过程的状态虽然是非模式化的，但却都是清楚明白的。诺齐克认为分配正义是按照一种模式填空，即"按照每个人的给予每个人"填空，将二者视为分离的两种独立过程，而生产和分配在资格理论中不是两个分离的问题。问题的关键不是东西已经存在，只考虑东西属于谁的结果，而是东西进入世界时本身就带有资格。这种资格观念反对以非历史的视角把事物视为凭空而来的，而是坚持"从愿给者来，按被选者给去"的历史的非模式化原则，"张伯伦论证"就是这样自愿转让和自愿选择的历史的非模式化原则的最好例证。可见，诺齐克想表达的无非是：持有正义是超乎想象的正义。

二 柯亨对诺齐克获取正义原则的前提批判

诺齐克获取正义原则强调的是对某物的获取是否正义，我们可以将获取正义原则的总命题归结为：获取初始状态的正义＋获取过程的正义＝获取结果的正义/原初占有的正义，用柯亨的分析方法得出的命题就是上文所述的命题（1）"无论什么，只要它是从公正的状态中以公正的步骤产生的，它本身就是公正的"④。因此，柯亨认为诺齐克获取正义两

---

① [英]乔纳森·沃尔夫：《诺齐克》，王天成、张颖译，黑龙江人民出版社1999年版，第87页。
② [美]罗伯特·诺奇克：《无政府、国家和乌托邦》，姚大志译，中国社会科学出版社2008年版，第186页。
③ [美]罗伯特·诺奇克：《无政府、国家和乌托邦》，姚大志译，中国社会科学出版社2008年版，第187页。
④ G. A. Cohen, *Self-ownership, Freedom, and Equality*, Cambridge: Cambridge University Press, 1995, p. 21.

个前提保证了获取的正义性,其一是获取正义的限制条件保证了获取原初状态的正义性,其二是获取过程的正义性确保获取结果的正义性。柯亨以这两个前提为切入点,展开对获取正义的前提——公正的状态和公正的步骤的批判,指出获取正义的限制条件弱化了洛克的限制条款,难以到达对获取原初状态正义性的辩护;获取过程的正义性无法为获取结果的正义性提供理论依据,诺齐克没有做到通过获取正义原则捍卫他所谓资本主义原初占有的正义性。

明晰柯亨如何批驳诺齐克的限制条件,首先我们需要回到洛克的限制条款,才能清楚诺齐克如何弱化了洛克的限制条款。洛克规定了对无主物占有的限制条款是必须给其他人留有足够的、同样好的东西,并且保证自己不会浪费自己所获取的东西。对于洛克的限制条款,诺齐克指出问题的关键是"无主物的占有是否使其他人的处境变坏了"①。诺齐克认为存在两种使他人处境变坏的方式:一种是"使他失去通过任何一种特殊的占有来改善自己处境的机会"②;另一种是"使他不再能够自由使用(若无占有)他以前能够使用的东西"③。严格意义的限制条款是将这两种方式均排除,洛克的限制条款在某种程度上可以归属这种。诺齐克意义上的限制条件只排除了第二种方式,而允许第一种方式的存在,因此没有洛克的限制条款严格。正是从这方面来说,柯亨认为诺齐克的限制条件弱化了洛克的限制条款。

对于诺齐克对无物主的占有要看是否使他人的状况变坏的方面,柯亨持赞同意见,二人的分歧在于使他人状态变坏的判定标准。在柯亨看来,诺齐克使他人变坏的范围太过宽泛,起不到限制作用,因为诺齐克忽略了可能使他人状态变坏的情况。柯亨运用分析的方法举反例对诺齐克的限制条件进行了批判:柯亨假设了一个只有两个人(A 和 B)的世界,他们除了对自己私有外其他的东西都是洛克意义上的公有,A 从土

---

① [美]罗伯特·诺奇克:《无政府、国家和乌托邦》,姚大志译,中国社会科学出版社 2008 年版,第 210 页。
② [美]罗伯特·诺奇克:《无政府、国家和乌托邦》,姚大志译,中国社会科学出版社 2008 年版,第 210—211 页。
③ [美]罗伯特·诺奇克:《无政府、国家和乌托邦》,姚大志译,中国社会科学出版社 2008 年版,第 210—211 页。

地中获得 m 量的物质，B 从土地中获得 n 量的物质。假设 A 占有了所有土地，然后雇用 B 为其工作，给予他 n+p 的工资，A 在新条约下可获得 m+q（q>p≥0）的量。我们看 B 在 A 占有后的情况判断 A 的占有是否满足诺齐克的限制条件。在新规定下，总收益由 m+n 上升到 m+n+p+q，B 的占有量也从 n 上升到 n+p，因此 B 的状态没有因 A 的占有而变坏，A 的占有满足诺齐克的限制条款（柯亨称此状态为实际状态，称上述共有状态为虚拟状态）。但是在柯亨看来，A 占有土地并不能说明没有使 B 变坏，因为 A 的占有虽然没有给 B 造成物质上的伤害，但是很难判断 B 受制于 A 这种情况本身是否已经说明 B 的处境变坏了。并且诺齐克的假设是片面的，他只考虑了 A 对土地占有时二者的实际状况和 A、B 共有时的虚拟状态，排除了 B 独自占有土地的几种情况（柯亨称为虚拟状态），而这几种情况恰恰构成了限制条款的反例。第一种反例情况中，假设 B 先于 A 而占有了所有土地，B 的才能与 A 相当，并且 B 可以向 A 支付 m+p 的工资，所以凭什么 A 的占有就是正当的，拥有同样能力的 B 难道没有占有土地的资格吗？第二种反例中，如果 B 比 A 拥有更高的才能，B 雇用 A 并且给予 A 的报酬为 m+q+r（r>0），B 自己获取 n+p+s（s>0）①，可见 B 的占有满足诺齐克的限制条件。第三种反例中，假设 B 的才能低于 A 的才能，B 占有土地后无力支付 A 更多的薪水，只能保证 A 可以获取 m 量，自己获取 n 量，这时和土地公有时获得的量是相同的。可见，B 独自占有土地的物质产量不低于土地共有时的产量，并且在前两种情况下，B 的占有使获取量多于 A 独自占有土地的获取量。以上几种反例均表明了诺齐克使 A 占有土地的情况实际上恶化了 A 与 B 的状况，这与诺齐克获取正义的评判标准——"对无物主的占有正当性要看是否使他人的状况变坏"相悖。

柯亨评价诺齐克的限制条件是以合法和不合法两种方式改变了洛克的限制条款。合法的方式是在给予充足的补偿的前提下留有足够的同样

---

① 对于这种情况，本书同意方广宇在《柯亨平等主义思想研究》中指出，柯亨对 A 和 B 的所得可能产生了笔误，将 p 和 q 写反了，根据上文，A 的获得量应该是 m+p+r，而不是 m+q+r，B 的获得量应该是 n+q+s，而不是 n+p+s。同时也赞同方广宇添加的附加条件，即柯亨在限制 q>p≥0 时也应该限制 s>r。详见《柯亨平等主义思想研究》，中国书籍出版社 2015 年版，第 73 页。

好的东西,这一点以恰当的方式把握了洛克的限制条款。不合法的方式是诺齐克事先假设世界公有的前提,因此忽略了土地非公有的一些情况,这样就弱化了洛克的限制条件,诺齐克也没有给予人人可得的公有前提应有的解释说明。通过柯亨指出的诺齐克忽略的几种虚拟状态,可以充分证明诺齐克的获取正义的占有条款不够苛刻。所以,柯亨认为洛克的限制条款的苛刻性足以避免使他人情况变坏的现象发生,而诺齐克因其弱化了洛克的限制条款,难以保证人们的情况不发生恶化。更何况,诺齐克也没有说明他弱化了的洛克的限制条款到底什么样,到底怎样对"使他人情况变坏"进行限制。为此,柯亨指责诺齐克只是笨拙地区分了获取的不同限制性条件,但对限制性条件到底是什么样的并没有做详细的说明;其次难以说明诺齐克到底是在解读洛克,还是在建立自己的观点。总而言之,诺齐克通过获取正义的限制条件实现获取原初状态正义性的辩护不具有说服力。这样,让我们转入诺齐克获取正义原则的第二个前提。

在柯亨看来,诺齐克认为获取过程的正义性可以保证获取结果的正义性,其依据的原则就是上文所述的命题(1),这就是诺齐克所谓不证自明的真理。在柯亨看来,诺齐克的资格理论基于人们的直观感觉,使人们自以为过程的正义性保证结果的正义性是不证自明的真理。关于对获取过程的正义性保证获取结果的正义性的批判,柯亨分两步进行反驳:首先是对这种不证自明的原则进行批判;其次是论证前提中的"公正的状态"和"公正的步骤"概念的含混性,得出"公正的状态"和"公正的步骤"不能保证获取正义的公正性的结论,完成对获取过程的正义性保证获取结果的正义的批判,这是对获取正义原则第二个前提的批判。

针对很多学者对(1)的不证自明性的肯定,柯亨指出"公正的各步骤相加必然得出公正的结果"只是一种直觉,为此从三点揭示这种不证自明真理的虚假性。第一,原始思想的批判。在柯亨看来,人们可能是对两种思想先入为主,进而自然认为此原则的正确性是不证自明的。柯亨采用反例的方法对这两种思想进行反驳:其一是对超级原始的思想的反驳,一种超级原始的思想认为同类事物相加必定会产生同类事物,柯亨用两个奇数之和并不等于奇数的反例打破了这种思想的虚假性;其二是对较为原始的思想的反驳,较为原始的思想认为错误相加可能会抵消并带来正确的结果,柯亨通过反例打破了两个完美的事物相加未必会产生完美结果的幻象,即一桌好饭+一瓶与饭菜不配的好酒≠完美。第二,对含糊其词的思维过程的批判。柯亨指出诺齐克没有沾染不正义的步骤具有含糊其词性:如果没有沾染不正义的步骤说的是(a):其中存在不正义,那么我们并不能保证从"公正的步骤"的定义中推出(1)是正确的;如果是(b):此外,它们能够保证不产生不正义,那么(1)是正确的却不是重要的,可见,诺齐克"公正的步骤"不具有明晰性。第三,思想病理学的批判。根据诺齐克公正的状态的定义,即每一个人拥有他应该拥有的东西,并且都没有拥有他不应该拥有的东西,这种状态就是公正的。如果根据这种定义判断这种状态的步骤中有无不公正的现象,这样(1)是正确的,但是"公正的状态"的定义就不重要了。柯亨认为通过反例进行反驳的方法可能会使人感觉牵强附会,不能给诺齐克强有力的打击,但是却在一定程度上削弱了诺齐克"获取正义过程的正义保证结果正义的自明性"的论断。

柯亨转入前提批判的第二步,通过对"公正状态"和"公正步骤"的批判对(1)本身进行批判。"公正状态"强调的是获取的某物的状态是正义的,这种状态也就是每个人都拥有自己应得的东西,而并不会拥有不该应得的东西;"公正步骤"强调的是获取某物的过程中没有掺杂不正义的行为。接下来,柯亨通过"偶然事件"、"事先不知情"以及"事先并不知的组合过程"几个反例进行分析和反驳,也进一步证明(1)并非概念性真理。第一,柯亨用"偶然事件"的反例表明即使确保了所有步骤都是公正的,也会出现一种公正的状态向另一种不公正的状态改变的偶然情况。柯亨举了一个擀面杖的反例:我以公正的方式获取的擀面杖,它却意外地从山上的我家滚进了山下开着门的你家,但你并不知晓这个事情,你以为是自己的擀面杖从自己家滚了出来,于是你把它收起来,你获取我的擀面杖的过程沾染不正义的行为了吗?显然没有。那你获取我的擀面杖这个结果状态是正义的吗?显然不是。第二,柯亨以钻石的反例说明事先不知情的情况会打破公正的状态。我因为心血来潮把一颗自认为是玻璃的钻石送给了你,你和我一样也认为这只是一块玻璃,但是有一天证实了这块玻璃确实是一颗名贵的钻石,那么你还能声称持有它是正义的吗?显然不能。在柯亨看来,这个反例坚守了诺齐克意义上公正的步骤指的是不存在强迫和欺骗的行为，但却出现了不公正的结构，因此柯亨得出"过程的公正并不足以维护结果公正性"的结论。在事先不知情的组合例子中，一个经营清白的保险公司宣布破产，但由于国家没有给予补偿而使人们的生活受到伤害。保险公司的状况被爆料出来是意外，人们不得不用低廉的价格出售自己的资产也是意外，由此可见，即使以公正的步骤为前提，这些可预见的或者不可预见的方式最终也会打破结果状态的公正性。柯亨表明这里的一切都是在诺齐克所谓公正的步骤下进行的，但结果的最终状态却明显不能称得上是公正。

　　柯亨进一步指出"公正状态"的模糊性。柯亨用"以公正方式产生的奴隶制"的例子进行反驳，指出我们看问题的不同视角最终会影响我们对公正状态的定义：拥有同样才能的 A 和 B 都希望得到奴隶，为了满足这一愿望甚至不惜自己成为奴隶，最终二人通过抛硬币决定谁成为奴隶，结果 B 成为 A 的奴隶。根据诺齐克，A 通过公正的步骤使 B 成为自己的奴隶，这是在公正的步骤下得到的公正的状态。但是执法当局根据"奴隶制是非正义的"依据，也可以认为这是不公正的状态。因此，这里的"公正状态"具有不确定性。同理，柯亨指出和自己实力相当的对手进行赌博，你的惨败可以说是公正的状态也可以说是不公正的状态。如果从交易的过程来说，与实力相当的对手对比的过程中也无非正义的行为，可以说是公正的状态。但是这种结果的状态掺杂有运气的成分，人们仍然可以抱怨它的不公平，可见看问题视角的不同影响对公正状态的定义。这样柯亨对诺齐克获取正义原则的"公正状态"和"公正步骤"两个前提的批判，反驳了诺齐克以获取正义原则为依据对资本主义社会私有财产的原初占有的公正性的辩护。由此可见，柯亨通过对诺齐克获取正义限制条件和诺齐克获取过程的正义性确保获取结果正义的双重批判，完成了对诺齐克获取正义原则的前提批判。

三　柯亨对诺齐克转让正义原则的前提批判

　　诺齐克转让正义原则的主题说的是：一个人对转让的持有物是否具有资格，要看这个持有物的原拥有者是否拥有某物的所有权，同时要保障原拥有者对某物拥有的资格和转让后的拥有者获取某物的过程都是正义的。可见，诺齐克转让正义原则的一个前提条件是转让过程的正义性确保转让结果的正义性。诺齐克的转让正义原则实际对应的是上文所述的命题（2）"无论什么，只要它是从公正的状态中、作为所有参与交易的主体的完全自愿交易的结果而产生的，它本身就是公正的"①。从命题（2）中我们可以知道，诺齐克认为转让过程的正义性是转让结果正义性的理论依据，而转让过程的正义性的关键在于转让步骤不能沾染不正义以及转让的自愿与否。转让步骤的正义性和获取步骤的正义性一样，都是讲步骤或过程不沾染不正义，因此，对获取正义步骤的正义性的批判同样适用于对转让步骤的批判。从转让正义原则的主题和内容中，柯亨发现诺齐克转让正义原则的理论前提是"自愿转让"，为此，柯亨对转让正义原则的前提批判聚焦到了"自愿"。

首先，柯亨对诺齐克"自愿"的概念进行了批判。诺齐克通过两种不同的限制来解释"自愿"的概念：其一，限制人的行为的是基于自然的事实；其二，限制人的行为的是有权利的他人的权利限制。"不自愿"或者"强迫"是指限制人的行为源于他人的侵犯权利的干涉。如上文"张伯伦论证"中所述，诺齐克通过 A 到 Z 的例子说明这个问题：从 A 到 Z 26 个男人和从 A'到 Z' 26 个女人选择结婚对象，A 与 A'自愿结婚，尽管 B 也想和 A'结婚，但是 B 只能和 B'结婚，最后 Z 只得选择和 Z'结婚。诺齐克想通过这个例子表明这里的所有人都是在自己的权利范围内进行的选择，而根据自愿的概念定义，在自己的权利范围内进行的选择是自愿的选择，不具有强迫性。诺齐克正是借这个例子进一步指出工人并非被迫为资本家工作，因为工人和资本家均在自己的权利范围内做出选择，没有做侵犯他人权利的事情，资本主义是基于自愿选择的公正制度。柯亨指出诺齐克的"自愿"与"不自愿"只是一种选择的局限性，同时把批判的矛头直指诺齐克"选择的局限性并非等于不自愿"的结论。柯亨通过两个例子证明这种选择的局限性恰恰是一种强迫：假设 B 有权在 A 的地里通行，而 A 在地周围围上了篱笆，使 B 不得不选择别的路，根据诺齐克上述论断，A 的行为是非法的。假设 D 从 C 的地上通行并不是因为 D 有权这么做，而是因为 C 的宽容和不计较，那么根据

---

① G. A. Cohen, *Self-ownership, Freedom, and Equality*, Cambridge: Cambridge University Press, 1995, p.21.

诺齐克的论断，C 围建篱笆迫使 D 改变路线的行为不是非法的。以上两个例子足以表明诺齐克上述论断不能成立，B 和 D 均是被迫改变路线的，同样工人是被迫为资本家工作的，所以诺齐克关于"选择的局限性是一种自愿的选择"的结论是站不住脚的。

其次，柯亨指出"自愿"不能赋予转让结果以正义性。第一，柯亨认为建立在"自愿"基础上的交易不能保证交易结果的正义性。诺齐克认为确保转让过程的每个环节都是正义的，以及从事转让的主体是自愿的，二者足以确保转让结果的正义性。在柯亨看来，行为的正义与否不仅要看行为主体的自愿与否，而且要保证行为本身的合理与否。你行为的不合理性直接导致行为结果的非正义性，如果行为主体预先知道行为结果的非正义性，我们不能保证行为主体是否还依然"自愿"。自愿交易在某种程度上是主体之间在某种"同意"的基础上达成的契约，尽管这种同意是建立在自愿的基础上，交易程序的正义性也不能确保交易结果的正义性。第二，柯亨认为自愿转让可能产生不正义的后果。程序正义并不能保证结果正义，还可能带来严重的影响。诺齐克关于自愿交易最著名、最难反驳的例证就是"张伯伦论证"，柯亨指出在当今这个金钱与权力纵横的社会，这种自愿交易不仅会给张伯伦增加金钱、带来舒适的生活和奢华的享受，还会带来特殊的社会地位和特殊的权利地位，从而产生阶级分化、贫富差距等不平等现象。在呼吁平等、自由的时代，人们会自愿接受自愿交易之后不正义的结果吗？人们会破坏渴望已久并继续坚持的平等社会吗？第三，柯亨认为自愿转让会给第三方造成不利影响。因为在柯亨看来，每个人拥有的所有物与他使用拥有物的程度有关，而这不仅与他拥有多少有关，还与其他人的拥有物以及这些人的拥有物是怎样分配的有关。许多像张伯伦这样的人可以用被诺齐克称为"自愿转让"而获取的钱财购买大量的房产，使有能力购买的其他人的选择受限，或者造成房地产价格变动，从而影响其他消费者。

最后，柯亨对诺齐克陷入"自愿"、"自由"和"正义"的循环定义进行批判。第一，柯亨批判诺齐克陷入"自愿"和"自由"的循环定义。在诺齐克的"张伯伦论证"中，诺齐克表达了自愿转让是一种自由意志，任何企图干涉自愿交易的人都限制了他人的自由。在柯亨看来，诺齐克将"自愿"定义为人的一种自由意志，将"自由"定义为一种自愿选择，陷入了"自由"与"自愿"的循环定义。在柯亨看来,即使"自愿"与"自由"等同,也没有绝对的自由,也不是自由意志主义者所认为的限制了自由,如果说没有不限制自由的规则,那么被自由意志主义者奉为自由规则的私有制也不例外。诺齐克所谓"社会主义与自由相悖,资本主义与自由相符"的论断毫无说服力可言。第二,柯亨指出诺齐克陷入了"自愿"和"正义"的循环定义。诺齐克认为行为过程的自愿可以保证行为结果的正义,当我们追问什么是自愿行为时,诺齐克却告诉我们只要当某人的转让行为是自愿的,转让过程中没有发生任何不正义的现象时,他的行为就是自愿的。而当我们追问转让正义的定义时,诺齐克给我们的解释是:转让的正义是由转让过程中的各种自愿的行为决定的。根据柯亨的分析,诺齐克这种从正义的角度定义自愿和从自愿的角度定义正义,势必会陷入"自愿"、"自由"和"正义"循环定义的泥潭之中。"自愿"、"自由"和"正义"的循环定义,不能为诺齐克转让正义原则的正义性提供有力证明。

根据以上论述,我们可以看出,柯亨通过分析的方法对诺齐克转让正义原则的前提进行了批判:对自愿概念,对自愿不能赋予转让结果以正义性以及对诺齐克陷入"自愿"、"自由"和"正义"的循环定义进行批判,使转让正义的前提——自愿转让不能再成为转让正义原则的构成原则。资格理论的转让正义原则没有得到有力的证明,诺齐克想通过转让正义原则证明资本主义的自由性、社会主义限制自由的论证站不住脚;资格理论的获取正义原则无法为资本主义私有财产的合法占有提供证明。资格理论的第一条和第二条原则在柯亨的前提批判下失去了说服力,由于矫正正义原则是由前两条正义原则决定的,所以柯亨对诺齐克持有正义原则的前提批判给诺齐克的资格理论带来了致命的冲击,但是柯亨并没有在这里止步,而是在此基础上展开对支撑诺齐克理论思想的根本前提的批判,试图从根本上摧毁诺齐克的理论,为社会主义道德辩护。

第三节 自我所有能走多远——柯亨对诺齐克理论思想的前提批判

柯亨以诺齐克"张伯伦论证"为起点,进而发现"张伯伦论证"背后隐藏的是其理论核心——资格理论,更重要的是在对诺齐克"张伯伦论证"和"资格理论"更深刻的考察中,柯亨恍然"张伯伦论证"理论的深层依据以及"资格理论"的根本前提是"自我所有"。作为自由意志主义代表的诺齐克,并不是以"自由"作为其理论前提,因为诺齐克所谓"自由"是"自我所有"意义上的"自由","权利"也是建立在"自我所有"之上的"权利"。可见,"自我所有"才是诺齐克的理论前提,而要从根本上批判诺齐克对资本主义的维护,以及澄清他对社会主义的诽谤,就必须对其理论前提进行批判。柯亨对诺齐克自我所有的批判分为两步:第一步,柯亨采取以退为进的策略,在承认诺齐克自我所有的前提下,证明从自我所有中推不出不平等,自由与不平等不具有因果必然性;第二步,直面自我所有,对自我所有命题展开批判,从根本上削弱了诺齐克理论的吸引力。

一 自我所有——诺齐克思想的理论前提

"张伯伦论证"是以资格理论的转让正义原则为其理论根据的,而隐藏于其后的根本前提是诺齐克的"自我所有"理论。具体来说,在"张伯伦论证"中,根据 D1 的分配,每个人都正当地拥有对自己及其能力的所有权,张伯伦合法地拥有自己精湛的球技,观众们都合法地拥有支配自己收入的所有权;而在 D2 中,每个人都拥有自愿支配自己收入以及自愿交换的所有权。事实上,诺齐克用来捍卫资本主义正当性的理论前提正是"自我所有"。只有像柯亨这样深入地剖析,我们才能发现看似简单的"张伯伦论证"为何如此坚不可摧,也只有像柯亨这样严谨地思考,才能发现诺齐克理论的根基——自我所有,也只有直面自我所有,才能为社会主义做强有力的道德辩护。

诺齐克的自我所有论是:以道德的角度为视角,每一个人对于他自己以及他自身拥有的能力都是合法的,所以如果这个人没有以此去侵犯其他人,那么随心所欲地使用这些能力就是他的自由。为此,诺齐克意义上的"自由"是由"自我所有"界定的某种特殊类型的"自由",而他所谓"权利"也是建立在"自我所有"基础上的"权利",人们可以支配自己的自由和权利(包括其派生的一切后果)。换言之,诺齐克的"自我所有"是绝对的根本前提,可以派生一切。柯亨指出,在诺齐克的观点中,"自我"表征的不仅仅是一种直观意义上的"自我",而是具有"纯粹自反性"意义的"自我",表明了拥有与被拥有的是全部整体。正因为自我所有拥有的不仅仅是"自我",还有凭自己和他人个人能力占有的外部自愿的道德权利,即自我所有权派生对外部自愿的占有权,诺齐克才为资本主义私有财产初始占有不平等提供了根本依据。诺齐克认为这种因正当性和合法性共同产生的不平等既是受道德保护的,也是不可避免的。在柯亨看来,这种不平等是不公正的,必须加以批判。但是,左翼通常以逃避诺齐克对资本主义不平等的捍卫手段苍白地反驳自我所有,进而用某种类型的条件平等观点取而代之。在柯亨看来,这种软弱无力的反驳只会换来诺齐克的视而不见,因为只要拿出"眼睛的所有权"的问题,左翼就不会再攻击自我所有权。这就使柯亨警醒:必须以认真的态度来对待诺齐克的自我所有权理论。

柯亨认为有两个前提使诺齐克从自由滑向了不平等,其一是自我所有权本身,与人和人所拥有的能力相关,这是根本前提;其二是自我所有派生的对外部资源的占有权,与一切事物以及这些事物所具有的力量有关,与还没有开发的自然资源有关,而这是由自我所有权推导出来的。具体来说,第一个前提是说任何人都应该完全地拥有自己及其能力,而不能部分地或者全部地被他人占有,否则就会部分地或者全部地被他人所奴役。因为不成为他人奴隶代表具有自主权,具有自主权则意味着除非我们订立了为你服务的契约,否则你不能强迫我为你服务。柯亨通过分析的方法总结了诺齐克的第一个前提的论证:

(1) 任何人都不能在任何程度上成为别人的奴隶。因此
(2) 任何人都不能被任何别人全部或部分地拥有。因此
(3) 每个人都被他自己拥有。因此
(4) 每个人都必须具有做想做的事情的自由,只要他不伤害任何人,他也没有必要向任何人提供帮助。[①]

[①] [英] G. A. 柯亨:《自我所有、自由和平等》,李朝晖译,东方出版社2008年版,第131页。

柯亨认为第一个前提表达了每个人对于自身的天赋权利，但这个结论并不能为广泛的不平等做论证，因为不平等源于人们对于外界事物的权利，而不是以自身的权利为依据的，但是柯亨指出自我所有权不能推出对外部事物占有的权利。而这又涉及诺齐克从自由滑向不平等的第二个前提，即没有人拥有对外部事物的占有权，这些权利都需要从自我所有权中派生出来，而对外界的初始占有权是以不危害他人为前提的，柯亨同样以分析的方法对第二个前提进行了总结：

（5）处于原始状态的外部世界无论是其全部还是部分都不属于任何人

从（5）和（4）中推导出：

（6）每个人都可以为自己积聚无限量的自然资源，只要他并不因此而伤害任何人。

从（6）中可以推导出：

（7）一部分人可以完全合法地私人拥有不等量的自然资源。

从（4）和（7）中会得出如下结论：

（8）广泛存在的条件不平等是不可避免的，或者说只有在侵犯人们对自身和对事物的权利的基础上才是可以避免的。①

柯亨认为存在三种反驳诺齐克上述论证的方式，第一是考察（1）到（4）的推论，目的是对自我所有本身进行批判。但柯亨认为除此之外，还可以在坚持诺齐克自我所有的前提条件的情况下，以两种方式反驳诺齐克的结论。其一是质疑从（6）到（7）中的伤害观，即质疑判断私有财产的占有是否对他人造成伤害的标准，也就是本文对诺齐克限制条件的考察；其二是质疑（5），即外部资源的初始状态是无主的且人人可得的（从道德的角度来说）。而这二者共同构成了对诺齐克外部资源占有的考察，所以也可以将柯亨对诺齐克自我所有的批判分为两个阶段：第一个阶段，柯亨认为自己不具有直击诺齐克自我所有的能力，为此采取迂

---

① ［英］G. A. 柯亨：《自我所有、自由和平等》，李朝晖译，东方出版社2008年版，第132—133页。

回政策，以诺齐克的自我所有为前提，证明自由与平等是相容的，从而驳斥诺齐克自由与不平等间因果必然性的结论，减少自我所有论的吸引力，这也就是上述所谓后两种反驳方式。而在这之后，柯亨发现迂回政策还是行不通，所以必须对自我所有进行批判，这对应于上述的第一种批判方式。接下来我们就按柯亨的递进策略来看柯亨如何展开对诺齐克自我所有的批判。

二 以退为进的策略——柯亨对自我所有的初步批判

因为柯亨起初并没有找到直接挑战自我所有的突破口，所以不得不采取以退为进的策略，转而向反驳诺齐克前提——自我所有到结论——不平等的推论过程，证明自由与不平等不具有因果必然性。这个以退为进的策略分为两步：第一步是对诺齐克获取正义原则的伤害观的质疑；第二步是对诺齐克原初的无主状态的质疑，进而提出柯亨自己的论证，即在肯定诺齐克自我所有的前提下，否定诺齐克人人可得的原初状态，代之以人人平等的共有状态，即自我所有＋共有制＝平等。柯亨正是要说明，他同样以诺齐克自我所有为前提，却在诺齐克推出不平等的结论时，得出了平等的结论。

诺齐克的自我所有权可以派生出一切权利，其中最重要的就是对私有财产的持有权，这种对私有财产的持有权是完全意义上的财产持有权，即包括初始获取权、转让权和遗赠权，但是对私有财产的初始获取权具有优先性，即资格理论的获取正义的考察，柯亨对诺齐克伤害观评判标准的质疑可以参考本书前面对诺齐克获取正义限制条件的批判。诺齐克不赞同洛克劳动混入的观点，但他赞同要给他人留下"足够多且同样好的东西"的限制条款，对此柯亨同样持赞同意见，柯亨质疑的是诺齐克使他人情况变坏的评判标准，也就是怎样才算是使他人的情况变坏。诺齐克给出的条件是，人人可得的无主物O，与被大家共同占有时相比，它被私人占有的情况没有危害任何人，这就满足了诺齐克的限制条款。但是如果发生了使某人处境变坏的情况，那么只要他能够提出一种抵消这种恶化的方式，也可以称得上是满足了限制条件。这样，我合法地获取某物的条件是任何人没有任何理由要求对某物的共同占有。柯亨举沙滩占有的例子来做更详细的说明：我把一片本来属于大家共有的沙滩圈起来占为己有，而且我增添了许多娱乐设施来增加沙滩的娱乐性，为此我向使用它的人收取一美元的娱乐费用作为报酬，每个人都心甘情愿地以一美元换取沙滩的快乐，因为与沙滩在无人所有的初始状态相比，他们感觉在我所设置的娱乐性沙滩上更值得消耗时光。

　　柯亨指出诺齐克的限制条件只是一种幻想，因为他的限制条件远没有洛克的限制条件严格，所以即使满足了诺齐克的限制条件，人们的情况还是会变坏。诺齐克将占有正当性相反的情况仅仅限制在人人可得的共有制状态，忽略了其他反事实的情况，缩小了实际可能发生伤害的情况。柯亨通过 A 和 B 对土地获取量的例子来证明诺齐克限制条件的不严格性：按诺齐克的限制条件，在 A 没占有土地前，A 和 B 在共有社会中获取量为 m 和 n，而 A 占有了土地使 A 和 B 的获取量都好于土地共有时的获取量，分别是 m＋q 和 n＋p（q＞p≥0），但是柯亨指出诺齐克忽略了 B 占有土地的以下三种情况，而这三种情况也应归属于反事实的情况：其一，当 B 占有土地，且 B 的才能与 A 相当时，二者的获取量分别为 m＋p，n＋q（q＞p≥0）；其二，当 B 占有土地，且 B 的才能比 A 卓越时，二者的获取量分别为 m＋q＋r，n＋p＋s（r＞0；s＞0；q＞p≥0）；其三，当 B 占有土地，且 B 的才能比 A 拙劣时，二者的获取量等于二者共有时的获取量，即 m 和 n。由此可见，诺齐克所忽略的 B 占有土地的情况中，二者的占有量不低于共有的反事实状态，并且前两种情况下 A 和 B 的获取量都大于 A 占有土地时的获取量，这就说明了 A 占有土地实际使 A 和 B 的情况在某种程度上变坏了，所以在柯亨看来，诺齐克限制条件达不到应有的限制作用。

　　接下来，柯亨迈向第二步，对原初占有人人可得的不平等状态进行批判，试图以自我所有与外部资源平等分配的方式反对诺齐克自我所有与外部资源不平等分配的论证，证明在前提相同的情况下，自我所有与不同制度的结合会得出截然相反的结论，不平等不是不可避免的，自我所有与平等双赢的状态是可以实现的。柯亨试图通过两种方式来评判自我所有与平等并存的中间道路是否可行。第一种方式是把自我所有与外部资源的共有结合起来，可以通过这样的公式来表示：自我所有＋共有制＝平等，这样的原初状态是一种对外部资源共同所有或集体所有的状态，既能满足初始平等也要保证结果平等。柯亨设想了 Able（有能力者）

和 Infirm（能力较弱者）的例子来进一步展开他的观点：在 Able 和 Infirm 组成的共有制社会里，他们共有除了他们自身之外的一切，Able 可以通过自身的能力生产和改善自己的生活，但是 Infirm 由于能力不足可能无法维持自己的生活，这样就产生了五种外部资源的分配状态。但是在柯亨看来，我们只需要考察两种需要协商的情况，一种情况是 Able 因为其能力的优势可以自己决定生产多少，如果他生产超出了供给自己和 Infirm 的量，那对于剩余量的处置就需要协商，协商最糟糕的情况就是 Able 放弃生产，那么结果就是两个人都死去。另一种情况是 Able 现在要协商的不仅是获得量的问题，还有自己的生产量的问题。从中可以看出，双方协商的筹码是各自的效用，即 Able 能力强的无效和 Infirm 能力弱的无效，因为 Able 并没有因为他能力出众付出更多而比能力较弱付出很少的 Infirm 多得额外的补偿，Infirm 也没有因为能力弱就处于弱势地位，因为 Infirm 可以凭借对土地使用的否决权而控制生产，所以即使 Infirm 只掌握一个必要条件（土地的使用），也没有比掌握两个必要条件（能力和土地的使用）的 Able 劣势多少。

这种共有制消除了天赋能力带来的不平等，使自我所有与平等达成一致，由此柯亨得出结论，在以自我所有为前提的条件下，通过外部资源共有制可以实现最终结果的平等。但是，Infirm 对于土地使用的否决权使 Able 的自我所有权形同虚设。换言之，自我所有与世界共有相结合使自我所有仅仅成为形式意义上的自我所有，我们虽然没有放弃自我所有，但是这种没有实质内容而仅仅具有形式意义的自我所有仍然是毫无意义的挣扎，就像拥有一个开瓶器却没有办法获得葡萄酒一样。不过，柯亨认为这种诘问对他的论证难以构成威胁，因为诺齐克竭力维护的"自我所有"也只是具有形式意义的"自我所有"，诺齐克塑造的无产者自由地选择到底是工作还是挨饿，这种看似有选择的自由权难道不是一种形式上的自我所有权吗？Able 和 Infirm 需要在双方协议的情况下生活，双方都对对方有所牵制，而资本家和无产者 Z 之间的关系是资本家对无产者 Z 的单方面限制，无产者 Z 的生存是在资本家的控制之下的，这样看来，柯亨假设的 Able 和 Infirm 比诺齐克所谓无产者 Z 拥有更多的自我所有权。但即使这样，也很难说我们完全战胜了诺齐克。

第二种方式是外部资源平均分配，每个人都可以自由地支配自己被分配到的份额，这样就保证了初始分配的平等，这是将自我所有与外部世界平等分配的私有制相结合的方式，被柯亨称为"斯坦纳的构想"。虽然这种方式也是一种私有制，但是不同于诺齐克资本主义私有制的地方，在于它对外部资源初始平等分配的私有化模式，打破了诺齐克外部资源不平等占有的掠夺模式。"斯坦纳的构想"与德沃金"资源平等"也不同，前者只要求对外部资源进行平等的分配，而不要求对人的天赋才能产生的不平等进行平均化补偿。但是这种初始平均分配的制度会实现平等的愿望吗？将 Able 和 Infirm 放入平均分配外部资源的社会中，来看看与共有制社会中的情况有什么不同？这样，二者最初会分有同样面积的土地，对自己的土地拥有同样的使用权，假设 Able 既可以选择在自己和 Infirm 的土地进行生产，来维持自己和 Infirm 的生活，也可以选择只在自己的土地生产维持自己的生活，那么 Able 最糟糕的情况无非就是仅仅通过自己的能力生产出仅仅够自己生活的量而没有富余，但是 Infirm 却有可能面临要死去的严重境况。因为如果 Able 选择同情并帮助 Infirm，那么他可能只给 Infirm 能够维持其基本生计的物质量，这样 Infirm 受制于 Able 的控制下，如果他感觉不值得帮助 Infirm，那么他可以选择让 Infirm 去死。由此可见，才能较差的人在平均分配外部资源的私有制中生活得不如共有社会。更严重的是，平均分配最终可能会走向资本主义，因为平均分配只确保了初始分配的平等，天赋才能和运气的不同会产生不同的结果，才能卓越、运气较好的人会获得较多的东西，才能笨拙、运气较差的人只能获得较少的东西，所以尽管保证了初始的平等，也难以确保最终结果的平等，结局仍会从平均分配的私有制倒向不平等的资本主义私有制。所以，自我所有＋平均分配私有制≠平等。

显而易见，如果坚持自我所有与共同占有外部资源相结合的道路，可以牺牲自我所有来实现条件平等，即自我所有（形式上）＋共有制＝平等；而如果选择自我所有与平均分配外部资源相结合的道路，那么可以在牺牲平等的条件下实现具有实质内容的自我所有权。这样看来，无论怎样都无法实现真正意义上的自我所有与平等的共存，所以柯亨才提出社会主义者必须放弃自我所有，直面对自我所有的批判。

三 直面自我所有——柯亨对自我所有命题的批判

在对自我所有的初步批判中，柯亨虽然以诺齐克的自我所有为前提，但这并不意味着柯亨赞成自我所有论。在第一阶段的批判中，柯亨发现自己虽然勉强可以通过自我所有与共同占有外部资源相结合来证明平等的可能性，但是自我所有最终还是沦为形式意义上的自我所有，所以现在到了必须直面自我所有的时候了，因此在第二阶段柯亨展开了对自我所有论本身的批判。柯亨采取的策略是证明诺齐克是在一种"混淆说"的意义上使用自我所有，常常把其他条件与自我所有混合在一起来增加论证的吸引力，柯亨正是要揭穿诺齐克自我所有"混淆说"的诡计，削弱它的吸引力。经过分析，柯亨指出诺齐克把自我所有和"奴隶制"、"自主权"和"把人当作纯粹手段"混淆使用作为论证自我所有的依据。柯亨用分析的方法，对诺齐克声明的"拒绝自我所有就是赞同奴隶制，限制人的自主权，把人当作纯粹手段加以利用"等诡辩一一击破。

第一，柯亨以分析的方法对诺齐克自我所有论的第一个道德依据进行批判，即拒绝自我所有意味着与人签订非契约义务，意味着赞同奴隶制。柯亨对诺齐克这个道德依据分析如下。

(a) 如果 X 有非契约性的为 Y 做 A 的义务，那么 Y 对于 X 的劳动就具有和奴隶主一样的处置权。

(b) 如果 Y 对于 X 的劳动具有和奴隶主一样的处置权，那么 X 至此为止就是 Y 的奴隶。

(c) 任何人无论在任何程度上成为另一个人的奴隶都在道德上是不可容忍的。因此

(d) X 具有非契约性的为 Y 做 A 的义务在道德上是不可容忍的。[①]

柯亨的想法是：如果对上述三个前提中的一个或者几个前提反驳成

[①] [英] G.A. 柯亨：《自我所有、自由和平等》，李朝晖译，东方出版社 2008 年版，第 260 页。

功，就可以解构诺齐克"自我所有＝奴隶制"这个论断。在柯亨看来，(a) 很复杂，而反驳 (b) 也不会有什么收获，所以他用"监禁"的反例从 (c) 开始反驳。柯亨假设一种不同于奴隶制的符合法律的短期监禁状态，这种状态是对你实施短期监禁5分钟，但是你能说短暂的5分钟监禁不合法吗？显然不能，所以这种短期监禁是正当的、合理的，那么 (c) 不能成立。柯亨用分析的方法转述了约瑟夫·拉兹反驳诺齐克的一个论证：(e) 我对我母亲的义务与母亲对我的权利之间并不具有必然性。(f) 尽管我不能否认我母亲对我确实具有一定的权利，但是她的一定的权利与我的一定的义务之间的联系并非必然，因此不能说她的一定的权利符合一个奴隶主所具有的权利。(g) 即使我母亲有权利不接受我履行的义务，但是这也并不能说她具有奴隶主的权利。也就是说 (h) A 对 B 有义务并不必然意味着 B 对 A 有权利，(i) 即使 B 对 A 有权利，但 B 也没有免除 A 义务的权利，(j) 即使 B 有免除 A 义务的权利，但也不代表 B 就具有奴隶主的权利。这就说明，权利与义务不具有必然的一致性，同时与是否成为奴隶没有直接关系，诺齐克的论证——"放弃自我所有就等同于赞同奴隶制"无法站住脚。

第二，柯亨对诺齐克自我所有论的第二个道德论据——"拒绝自我所有权就等同于限制人的自主权"进行批判。柯亨批判诺齐克将拥有自我所有权与控制自己的生活和拥有自主权等同起来，柯亨认为自主权与程度相关，而评判自主权的程度应从人所具有的选择的数量和质量来加以评判。因此，诺齐克想要表达的是"普遍的完全自我所有权的前提下会拥有更多的自主权"这个论断，对这个论断的反驳就是对诺齐克自我所有论的第二个论断的批判。柯亨主要从两个方面对这个论断进行反驳：一方面，在能力有差别的世界里，无产者因为没有财产，生活受到很大的限制，无产者的自主权与有产者的自我所有权是相互矛盾的，因此需要对自我所有权进行限制来满足自主权；另一方面，即使在能力相同的条件下，也无法通过自我所有权的满足来实现自主权的最大化，因为你的自主权由你对你的自我所有权利的大小和别人对于他们的自我以及物的权利的大小双重影响。总之，自我所有权并不能保障自主权的实现，自我所有权≠自主权，所以拒绝自我所有权≠放弃了人的自主权。

第三，柯亨面对的诺齐克自我所有论的最后一个道德依据是：拒绝自我所有权＝把人仅仅当作纯粹的手段。柯亨指出诺齐克借用康德的权威来增添论断的说服力，但是康德的原则——"个人是目的而不仅仅是手段"与诺齐克的"同意的原则"——"如果个人不同意，那么以牺牲或者利用的手段来完成想要达成的目标是不被允许的"——并不能等同。柯亨从三个方面展开批判。

首先，柯亨反驳了诺齐克的康德原则和自我所有原则二者之间是互相包含的论断，指出二者的关系实质是互不包括。其一，康德原则与诺齐克原则的不同在于康德原则并不禁止把人视为手段，而是在把人视为目的的同时也可以把人视为手段；但是诺齐克强调的只是不能把他人视为手段。在柯亨看来，对于售票员和售票机，在我买票的时候均把他们当作购票的手段，但是当售票员身体突然不舒服了，我会试图帮助他，所以我并没有把他仅仅视为手段。柯亨认为尽管我们可能不能清晰地知道康德原则的全部要求，但是我们知道了康德也会把人当作通常意义上的工具来使用。其二，拒绝自我所有原则与拒绝康德原则并没有必然联系。拒绝自我所有原则并不是一定要拒绝康德原则，国家通过征税帮助残疾人，这就需要反对自我所有权，虽然在我看来，为残疾人捐赠是把捐赠者的劳动视为手段，但是这并不意味着我对残疾人不关心。拒绝康德原则也不是一定要拒绝自我所有，我可以在把他人视为纯粹手段的同时依然尊重他的自我所有权。

其次，柯亨指出诺齐克的同意原则与康德原则不能互为原则。它们的不同在于把人视为手段的条件不同：在柯亨看来，康德认为把人当作手段的前提是你同时也要把人视为目的；诺齐克认为事先得到他人的同意是把他人当作手段的前提。而且二者同意的标准也不同：康德的同意标准是可能的同意，而诺齐克则要求真实的同意。而二者之所以不同在于二者的主题不同：康德的主题是不能仅仅把他人当作手段，同时也要把他人视为目的，这并不涉及真实的同意与否；诺齐克的主题是自我所有权不受侵犯，真实的同意对他来说至关重要。所以，诺齐克的同意原则不能借康德原则的权威性增添自己理论的正确性。

最后，柯亨发现自我所有论与同意原则并非是互为反映和互为基础的关系。同意原则只是自我所有的一个直接结论而非可以证明它的根据或理由，你可以在肯定自我所有的情况下同时肯定它的结论，但是你无法证明自我所有的结论是自我所有的根据。当我们把诺齐克的同意原则与真正的康德原则区分开来，诺齐克的理论就缺乏了权威的论证，同时也失去了吸引力。虽然柯亨认为诺齐克自我所有论难以驳倒，但是他对诺齐克自我所有论道德依据的批判，确实削弱了自我所有论的吸引力，而"柯亨对自我所有命题道德依据的批判撼动了诺齐克持有正义理论的根本，是对诺齐克持有正义理论的终极性批判"①。

正是对诺齐克"张伯伦论证"的深入分析，柯亨发现诺齐克为资本主义辩护的理论核心——资格理论，更重要的是它以"自我所有"为前提的，从而使柯亨恍然觉悟"自由"不是诺齐克理论的实质，"自我所有"才是诺齐克理论的根本前提。柯亨正是以攻击"张伯伦论证"为起点，初步反驳了诺齐克"社会主义是不公正的、限制自由"的论断，间接地为社会主义道德辩护，进而展开了为社会主义道德辩护的进程；柯亨对诺齐克的理论核心——资格理论进行了前提批判，指出获取正义原则不能证明资本主义私有财产原初占有的公正性，转让正义原则不能为资本主义市场交易的正义性辩护，击碎了诺齐克以持有正义原则为资格理论提供依据来维护资本主义正义性的美梦；最后柯亨将批判的矛头直指诺齐克理论的根本前提——自我所有，第一阶段通过以诺齐克的自我所有为前提，与外界资源的初始分配的平等结合，得出与诺齐克完全相反的结论，证明自我所有与平等相容，消解了诺齐克从自我所有推出的不平等论断，尽管这使自我所有沦为形式上的自我所有，但仍然达到了减轻诺齐克自我所有说服力的目的；第二阶段，柯亨对诺齐克自我所有论的三个道德依据进行批判，虽然没有完全驳倒诺齐克自我所有论，但是削弱了诺齐克自我所有论的吸引力。柯亨正是在对诺齐克这样逻辑性、系统性的批判中，瓦解了诺齐克为资本主义辩护的理论体系，为社会主义道德辩护。正如加拿大著名政治学家金里卡对柯亨的评价："我认为柯亨对诺齐克的批判完全是毁灭性的，他彻底拆解了诺齐克的论证。"②

正是柯亨对社会主义的道德辩护，为我们这个社会主义正当性遭受

---

① 袁聚录:《柯亨对诺齐克持有正义理论的批判》，《理论探索》2008年第5期。
② ［加］威尔·金里卡:《当代政治哲学前沿：多元立场、公民身份与全球视野》，卞绍斌译，《马克思主义与现实》2013年第2期。

质疑和社会主义信念动摇的时代，点燃了坚守信念的星星之火，星星之火虽然微弱，但终将燎原。如果说柯亨以攻击诺齐克为起点开启了为社会主义道德辩护之路，那么经过进一步对自由主义和经典马克思主义的考察，柯亨逐渐发现经典马克思主义社会主义理论前提无法为社会主义提供理论依据，为此在坚信社会主义理念的基础上质疑经典马克思主义社会主义无法面对当今时代的挑战。尽管柯亨对诺齐克和罗尔斯等自由主义进行了批判，即使柯亨始终强调自己是站在经典马克思主义理论要旨的立场上，但他以分析方法为主要方法，以规范哲学为研究思路，吸取罗尔斯公正的社会结构和基督教的精神风尚，走向了与传统马克思主义、当代马克思主义都不同的理论路径，解构并重新建构了经典马克思主义的社会主义，以期适应时代的发展和变迁。

第二章

批判性解构：柯亨对社会主义理论前提的批判

随着时代的变迁，柯亨认为经典马克思主义的许多理论都需要做出适时调整。柯亨发现马克思的社会主义理论存在很多弊端：在某种程度上，辩证法赋予"科学社会主义""科学性"，然而使社会主义陷入"分娩论"泥淖的原因也正是这种"科学性"，这种滥觞于黑格尔思想的"分娩论"强大且危险，在柯亨看来，走出"分娩论"的泥淖是重建社会主义的理论缘由；唯物史观遵循的逻辑依然是黑格尔唯心史观的逻辑，只是用唯物主义的内容替换了唯心主义内容而已；劳动并不创造价值，而如果劳动价值论是错误的，那么我们也根本无法证明剩余价值论的正确性；无产阶级理论备受争议，革命主体何以可能成为社会主义不得不回答的关键问题。基于以上几点，柯亨认为马克思社会主义理论前提——辩证法、唯物史观、剩余价值论、无产阶级革命主体等都存在问题，无法为社会主义提供理论依据，所以柯亨对社会主义理论前提展开"批判性解构"，以期为做出适应当今时代发展的具体的社会主义规划奠定基础。

第一节 走出"分娩论"的泥淖——柯亨重建社会主义的理论缘由

在国际社会主义面临质疑处于低潮之际，柯亨在为马克思主义进行道德辩护的同时，也一直都在反思经典马克思主义科学社会主义的现实性。在反思的过程中，柯亨发现经典马克思主义的科学社会主义较空想社会主义"科学"之处，在于它洞晓自己是由社会现实本身产生，是资本主义的自我实现的完成。在柯亨看来，正是这种"科学性"赋予科学社会主义以"分娩论"的特点，而经典马克思主义的这种"分娩论"滥觞于黑格尔的哲学思想。这种"分娩论"使科学社会主义迷失了方向，它的错误已然带来了严重的后果：将社会主义的到来视为必然，因此静待社会主义的自现，而不去为社会主义的实现努力。对经典马克思主义的社会主义进行修补不是柯亨的目的，重建社会主义才是柯亨思想的题中之义。问题于是就变为：怎么重建社会主义？在柯亨看来，走出"分娩论"的泥淖是重建社会主义的前提，对社会主义进行道德辩护，坚定社会主义信念的同时，对社会主义做出具体的规划和设计，为普通大众撰写符合社会现实的食谱才是实现社会主义的现实道路。

一 经典马克思主义的"分娩论"泥淖

柯亨从阐释空想社会主义和科学社会主义的区分入手，为揭示经典马克思主义的"分娩论"与科学社会主义二者间不可调和的矛盾埋下伏笔。柯亨指出对科学社会主义和空想社会主义做出最详尽区分的当数恩格斯的《社会主义从空想到科学的发展》，柯亨赞同恩格斯的观点，即社会主义只有在经过空想阶段之后才能发展为科学，并且给予科学社会主义极高的评价：社会主义不仅仅是经过一定的发展之后而成为科学的，就其自身而言，它就是科学。但是，在柯亨看来，经典马克思主义所谓科学社会主义误解了真正的"科学性"，从而赋予了其理论以"分娩"式的性质。

科学社会主义的"科学性"是什么？根据柯亨的观点，空想社会主义之所以"空想"和科学社会主义之所以"科学"的最根本的原因在于自我认识的不同。空想社会主义缺乏充分的自我认识，没有看到社会主义是资本主义自身的转变，也没有理解自己在历史进程中的位置，将自己凌驾于无产阶级之上，只将无产阶级视为应该被解放的客体，而没有看到无产阶级其实也是解放自身的主体。科学社会主义的"科学性"体现在它洞察到社会主义将由社会现实本身所产生，即资本主义必然冲破自身完成自我毁灭的过程，从而孕育出社会主义，并将无产阶级视为革命的代理人。根据柯亨的论述，经典马克思主义的科学社会主义理论的这种"科学性"具有"分娩"的性质，即改革是从资本主义的母体中接生出社会主义的产儿，为此将其称为"分娩论"。在柯亨看来，经典马克思主义的这种"分娩论"类似于"助产士"的行为，即无须考虑将社会主义从资本主义中接生出来的方式，只需助其自然生产即可；柯亨将空想社会主义的理论比作"工程师"的行为，即在推翻资本主义的空地之上重建社会主义。通过下述柯亨对恩格斯和马克思的两个经典论断的分析，可以看出柯亨恰恰认为空想社会主义的"工程师"行为具有"科学性"，而经典马克思主义的"助产士"行为并不具有真正的"科学性"。

首先，柯亨引用恩格斯在《社会主义从空想到科学的发展》中的一段话，并对其进行了深入的分析："对现存社会制度的不合理性和不公平、对'理性化为无稽，幸福变成苦痛'的日益觉醒的认识，只是一种征兆，……这些手段不应当从头脑中发明出来，而应当通过头脑从生产的现成物质事实中发现出来。"① 对于上述论述，柯亨用分析的方法将其分解为三条推论。

p：关于社会的思想，它产生广泛的重大变化，是对社会生产方式的变化的回应。

q：只有当且因为生产方式变得不合时宜，即不再适应生产的需要，批判这一方式的观点才会广泛出现。

r：当生产方式变得不合时宜（且批评观点因而产生），改造生产方式以重新适应生产需要的手段将会在现存的生产方式中找到。②

柯亨猜想恩格斯是从 p 中推出 q，进而从 q 中得出结论 r，但是柯亨认为我们并不能确定 p、q 和 r 的真实性。第一，柯亨质疑从 p 中推导出 q 的真实性。因为对生产方式的批评可能并不是广泛地出现，而是循序渐进地产生，况且在资本主义社会发展早期，这种对生产方式的批评和对

---

① 《马克思恩格斯选集》第 3 卷，人民出版社 2012 年版，第 798 页。
② ［英］G. A. 柯亨：《如果你是平等主义者，为何如此富有？》，霍政欣译，北京大学出版社 2009 年版，第 71 页。

受害者的同情就已经存在了，并不能将其视为生产方式不合时宜的产物，尽管这一分析不能反驳 p，但是这足够反驳 q。第二，即使 p 和 q 是正确的，也不能说明 r 的正确性，即解决问题的方法就蕴含在问题之中。第三，q 中"不再适应"的表述存在模棱两可的嫌疑，即对 q 存在绝对理解和相对理解两种解读模式：如果从生产方式绝对地不能适应生产需要的方面理解，那就不存在一个可以与之相适应的模式（旧模式已经绝对地不能适应）；如果说仅是适应程度的问题，即从比较的意义上理解，那么可能存在新的更好的模式。柯亨认为恩格斯之所以对 r 深信不疑，原因就是恩格斯徘徊于这种模棱两可的表述，穿梭于绝对的理解和相对的理解之间，结果使其认为一种失去活力的模式必然会被新的更加具有活力的模式所取代。按照柯亨的观点，这种对 r 的信心并不能为新模式蛰伏于旧模式中提供有力的证明。

在柯亨看来，恩格斯上述论断在本质上是一种"分娩"式的论断。恩格斯自认为上述论断建立在唯物主义历史观的基础之上，即"思想的变化反映了生产方式的变化"，进而指出当生产方式难以满足生产力的需求时，一种新的生产方式的变革将从旧的生产方式中产生，而且变革的手段将在旧的生产方式中显现。但是，柯亨的观点与之相反，柯亨主张新的发展方式的手段要从基本原则的演绎中推导出来，而不是孕育在现存的旧的生产方式本身中。从而可以看出，柯亨反对恩格斯的"分娩"式的"助产士"理论，而把找出适合社会主义建设的原则视为革命实现的手段。

其次，柯亨引用马克思《〈政治经济学批判〉序言》的论断进一步阐述经典马克思主义陷入了"分娩论"："无论哪一个社会形态，在它所能容纳的全部生产力发挥出来以前，是决不会灭亡的；……只有在解决它的物质条件已经存在或者至少是在生成过程中的时候，才会产生。"[①] 在柯亨看来，马克思的这段话滥觞于黑格尔辩证法的思想：通过自我实现的方式走向自我毁灭，又以孕育新事物的自我毁灭的过程来完成自我实现。柯亨将此视为马克思对黑格尔思想的延续，指出马克思在这方面从未实现对黑格尔的超越，并认为这一理论强大的同时也是危险的，它使

---

① 《马克思恩格斯选集》第 2 卷，人民出版社 2012 年版，第 3 页。

科学社会主义陷入"分娩论"的泥淖，使科学社会主义有失"科学性"。在柯亨看来，空想社会主义对未来社会主义的美好构想并不是乐观主义，真正的乐观主义是经典马克思主义的"分娩论"，因为它把寻找社会主义的道路描绘得如此之易，新的社会形态本身就孕育于旧的社会形态之中，只要静待社会的自己演变就可以了。

通过上述论述，我们可以看出，柯亨虽然赞同空想社会主义具有不足之处，但他认为真正的科学社会主义的"科学性"在于结合现实境况，对社会主义做出可行的规划和设计，寻找建构社会主义可信性和实施的可行性手段是当务之急。因此，在柯亨看来，经典马克思主义所谓科学社会主义的"科学性"恰恰是对真正科学社会主义的误解，真正科学的社会主义是"工程师"式地对社会主义的建构，而非经典马克思主义的"助产士"式地静待社会主义从资本主义的母体中孕育。柯亨认为以上关于经典马克思主义的两个论述，均是黑格尔思想的流溢物，经典马克思主义的科学社会主义因充满了黑格尔的味道而失去了"科学"的意味。

二 "分娩论"的滥觞——黑格尔的哲学思想

根据柯亨的观点，经典马克思主义因为其自身的黑格尔背景而深陷黑格尔的思想无法自拔，经典马克思主义所谓科学社会主义建基于其上的唯物主义历史观是对黑格尔唯心主义历史观的改造，其内仍留有黑格尔的辩证法思想，并且"分娩论"思想的一个渊源是黑格尔的一个数学观点。在分析马克思主义学派看来，辩证法具有不明确的含义，只有分析的方法才是一种明晰的方法；辩证法不是科学的推理，而是谬误的推理，所以柯亨必然主张走出滥觞于黑格尔思想的社会主义的"分娩论"。

首先，按照柯亨的逻辑，马克思的唯物主义历史观是对黑格尔历史哲学的改造，马克思的唯物主义历史观依然保留了黑格尔历史哲学的结构框架，只是将黑格尔唯心主义的内容替换为马克思唯物主义的内容：即将人类意识自我发展的历史替换为人类劳动的历史；将历史发展的路径由意识替换为生产力；将发展的媒介由文化替换为经济结构。在柯亨看来，历史是黑格尔用来阐述自己辩证法的宏大背景，黑格尔的这种世界精神在意识中自我发展的历史哲学与其以自我实现的方式来自我毁灭的辩证法是统一的，即辩证法与历史的统一。依照柯亨的想法，既然马克思将黑格尔的历史的发展方法与辩证法作为其合理内核吸收,那么其主张的唯物主义历史观必然流有黑格尔辩证法思想的血液,而在唯物史观基础上建立的科学的社会主义也与黑格尔的辩证法思想一脉相连。

其次,虽然柯亨对马克思将德国古典哲学的辩证法思想、法国社会主义对美好社会的现实幻想和英国政治经济学对经济的动态分析三者结合给予了高度的赞扬,但是柯亨看到经典马克思主义的科学社会主义的辩证法路径是战胜资本主义的主要方法,这种辩证法在某种程度上是黑格尔辩证法的继续。柯亨对黑格尔的辩证法思想进行了细致的分析,指出黑格尔的辩证法是按照其内在的固有的本质,并通过向外展现的方式谋求自身的发展,在其本质充分展现之后,它就会走向灭亡之路,并以另一种后续的形式继续发展,这是一种用自我毁灭来完成自我实现的方式,是以旧事物的自我毁灭来实现新事物的自我完成的过程。在柯亨眼中,黑格尔的思想固然博大精深,但也难以摆脱思辨的幻想,最终会沉迷于哲学的浪漫主义无法自拔;黑格尔的辩证法不是科学的推理,而是谬误的推理;辩证法并不具有科学的明晰性,不明确性是辩证法的致命弱点,真正具有明晰性的方法只有分析的方法。马克思的资本主义会冲破自身的束缚完成自我转变,进而达到更高一级的社会的辩证法思想滥觞于黑格尔的以自我实现的方式来自我毁灭的辩证法思想,这一方法被柯亨视为经典马克思主义"分娩论"的肇因。

最后,柯亨引用《精神现象学》中的 3 段话,进一步论述了经典马克思主义的"分娩论"源自黑格尔的一个数学观点。在柯亨看来,黑格尔反对标准数学的原因在于标准数学只论证了其原理的正确性,并没有指出原理正确性的原因,但是黑格尔并没有更进一步,只是将问题归于"解决的方法从问题中发展而来",并没有对问题的必然性原因给予应有的解释。柯亨将黑格尔关于解决方法来自问题本身的论断拆分为三个命题,并由此过渡到对经典马克思主义的"分娩论"的分析。

(1) 如果一个(真实的)问题存在一个解答,那么当(且仅当)问题以完全发展的形式呈现出来时,解答才会被发现。

(2) 一个(真实的)问题始终存在一个解答。但是,依据(1),当(且仅当)问题以完全发展的形式呈现出来时,解答才会被发现。

(3) 一个（真实的）问题，在其发展完成时，且仅在此时，会提供其解答。问题的解答是问题完全发展的结局。①

柯亨指出上述三个命题中第一个命题是第二个命题的前提，第二个命题是第三个命题的前提，三个命题的强度依次递增。按照柯亨的观点，黑格尔对传统数学局限性的批判可以称作对上述命题的理论解读，马克思只是将黑格尔的理论解读用于对空想社会主义局限的批判的政治解读：命题（1）解答了空想社会主义没能找到解决社会问题的合理方法的原因，即当时社会问题自身未能充分展现，因此解决的方法也未能清晰；命题（2）进一步揭示了解决的方法终将会出现的历史必然性；命题（3）进一步指出解决的方法与问题共生，方法内含于问题之中——无产阶级革命就是解决资本主义矛盾的答案。在柯亨看来，对这三个命题的社会解读与上节中的经典马克思主义的两个论断具有一样的乐观主义，而命题（3）的乐观主义与恩格斯论断中命题如出一辙。

经过深入的研究，柯亨认为"分娩论"在经典马克思主义中根深蒂固。首先，柯亨从马克思致其父亲的一封信谈起，指出马克思对标准数学给予批评是对黑格尔数学观点的亦步亦趋，是对黑格尔斥责标准数学在问题和外生性的回答之间存在着两重性路径的复制，并未对其做出丝毫超越。其次，柯亨以马克思在《莱茵报》的一篇名为"集权问题"的文章为依据，进一步指出时代的问题主要的不是答案，而是问题，而问题只要是已具有现实性的问题就可以找到答案。根据柯亨的论述，马克思进行的社会革命仍然局限于意识领域中，以"分娩论"的视域看待社会革命，即确立从旧的资本主义社会的母体中接生出新的社会主义的产儿这一意识是改革者的任务。这一任务具体展现在马克思给卢格的一封信中，即马克思的经典论断"新思潮的优点就恰恰在于我们不想教条式地预料未来，而只是希望在批判旧世界中发现新世界"②。最后，在《资

---

① [英] G.A. 柯亨：《如果你是平等主义者，为何如此富有？》，霍政欣译，北京大学出版社2009年版，第79页。
② 《马克思恩格斯全集》第1卷，人民出版社1956年版，第416页。

本论》中，马克思明确说到"问题和解决问题的手段同时产生"①。经过上述分析，在柯亨看来，马克思将黑格尔关于概念问题的学说投射到社会和政治的领域，完成了对黑格尔关于"问题的解答在于其自身的充分发展"的理论解读和政治解读的合一，是"政治"和"助产士"结合——"政治助产士"。

综上所述，柯亨认为经典马克思主义的这种"政治助产士"的"政治分娩论"思想是黑格尔思想的直接继承，并且这种思想已经根深蒂固。在苏联解体，东欧剧变之后，社会主义陷入了前所未有的困境之中，经典马克思主义面临着时代的挑战。"政治分娩论"的大部分事实性依据已然不具有说服力，只有抛弃"分娩论"，寻找另一条通向社会主义的现实道路才是当今时代赋予我们的任务。

三 从"助产士"到"工程师"——走出"分娩论"泥淖的真实内涵

分析马克思主义者并不是在修补马克思主义的立场上为马克思辩护，而是在重构马克思主义理论的基础上证明马克思主义的现实性。根据上面的论述，柯亨认为经典马克思主义陷入了"分娩论"之中，这种"分娩论"使经典马克思主义的科学社会主义难以为继，拯救马克思社会主义的唯一有效方案就是重构社会主义。"分娩论"理论自身的错位、所产生的负面后果及其事实性论据的瓦解，都足以证明不走出"分娩论"，社会主义终将沦为乌托邦的假设。为此，柯亨呼吁走出"分娩论"的泥淖，在他看来，这是重建社会主义的理论缘由。

首先，柯亨从"分娩论"的错误性和产生的后果出发，向我们揭示了走出"分娩论"的必要性。柯亨以罗莎·卢森堡一段长话的前后两部分为论据，阐述经典马克思主义政治实践的"分娩论"的错误性。卢森堡说："社会主义的社会制度只应当，而且只能是一个历史产物，从其自己经验的锻炼中产生，在其实现（作为活的历史发展的结果）的过程中产生。历史……归根到底是有机自然界的一个部分，与有机自然界一样有一个好习惯：总是在产生实际的社会需要的同时，也产生了满足这一

---

① 《马克思恩格斯全集》第23卷，人民出版社1972年版，第106页。

需要的手段；在提出任务的同时，也提出其解决的办法。"① 柯亨认为卢森堡这段话的前半部分揭示了社会主义的现实，后半部分肯定了"分娩论"。但是经过20世纪的苦难历史足以证明"分娩论"的错误性，这种"分娩论"滥觞于黑格尔的思想，不是科学的推理，甚至是谬误的推理，因此柯亨认为乐观地看待"分娩论"是危险之举。根据柯亨的观点，"分娩论"不仅是错误的，而且这一理论已经产生了严重的后果。第一，"分娩论"的必然性会揭示出未来的政治景象，不需要对未来有多样的憧憬和计划，政治的不确定性和艰难选择都是多余的。第二，支持这种"拱手之易"的政治实践的"分娩论"是对"分娩论"做出的庸俗的解释，即它可能会或多或少地"缩短和减少"因新社会来临而产生的"阵痛"等，而我们经历的"阵痛"实际上仍在继续。第三，不论"分娩论"是否鼓励了社会主义的策略，但它确实忽视了社会主义的规划和设计问题，而这一点在柯亨看来是最致命的问题。柯亨赞同卢森堡话的前半部分，指出卢森堡揭示出对社会主义不能做出死板僵化的规划是对的，但不是完全不做规划，根据现有的社会现实条件进行规划是必要的。在柯亨看来，社会主义发展的挫折历史向我们证明，要想吸引广大群众使之追随，就必须对社会主义做出规划，否则社会主义终将遥遥无期。

其次，柯亨论述了"分娩论"事实性外壳的退却，使"分娩论"丧失了事实性的依据。根据柯亨的观点，经典马克思主义有两大事实性外壳，使他们相信社会主义是历史发展的大势所趋，也是确保未来社会主义实现物质平等的条件：有组织的工人阶级确保了社会主义得以实现的阶级条件；生产力的飞速发展使物质财富十分充裕，是社会主义实现的经济基础。但是，就现实来说，经典马克思主义证明科学社会主义可以实现的两个事实性外壳正在破裂，这使它与空想社会主义的区别远没有当初想象的大了。柯亨从平等的价值观入手，揭示出马克思是如何失去"分娩论"的事实性外壳的。

针对经典马克思主义的第一个事实性外壳，柯亨指出经典马克思主义的"分娩论"基于对哲学与无产阶级的合谋必然实现的确信，这种合

---

① [英] G. A. 柯亨：《如果你是平等主义者，为何如此富有？》，霍政欣译，北京大学出版社2009年版，第98页。

谋是对柏拉图力图实现的哲学与权力结合的复制,但是这种合谋尚未实现,也不会实现,以及社会主义必将从资本主义中孕育而生的"分娩论"同样也不会实现。第一,在柯亨看来,无产阶级的概念是站不住脚的,无产阶级根本没有如《共产党宣言》所揭示的那样获得"压倒性多数"的优势,马克思主义预测的世界范围内的联合以及影响力不曾也终究不会实现。所以,在柯亨的眼中,无产阶级并未真正地形成过,未来也不具有形成的现实性,无产阶级并未获得在世界的普遍性意义,也不会获得世界的普遍性意义。第二,柯亨认为在当今社会中,已经不具备马克思意义上的集"多数"、"生产"、"受剥削"、"贫困"、"无所可失"以及"革命"等特征于一体的革命主体。在柯亨看来,这些特征正在离散,尤其是"受剥削"和"贫困"这两个特征的离散,使马克思主义面临着过去未曾出现的规范性问题,即无产阶级概念定义的规范性问题受到质疑。因为在现今的社会中,受剥削的人可能并不贫困,而贫困的人可能也并未受到剥削,既对社会主义抱有希望又具有现实实现力的群体已经不复存在,马克思的"分娩论"将无产阶级作为自己的代理人无以为继。与西方马克思主义者致力于寻找革命的主体不同,柯亨认为革命的主体或许不重要,或许根本不存在,社会主义的重建首先要从这种"分娩论"中走出,然后再给予社会主义以可欲的和可行的计划。

针对经典马克思主义的第二个事实性的外壳,柯亨指出,物质财富的充裕与生态危机的关系问题足以证明物质财富的极大丰富不能作为经典马克思主义"分娩论"的事实性依据。生产力的飞速发展可以带来物质的充裕,但是物质财富的充裕又是以生态环境的破坏为代价的,而使生态环境免遭其害的方法必然是降低物质的消耗,而这势必又会限制生产力的发展。在柯亨看来,这一系列的连锁反应足以证明物质财富的极大丰富是天方夜谭。而马克思的"分娩论"是建立在物质财富十分充裕的假设的基础之上:未来社会必然是物质财富极大丰富的社会,足以确保每个人生活所需的一切,使每个人都实现自由发展,而每个人的自由发展是一切人自由发展的前提,这样的未来社会主义必然是所有人自由发展的自由联合体。但生态危机与物质财富极大丰富的矛盾,使社会主义必然从资本主义孕育而出的"分娩论"不具有说服力。根据柯亨的看法,马克思的物质乐观主义必然造成社会主义可能性的悲观主义,所以我们首先必须从这种乐观的"分娩论"中走出,在坚持社会主义信念的同时,寻找另一条具有现实性的社会主义道路。在柯亨看来,在物质匮乏的今天制订出可欲的和可行的社会主义的计划是唯一可以行得通的道路。

显而易见,柯亨的目的是挽救经典马克思主义的社会主义。在柯亨看来,对经典马克思的社会主义进行修补已然不适应时代发展的主题,重建与当今时代发展相契合的社会主义才是这个时代的哲学精神赋予我们的任务。根据柯亨的论述,在物质匮乏的今天,在马克思意义上的革命主体尚未形成的今天,经典马克思主义的"分娩论"毫无说服力可言;而走出"分娩论"的泥淖是重建社会主义的理论缘由,在道德上为马克思的社会主义做出辩护,坚定社会主义可以实现的信念的同时,制订可欲的和可行的计划是重建社会主义的现实的道路。

第二节 社会主义何以可能——柯亨对社会主义理论前提的批判

当追问社会主义何以可能时,我们会回答:唯物史观和劳动价值论确立了社会主义的科学地位,无产阶级是社会主义革命的主体,这三点共同构成了社会主义得以可能的理论前提。但是,在柯亨看来,经典马克思主义社会主义理论前提现今已经不具有说服力,经典马克思主义的社会主义理论无法应对当今时代变迁的挑战。随着转向政治哲学以及对马克思思想的深入研究,柯亨逐渐发现经典马克思主义社会主义的理论前提存在严重的错误,无法为社会主义的科学性提供理论依据。因此,柯亨试图以分析的方法对马克思社会主义理论的前提展开批判:柯亨对唯物史观的认识经历了从最开始的肯定并为之辩护到否定并质疑其历史必然性,认为唯物史观的逻辑并没有超越黑格尔唯心史观的思想框架;劳动价值论是错误的,那么建立在劳动价值理论基础上的剩余价值理论也无法成立;当今无产阶级解体使社会主义革命的主体丧失。柯亨认为正是唯物史观、剩余价值论和革命主体等社会主义理论前提的错误,使我们今天亟须重建符合我们时代的社会主义。我们要建立与时代发展相契合的社会主义,这是正确的,但是柯亨对社会主义理论的前提批判是对经典马克思主义的一种误读。

一 从肯定到否定——柯亨对马克思唯物史观的态度转变

关于马克思的历史观,柯亨在早期和晚期得出的论断相同,即都认为马克思唯物史观是在黑格尔唯心史观框架下的改造。但前后期对待马克思唯物史观的态度却迥然不同,由早期肯定马克思赋予唯物史观不同于唯心史观的新的内容,到晚期质疑马克思的历史观,并将其归于是对黑格尔思想的亦步亦趋。柯亨改变的不只是对马克思唯物史观的态度,而且是对经典马克思主义社会主义前提——唯物史观的科学性的质疑。

在《卡尔·马克思的历史理论——一种辩护》与《如果你是平等主义者,为何如此富有?》中,柯亨提出有关黑格尔唯心史观和马克思唯物史观思想的论断大致相同,即"历史是世界精神的历史,由此推之,也是人类意识的历史。历史在自知中经历发展,其媒介与促进因素是文化,当文化促进的发展超出其承载限度时,它便会趋于消亡"①。"历史是人类劳动的历史,历史在生产力中经历着发展,其媒介与促进因素是经济结构,当经济结构促进的发展超出其承载的限度时,它便会趋于消亡。"② 但是柯亨对待马克思唯物史观的态度却迥然不同,那么什么原因,使柯亨态度发生如此之大的转变,从早期肯定马克思的唯物史观并为之辩护,到后期质疑马克思的唯物史观呢?我们以前后期柯亨对唯物史观的态度为切入点,进而一步步地揭示柯亨对马克思唯物史观态度转变的原因。

在《卡尔·马克思的历史理论——一种辩护》中,柯亨认为即使马克思的历史观是在黑格尔的框架体系内的改造,即将"世界精神""人类意识""自我意识"等唯心主义内容,改造为"人类劳动""生产力""经济结构"等唯物主义内容,但是马克思仍然赋予唯物史观不同于唯心史观的新的内容。柯亨通过对比黑格尔在《精神现象学》与马克思在《〈政治经济学批判〉序言》中的论断,进一步表明马克思修改了黑格尔

---

① [英]G. A. 柯亨:《如果你是平等主义者,为何如此富有?》,霍政欣译,北京大学出版社2009年版,第59—60页。

② [英]G. A. 柯亨:《如果你是平等主义者,为何如此富有?》,霍政欣译,北京大学出版社2009年版,第63页。

历史哲学中的核心公式,并且赋予其新的意义:"世界精神在漫长的时间里耐心地经历这些[文化]形式,并有耐心来担当形成世界历史的艰巨工作,在世界史的每个形式下世界精神都曾就该形式所能表现的范围内将它整个的内容体现出来"①,"无论哪一个社会形态,在它所能容纳的全部生产力发挥出来以前,是决不会灭亡的"②。柯亨肯定了马克思用"社会形态"取代了黑格尔的"文化形态",用"生产力的发展"取代了黑格尔的"精神的发展"的进步意义。从中我们可以看出,柯亨虽然认为马克思的唯物史观与黑格尔的唯心史观结构一致,但肯定二者内容的不同,这使黑格尔的唯心史观不能和马克思的唯物史观相提并论。柯亨明确指出黑格尔的历史观最多只能被称为一种多少还算有点吸引力的解释,而马克思的唯物史观不仅是一种解释,它还是某种更准确的东西的源头,因此它是一种历史哲学,还是一种历史理论。通过这些描述,我们足以证明柯亨在这个阶段对马克思的历史观持肯定态度,并积极为马克思的历史观进行辩护。

但是,在《如果你是平等主义者,为何如此富有?》中,柯亨对马克思秉持黑格尔历史观的结构但改变其内容的唯物史观产生了质疑。柯亨仍然坚持马克思的唯物史观是在黑格尔唯心史观结构的框架下将唯心主义的内容掏出,将唯物史观的内容放入。柯亨进一步说明马克思将黑格尔世界精神的唯心主义历史修改为人类劳动的唯物主义历史,将黑格尔的自我意识发展的唯心主义的历史路径修改为生产力发展的唯物主义的历史路径,将黑格尔文化的唯心主义历史媒介修改为经济结构的唯物主义历史媒介。在《如果你是平等主义者,为何如此富有?》的文本中,我们找不到任何像在《卡尔·马克思的历史理论———一种辩护》中对马克思历史观肯定的语句。相反,我们却从《如果你是平等主义者,为何如此富有?》的论述中发现,柯亨此时开始质疑马克思历史观的科学性,甚至认为马克思仍然被禁锢在黑格尔的理论体系的框架内对黑格尔理论进行修补,仍然是说着黑格尔的语言,仍然没有超越黑格尔。

---

① [英] G. A. 柯亨:《卡尔·马克思的历史理论———一种辩护》,段忠桥译,高等教育出版社 2008 年版,第 42 页。

② 《马克思恩格斯选集》第 2 卷,人民出版社 2012 年版,第 3 页。

为此，我们不得不追问柯亨对马克思历史观的态度为什么会发生改变，怎么就从为唯物史观辩护的立场转为质疑的立场？通过梳理柯亨的思想脉络，我们可以发现柯亨是在对社会主义的不断反思之中认为马克思的历史观仍旧服从黑格尔通过自我毁灭来自我实现、自我超越，进而向更高级的阶段发展的辩证法原则。而黑格尔的历史观中存在黑格尔的辩证逻辑，柯亨坚持认为马克思虽然抛弃了黑格尔的唯心主义内容，但马克思唯物史观依然遵循着黑格尔的历史观的逻辑，所以沾染了黑格尔辩证法污浊的马克思的辩证法也贯穿于马克思的历史观。我们都清楚，在分析马克思主义学派看来，辩证法不是马克思主义的一种独特的有价值的方法，因为与分析方法相比辩证法并不具有明确性的含义，作为其领军人物的柯亨，更是坚持除分析以外的方法都是胡说。此外，在柯亨看来，黑格尔的思想固然博大精深，但也挣脱不了浪漫主义幻想的枷锁，所以柯亨势必会对留有黑格尔辩证法思想残渣的马克思的历史观质疑。为此，在柯亨的眼中，这样的马克思的历史观必然充满了黑格尔的味道，为此柯亨开始质疑科学社会主义理论前提的科学性。

柯亨对马克思唯物史观态度的转变，使他在考察经典马克思的科学社会主义的过程中，得出经典马克思主义的科学社会主义陷入"分娩论"泥淖的论断。在柯亨看来，马克思的科学社会主义是由德国的辩证法模式、法国的社会主义思想、英国的经典政治经济学三种来源糅合在一起的，其中德国辩证法模式是科学社会主义的核心，经典马克思主义的科学社会主义的"科学性"恰恰就在于贯穿始终的辩证法思想。但是，柯亨认为资本主义必然以自我毁灭的方式来实现更高级的社会主义的这种马克思的辩证法，是黑格尔通过自我实现的方式走向自我毁灭，又以孕育新事物的自我毁灭的过程来完成自我实现的辩证法的延续。在柯亨看来，在资本主义的母体中终将孕育出社会主义，这是一种"分娩"式的理论。柯亨进一步指出，马克思在《〈政治经济学批判〉序言》中较为系统地阐述了这种烙有"分娩"隐喻印记的历史观思想："无论哪一个社会形态，在它所能容纳的全部生产力发挥出来以前，是决不会灭亡的；而新的更高的生产关系，在它的物质存在条件在旧社会的胎胞里成熟以前，是决不会出现的。"① 新的更高级的社会必将在旧的更低级的社会耗尽所有潜能，同时具有新的社会建立的条件时才会出现，这种新社会代替旧社会的历史观仍然是黑格尔"新事物必然通过旧事物的毁灭来实现"的辩证法思想，仍然具有从旧事物的母体中接生出新事物的"分娩"性质。柯亨认为这种"分娩论"是强大的，也是危险的，因为黑格尔的背景使马克思理所当然地沿着这条思路走下去，并且毫无超越，从而使科学社会主义与空想社会主义的区别充满了黑格尔的味道。

二 清晰论证——柯亨对马克思劳动价值理论的解构

在柯亨看来，马克思主义的剥削论证是建立在劳动价值理论和剩余价值理论基础上的，但是柯亨指出马克思剥削论证的前提——劳动价值理论不是正确的，即使劳动价值理论没有错误也不能说明劳动创造了价值；如果劳动价值理论有问题，那么以劳动价值理论为根基的剩余价值理论也是错误的，所以劳动价值理论和剩余价值理论不具有成为剥削论证前提的科学性。柯亨试图在分析方法的基础上，用清晰论证取代劳动价值理论和剩余价值理论，实现在抛开劳动价值理论和剩余价值理论的基础上证明资本主义剥削的目的，重新构建剥削理论，从而给社会主义的前提——剩余价值理论以致命一击。

柯亨运用分析的方法对马克思剥削思想进行分析，对以劳动价值理论和剩余价值理论为基础的剥削论证进行简化，他称为"传统马克思主义论证"。柯亨认为这种"传统马克思主义论证"一方面缺乏对剥削进行规范的定义，即没有指明无偿获取本该属于某人的东西就是剥削，另一方面没有揭示工人没有财产被迫为资本家工作的资本与劳动关系的特征。正是在对这种"传统马克思主义论证"的批判分析中，柯亨提出取代"传统马克思主义论证"的"更简单的马克思主义论证"。

传统马克思主义论证：

（1）劳动且只有劳动创造了价值。
（2）工人获得的是其劳动力的价值。

---

① 《马克思恩格斯选集》第 2 卷，人民出版社 2012 年版，第 3 页。

第二章 批判性解构:柯亨对社会主义理论前提的批判

（3）劳动产品的价值大于工人劳动力的价值。
（4）工人获得的价值小于他所创造的价值。
（5）资本家获得了剩下的价值。
（6）工人受到了资本家的剥削。①

更简单的马克思主义论证：

（1）劳动且只有劳动创造了价值。
（7）资本家得到了产品的一部分价值。
（4）工人得到的价值小于他所创造的价值。
（8）资本家得到了工人所创造价值的一部分。
（6）工人受到了资本家的剥削。②

对比柯亨所谓"传统马克思主义论证"和"更简单的马克思主义论证"，我们可以看出：（1）是这个论证的大前提，其理论来源于劳动价值理论，（2）、（3）和（5）是由剩余价值理论推出的，（4）和（6）是"传统马克思主义论证"的结论。柯亨以他所谓科学的前提——（7）取代（2）、（3）和（5）这三个由剩余价值理论引出的前提，试图证明无须借助剩余价值理论就可以证明工人受到了剥削。在柯亨看来，这种"更简单的马克思主义论证"不仅是解构传统马克思剥削论证的第一步，而且克服了"传统马克思主义论证"缺少必要的理论前提，弥补了对资本与劳动关系阐述不明的不足。但是正如柯亨自己所说，"更简单的马克思主义论证"仍然没有脱离剩余价值的概念，因为只要说工人创造的价值与得到的价值之间存在差别，就仍然带有剩余价值的印记。所以，鉴于"更简单的马克思主义论证"并没有完全抛开剩余价值理论来证明剥削的非正义，柯亨开始转向重构剥削理论的第二步——瓦解劳动价值理

---

① ［英］G. A. 柯亨:《马克思与诺齐克之间》，吕增奎编，江苏人民出版社2008年版，第28—29页。
② ［英］G. A. 柯亨:《马克思与诺齐克之间》，吕增奎编，江苏人民出版社2008年版，第30页。

论，因为劳动价值理论瓦解了，建立在劳动价值理论基础上的剩余价值理论就不攻自破了。

柯亨认为马克思劳动价值理论存在两个版本："劳动价值理论的通俗学说"和"劳动价值理论的严格学说"。通俗学说是"劳动且只有劳动创造价值"或"把价值说成是物化的或凝结的劳动"，严格学说是"价值是由社会必要劳动时间决定的"。柯亨通过分析与反例相结合的方法，首先证明劳动价值理论的非正确性，即使劳动价值理论是正确的，也无法说明劳动创造价值；其次，证明劳动价值理论的通俗学说是错误的，从而证明劳动价值理论并不包含（1），否定了传统马克思主义论证中从劳动价值理论中引出的前提；最后，柯亨通过证明劳动价值理论的严格学说是错误的，否定了劳动价值理论的科学性，完成了对劳动价值理论的解构。这样，柯亨就证明了劳动价值理论与剥削概念无关，劳动价值理论无法成为剥削论证的理论前提。

在柯亨看来，劳动价值理论是说商品的价值量是由社会必要劳动时间决定的，那么只有在社会必要劳动时间内商品才具有价值，不在社会必要劳动时间内的商品不具有价值。为此，柯亨将重点问题归为社会必要劳动时间到底是一种什么样的时间？商品被生产出来所需要的社会必要劳动时间到底是在什么时候？柯亨回答"现在"，所以过去生产的物品与价值无关，只有现在生产的物品才具有价值。在此基础上，柯亨通过极端例子证明即使劳动价值理论是正确的，劳动也并不创造价值。柯亨假设物品 a 和物品 b 两个物品：在过去物品 a 必须通过劳动才能生产出来，但现在生产类似 a 这类的物品不再需要过去生产 a 那样的劳动了，所以柯亨认为根据劳动价值理论，即决定一件商品价值的是生产它所需要的现有的社会必要劳动时间，所以过去生产的 a 不具有任何价值；待售商品 b 和 a 一样都是过去的物品，不一样的是 b 以前并非由劳动创造出来的，但现在类似物品 b 这样的物品需要劳动才能被生产出来，所以待售商品 b 具有价值。柯亨试图通过这一反例说明，过去的劳动和商品具有的价值没有直接的关系，所以劳动价值理论就是错误的。因为如果劳动真的创造了价值，那么过去的劳动作为一种劳动也应该创造了价值，那么过去的劳动也是商品价值的决定因素，但这与劳动价值理论讲价值量是由现有的社会必要劳动时间决定相矛盾。为此，柯亨认为即使劳动价值理论是正确的,劳动也不创造价值,如果劳动不创造价值,那诸如(1)这样的劳动价值理论的通俗学说就是错误的,因此(1)就不能用来作为剥削论证的依据。

柯亨在否定了劳动价值理论的通俗学说之后,进而指出劳动价值理论的严格学说也是错误的,所以劳动价值理论是错误的。在柯亨看来,劳动价值理论的论证是价值由社会必要劳动时间所决定,柯亨认为如果可以证明价值受到与社会必要劳动时间无关的物的影响,那么就表示社会必要劳动时间决定价值的劳动价值理论的严格学说是错误的。柯亨找到了这个无关物,这个无关物就是生产资料所有制。因为生产资料所有制与社会必要劳动时间无关,但是柯亨认为生产资料所有制可以影响价格,进而影响所有者所获得的价值:

(9) 社会必要劳动时间决定价值。
(10) 价值决定均衡价格。
(11) 社会必要劳动时间决定均衡价格。①

柯亨指出(11)可以通过反例来否定,上述的生产资料所有制的反例就足以反驳(11)。如果作为结论的(11)不正确,那么作为其理论前提的(9)和(10)必然至少有一个也是错误的。如果(10)是正确的,那么(9)就是错误的,那么劳动价值理论就无法成立。但是马克思主义者把(9)视为定义性的真理,把(10)视为错误的抛弃掉,柯亨认为被抛弃掉的不仅仅是前提(10),还有劳动价值理论的实质内容,所以无论怎样,都说明劳动价值理论严格学说是错误的。

在对劳动价值理论进行否定之后,柯亨进一步指出劳动创造价值与剥削互不相关。首先,劳动创造价值这一命题并不是剥削论证的必要条件。柯亨指出,如果我们假设需求的范围和强度决定价值,那我们就可以说需求创造价值,从而否定劳动创造价值。其次,劳动创造价值并不是揭露资本主义剥削的理由。柯亨再次依据需求创造价值的理论来反驳,

---

① [英] G. A. 柯亨:《马克思与诺齐克之间》,吕增奎编,江苏人民出版社2008年版,第26页。

如果说劳动创造价值是工人提出获得他们创造价值的理由,那么依据需求创造价值,需求者是不是也同样可以要求获得他们所需求的价值呢?所以,如果说资本家占有了需求者创造的产品价值的一部分是荒谬的,那么资本家占有工人创造的产品价值的一部分同样也是荒谬的。这样,柯亨就在否定劳动价值理论的通俗学说和严格学说之后,进一步说明劳动价值理论与剥削无关。既然劳动价值理论不能作为剥削论证的前提,那用什么来代替劳动价值理论作为剥削论证的前提?什么前提才是真正的剥削论证的前提?

劳动价值理论蕴含的命题是"劳动创造了价值",柯亨认为不仅劳动创造价值是错误的,而且价值也不是被创造出来的,工人创造的不是价值,而是有价值的东西。在柯亨看来"创造价值"与"创造有价值的东西"这看似只有细微差别的措辞却有着巨大的观念差别。所以,柯亨指出,真正可以作为剥削论证的基础是"工人创造了有价值的东西"——这一非劳动价值理论的命题。在抛开剩余价值理论提出"更简单的马克思主义论证"的基础上,柯亨用清晰的前提(12)取代了前提(1),进而不依赖劳动价值理论提出"清晰论证"来重构资本主义的剥削论证:

(12) 只有工人生产了拥有价值的产品。
(7) 资本家获得了产品的一部分价值。
(13) 工人获得的价值少于他所生产产品的价值,并且
(14) 资本家获得了工人所生产产品的一部分价值。
(6) 工人受到了资本家的剥削。①

三 无产阶级解体——革命主体何以可能②

随着时代的发展,社会的进步,柯亨认为我们需要重新审查关于马克思革命主体的问题。柯亨对经典马克思主义无产阶级理论提出三个诘难。首先柯亨认为我们需要重新界定无产阶级的概念。在早期,柯亨曾

---

① [英] G. A. 柯亨:《马克思与诺齐克之间》,吕增奎编,江苏人民出版社2008年版,第42页。

② 此部分内容有部分已发表。

力图在两个文本中用不同的两种方式界定"无产阶级"概念。在《资产阶级和无产阶级》一文中,柯亨以人与物的关系为切入点,运用分析的方法来界定无产阶级。在柯亨眼中,人与物的关系无非就两类:1. 人作为主体支配物,2. 物作为主体支配人。柯亨进而运用分析的方法对这两类做出进一步的分析,指出这两类又都可以再分为相似的两类:1.1 和 2.1 人可以在自身所处的环境中得到确证,但是人并不能意识到自己身处在这个环境之中;1.2 和 2.2 人在自身所处的环境中不能得到确证,甚至人还与自身所处的环境相对立,并深受这种对立的压迫。不同的是,柯亨又对物支配人中的第一类,也就是2.1做了进一步的考察,将其又划分为两类:2.1.1 人了解自己的环境并且可以在自身所处的环境中得到享受和满足;2.1.2 人虽然了解自身的环境,但不能意识到自己就身处其中,因而也就不可能享受其身临的处境,不能从他的劳动中获得满足感和喜悦感。这样,柯亨经过一系列的分类、分析之后,将资本家归为人支配物的一类,将工人阶级归为物支配人的一类。

在《卡尔·马克思的历史理论———一个辩护》中,柯亨力图重新定义经典马克思主义的"无产阶级"概念。柯亨指出经典马克思主义是以从属地位的生产者来定义无产阶级的,即无产阶级是拥有全部的劳动力但不拥有生产资料的人,但是这种关于"无产阶级"概念的界定存在悖论:并非所有拥有全部劳动力但不拥有生产资料的人都符合"无产阶级"的概念,例如高薪的设计者;而有些拥有全部劳动力同时也拥有部分生产资料的人也可以被称为无产阶级,例如受雇用的自带机器的工人。在柯亨看来,无产阶级确实被剥夺了生产资料,但是生产资料对界定无产阶级来讲并非必不可少。为此,柯亨认为无产阶级可以拥有生产资料,但是如果他们不与资产阶级缔结契约,他们也不能养活自己。基于此,柯亨认为有必要对无产阶级进行重新界定,即"无产者必须出卖他的劳动力以获得他的生活资料"[①]。

"无产阶级已经解体"是柯亨对经典马克思主义无产阶级理论的第二个诘难。在柯亨转向政治哲学之后,他发现随着时代的变迁,西方资本

---

① [英] G. A. 柯亨:《卡尔·马克思的历史理论———一种辩护》,段忠桥译,高等教育出版社 2008 年版,第 91 页。

主义社会阶级结构发生的丕变引发了前所未有的规范性问题，首当其冲的就是经典马克思主义的无产阶级概念的规范性问题。柯亨以美国社会主义老歌"永远团结"的第二段歌词为切入点，试图说明现如今无产阶级面临的规范性问题："我们开垦荒地、建造城市，他们才能从事贸易；我们开挖矿山、修建工场，铺设万里铁路线；而如今，我们饥寒交迫，被遗弃在我们自己创造的奇迹中……"① 柯亨在此强调，我们应该注意歌词的最后一句话，"我们饥寒交迫"和"在我们自己创造的奇迹"之间隐含冲突：在现今社会，饥寒交迫的人与那些因从事生产而依然饥肠辘辘的生产者并不具有同一性，而这两个属于马克思所谓工人阶级身上的特点正在离散。在柯亨看来，马克思眼中的工人阶级身上汇集六个特点："'多数'、'生产'、'剥削'、'贫困'、'无所可失'以及'革命'"②。根据柯亨的观点，以上这几个特点正在离散，导致现今已然不具有汇集这几个特点于一身的革命主体，"无产阶级"和"工人阶级"的标签备受争议，马克思主义遇到了过去不曾遇到过的规范性问题，我们必须抛开革命主体的问题，从道德层面为实现社会主义开辟新路。

柯亨对经典马克思主义无产阶级理论的第三个诘难是质疑马克思哲学与无产阶级结合的合理性。在柯亨看来，哲学与无产阶级的结合与其说是对柏拉图哲学与权力结合的继承，不如说是对柏拉图的哲学与权力结合的拙劣运用。柏拉图曾经有三次西西里之行，企图劝谏两位国王，希望实现自己依照哲学理念治理国家的梦想。虽然这个梦想终究还是没能实现，柏拉图也退出了政治事务，但他还是坚信只有哲学与王的结合，即让哲学家成为统治者，或者只有统治者具有哲学的智慧，这样的国家才是一个理想的国家。在柯亨眼中，柏拉图所说的"哲学家"是人类最崇高的代表，而马克思所说的"无产阶级"则是人类最底层、最卑微、最扭曲的代表，哲学与无产阶级的结合就是"人类最崇高的代表——追求真理的哲学家——与人类最卑微、最扭曲的体现——受压迫的社会弃

---

① 拉尔夫·查普林（Ralph Chaplin）作词，旋律采用"John Brown's Body"的曲调，See Hille, ed., The People's Song Book, p. 68. 也可参见 G. A. 柯亨《如果你是平等主义者，为何如此富有？》，霍政欣译，北京大学出版社2009年版，第134页。

② [英] G. A. 柯亨：《如果你是平等主义者，为何如此富有？》，霍政欣译，北京大学出版社2009年版，第137页。

儿之间展开伟大的联合"①。柯亨对马克思哲学与无产阶级的理解是片面的,或者说他只理解了其中的一个方面,并没有理解马克思将哲学与无产阶级结合的真正意义。可以说,柯亨一方面对唯物史观、劳动价值论、无产阶级等理论前提进行批判性解构;另一方面又尝试汲取西方政治哲学与基督教精神风尚的可用之处,对社会主义进行理论性建构。

---

① [英] G. A. 柯亨:《如果你是平等主义者,为何如此富有?》,霍政欣译,北京大学出版社2009年版,第127页。

第三章

理论性建构：
柯亨对社会主义的重建

　　柯亨在对社会主义理论进行批判性解构的过程中，也在思索如何对社会主义进行理论性建构，西方政治哲学和基督教精神风尚给了柯亨很大启发。罗尔斯的正义论开启了当代政治哲学的新篇章，而正义论是这样一种建构主义体系：社会基本结构是正义理论的主题；正义原则作为用来确立社会基本结构正义性的理论原则，是正义论的灵魂；罗尔斯在继承传统契约论"一致同意"学说的基础上，将康德"自由""平等""理性的人性观"融入其中形成了新契约论，这种新契约论就是罗尔斯正义原则的证明方法；以"建构主体""建构程序""正义原则"为核心的"建构主义"是罗尔斯正义理论的方法。对于罗尔斯的这些理论，柯亨都做过批判和借鉴，而柯亨最关注的是：罗尔斯的差别原则（因调节自然偶然性因素而产生了不平等）与罗尔斯的建构主义的方法（目的是实现平等），以及二者之间的矛盾。柯亨试图在对差别原则的批判中拯救"平等"，在对建构主义的批判中拯救"正义"，并将其运用到对社会主义理论的重建之中。在柯亨看来，只对社会体系进行重建是远远不够的，还应该对人的心灵进行道德革命，所以柯亨用基督教精神风尚来辅助差别原则，从而尽可能地实现平等。为此，本书认为柯亨提出重建社会主义的理论路径，即以社会主义平等原则和共享原则为主，与罗尔斯严格的差别原则和基督教的精神风尚融合，实现社会结构和个人选择的正义性。

第一节　公平的正义——罗尔斯的正义理论

"几乎所有的当代政治哲学研究者都以罗尔斯为坐标"①，转向政治哲学的柯亨也是如此。柯亨正是在对罗尔斯理论和经典马克思主义社会主义双重批判的视域中，融入基督教的平等风尚，以期重建与时代发展相契合的社会主义。而柯亨对罗尔斯与其说是批判，不如说是扩展和深化，从而服务于柯亨对社会主义的理论重建。为此，我们有必要先考察一下罗尔斯的正义理论，为阐述柯亨对罗尔斯理论的扩展与深入做准备。

一　正义的主题——社会的基本结构

罗尔斯的《正义论》唤醒了沉睡一百多年的西方政治哲学，使处于低迷的政治哲学重新燃起了希望。从这个意义上，我们可以说罗尔斯开启了当代政治哲学的新篇章。每个时代都会以各自的方式把握到每个时代所赋予自己的哲学主题，并尝试着回答前人所未能回答的哲学难题，同时试图解决每个时代所特有的重大问题，罗尔斯正是在政治哲学主题和时代精神的双重变换中推进政治哲学的发展，提出了一种平等主义的自由主义的正义论。也正是因为这样，柯亨才发出如此感慨：罗尔斯不仅把握住了他的时代，而且将属于他的时代的一个重大的现实问题把握在了手中。而罗尔斯平等主义自由主义的正义论主题首先是社会的基本结构，即"正义在此的首要主题是社会的基本结构"②。罗尔斯在《正义论》开篇就指出：每个人都具有一种不可侵犯性，而这种不可侵犯性是正义的，"即使以整个社会的福利之名也不能逾越"③。可见，罗尔斯仍然秉持一种个人权利的自由主义理论，那么我们就不得不追问：为什么罗尔斯没有像诺齐克那样以个人权利为主题，而是将社会基本结构作为主题？社会的基本结构为什么是社会的首要主题？究竟怎样界定"社会基

---

①　姚大志：《当代政治哲学崛起于罗尔斯》，《社会科学报》2013年3月22日。
②　[美]约翰·罗尔斯：《正义论》，何怀宏、何包钢、廖申白译，中国社会科学出版社2009年版，第6页。
③　[美]约翰·罗尔斯：《正义论》，何怀宏、何包钢、廖申白译，中国社会科学出版社2009年版，第3页。

本结构"？

诺齐克是极端自由主义的代表，他的理论是一种以自我所有为前提的权利理论，理论主题是对个人权利的捍卫。在自由和平等的坐标上，罗尔斯和诺齐克分属两端，罗尔斯更靠向平等的一端，而诺齐克更靠向自由的一端。二者虽都极力证明个人权利神圣不可侵犯，但是二者的研究理路截然不同：诺齐克"以强调个人权利为出发点，以一种社会制度安排为终点"[1]，这样，诺齐克的理论就是按照个人权利来安排社会基本结构中的制度，进而通向资本主义道路；罗尔斯则截然相反，以社会基本结构为出发点，以捍卫社会结构中的个人为终点，目的是安排社会基本结构的公正制度来保证个人权利和自由的实现。那为什么在诺齐克把个人权利视为正义的主题时，同样关注个人权利的罗尔斯却把社会基本结构视为正义的主题？其背后的原因就在于，罗尔斯认为社会基本结构的正义和个人的权利并非两个问题，而是一个问题的两个方面，但社会基本结构可以说是起根本作用的一面。尽管社会基本结构是为了阐明如何安排社会基本制度，但是这样做的结果却是为了要建立公正的社会，进而达到捍卫个人权利和自由的目的，这也就是罗尔斯社会制度优先于个人原则的理论。

关于罗尔斯为什么要把社会基本结构作为正义的主题这个问题，虽然一直都有学者在讨论，但却没有得到足够的重视，所以阐明这个问题是突破罗尔斯正义理论的关键。用罗尔斯的一句话简单地说，那就是"因为它的影响十分深刻并且从一开始就出现"[2]。这句看似简单的话其实并不简单，它包含着深远的意义，因此我们必须思考其中"影响十分深刻"的含义到底是什么？这种"深刻"性体现在它为"背景正义"的可能性提供了条件。这里的"背景正义"是在总体精神意义上而言的，而不仅仅局限于某种制度对人们行为的影响。在罗尔斯看来，公平的起点问题是建构一个社会的必要条件，但这个社会的后期持续发展的正义性

---

[1] 杨立峰、应奇：《罗尔斯对古典自由主义的超越——从社会基本结构理念的角度看》，《南京社会科学》2003年第12期。

[2] [美]约翰·罗尔斯：《正义论》，何怀宏、何包钢、廖申白译，中国社会科学出版社2009年版，第6页。

更是问题的关键。个人或团体也必须以社会基本结构为背景，只有以社会基本结构为视角出发，才能判断达成的契约是否正义，才能保证个人或团体的正义。这种深刻性其次体现在社会基本结构中对个人的影响。社会基本结构可以提供整个社会的普遍正义，对结构中人们生活不同背景的初始不平等进行调节，以期达到公平的正义。在罗尔斯看来，影响社会平等的有三个偶然因素：社会环境、自然天赋、运气，但这些偶然因素并不是应得的。在罗尔斯看来，即使社会中的偶然性或不平等无法避免，我们也必须尽力调节不平等，而社会基本结构就是要安排公正的社会原则来调节社会中的不平等。因此要想根本地清除不平等问题，首先必须处理的是这种深刻的不平等问题，而处理这种深刻的不平等问题，就必须以造成这种深刻的不平等的源头——社会基本结构——为起点。

那么到底怎么界定"社会基本结构"？从罗尔斯的原文来看，在《正义论》中，罗尔斯说："在公平的正义中，社会被解释为一种为了相互利益的合作探索或冒险。其基本结构是一个公共的规范体系，它确定一种引导人们合力产生较大利益，并在此过程中分派给每一合理要求以应得的一份的活动方案。"① 可见，"社会基本结构"中的"社会"就是互惠互利的体系，也就是罗尔斯想要构建的"秩序良好的社会"，而"秩序良好的社会不仅是一个理念，更重要的是一种制度结构。在这个意义上，社会基本结构就是秩序良好社会的制度需要"②。而"秩序良好的社会"又可简称为"良序社会"，这样，问题就变成了什么是"良序社会"。在《正义论》中，罗尔斯指出了"良序社会"之所以"良序"，其原因在于：其一是以促进社会基本结构的成员利益为宗旨；其二是必须在一种公共正义观的调节下。这样的社会就是"一个互惠互利的合作体系"③，合作是这个社会的根本特征，调和冲突的手段就是正义原则，由这种正义原则支撑起来的就是社会的基本结构。"基本结构"是引导人们互利合作的"公共的规范体系"，这种"规范体系"也就是基本制度，但对于究

---

① ［美］约翰·罗尔斯：《正义论》，何怀宏、何包钢、廖申白译，中国社会科学出版社2009年版，第66页。
② 龚群：《罗尔斯政治哲学》，商务印书馆2006年版，第27页。
③ 何怀宏：《公平的正义》，山东人民出版社2002年版，第49页。

竟哪些制度可以划归到社会基本结构中，罗尔斯在《正义论》中也没有阐述得很清楚。但在《政治自由主义》中，罗尔斯明确了社会基本结构的界定，即"所谓基本结构，我是指社会的主要政治制度、社会制度和经济制度，以及它们是如何融合成为一个世代相传的社会合作之统一体系的"①。在此，我们需要注意罗尔斯区分了两种原则，一种是适用于社会基本结构的社会制度原则，另一种是调节个人的道德原则，社会制度原则的优先性也说明了罗尔斯把社会基本结构作为正义主题的原因。公正的社会结构是罗尔斯正义的主题，而对社会基本结构的规范需要正义的原则。

二 正义的灵魂——正义的两原则

社会基本结构之所以正义是由罗尔斯提出的正义两原则来保证的，罗尔斯正义论的目的就是提出一个公正的社会结构，而正义论是围绕确保社会基本结构公正的正义原则及正义原则的证明展开的，如果我们把正义论的主题视为罗尔斯对社会基本解构的阐述，那么我们可以说，正义的两原则是罗尔斯正义论的灵魂，因为"一个社会是正义的，意味着其基本制度和社会安排是由正义原则支配的"②。

熟读《正义论》的人们都知道，罗尔斯的正义理论是在经过反复的琢磨和推敲之后才最终定下的。正义观被分为一般正义观和特殊正义观，其中特殊正义观就是正义原则，而对一般正义观和特殊正义观的表述都是经过一番论证修改后才最终确定下来。我们先来看一般正义观最初的表述："所有社会价值——自由和机会、收入和财富、自尊的社会基础——都要平等地分配，除非对其中一种价值或所有价值的一种不平等分配合乎每一个人的利益。"③ 而在一般正义观的最终表述中，我们可以看到罗尔斯做了些修改，用"社会基本善"代替了"社会价值"，将"每个人"修改为"最不利者"。我们再来分析罗尔斯是如何阐述特殊正

---

① John Rawls, *Political Liberalism*, New York: Columbia University Press, 1993, p. 11.
② 姚大志:《罗尔斯》，长春出版社2011年版，第223页。
③ [美] 约翰·罗尔斯:《正义论》，何怀宏、何包钢、廖申白译，中国社会科学出版社2009年版，第48页。

义观的：

> 第一个原则
> 每个人对与所有人所拥有的最广泛平等的基本自由体系相容的类似自由体系都应有一种平等的权利。
> 第二个原则
> 社会和经济的不平等应该这样安排，使它们：
> 1. 在与正义的储存原则一致的情况下，适合于最少受惠者的最大利益；并且，
> 2. 依系于在机会公平平等的条件下职务和地位向所有人开放。①

通过一般正义观和特殊正义观的表述，我们可以看出，与其说特殊正义观是一般正义观的扩展，不如说特殊正义观是对一般正义观的深化。从"合乎每一个人的利益"到"合乎最少受惠者的最大利益"的跨越，表明了罗尔斯正义理论的天平偏向平等，向最少受惠者的方向倾斜。罗尔斯将社会利益称为"基本善"，一个公正的社会就是要平等地分配这些"基本善"，也就是平等地对权利、自由、机会、收入和财富进行分配。平等地分配自由与权利是罗尔斯想通过第一正义原则来实现的，公正地分配机会和权利、收入和财富是第二正义原则的目标，而第二正义原则又分为两个子原则，其一是要确保平等地分配机会和权利，其二是保证收入和财富的平等性，这样第一正义原则被称为平等的自由原则，第二正义原则分为公平的机会平等原则和差别原则。从正义原则中，我们足以看出罗尔斯将政治哲学的主题从自由转向平等，这也是被称为社会主义平等主义的柯亨为何如此关注被称为平等主义的自由主义的罗尔斯的关键之处，二者都将"平等"作为社会建构的关键。

但是明明可以分为三个正义原则，为什么罗尔斯称特殊正义观是正义的两原则呢？或者为什么罗尔斯将公平的机会平等原则与差别原则合为第二原则？对此，姚大志教授认为针对《正义论》的"结构主义的解

---

① [美]约翰·罗尔斯：《正义论》，何怀宏、何包钢、廖申白译，中国社会科学出版社2009年版，第237页。

释"和以《作为公平的正义》为依据的"宪政主义的解释"这两种解读都存在各自难以解决的矛盾,为此姚大志教授提出了第三种解读——平等主义的解释。姚大志教授以基本善的有限和无限作为划分正义原则的评判标准,因为自由和权利是无限的,机会和权利、收入和财富都是有限的,无限的基本善可以平等地分配,有限的基本善不能平等地分配,而不平等地分配必须有利于每一个人,尤其是最不利者。这样,公平的平等原则和差别原则同样要分配有限的基本善,所以应该合为一个原则,与分配无限基本善的平等的自由原则并行。比起"结构主义的解释"和"宪政主义的解释","平等主义的解释"更能彰显罗尔斯正义原则的精髓是"平等"。按照"平等主义的解释",第一原则意在解决政治平等的问题,第二原则目的是处理社会不平等的问题,所以要想最大程度地将不能平等分配的东西平等地分配,只有公平的平等原则是不够的,必须用差别原则加以调节。在罗尔斯看来,正义原则是传统的自由、平等和博爱观的代言,平等的自由原则为自由精神代言,公平的机会为平等精神代言,差别原则为博爱精神代言。

在第一原则中,我们需要注意平等的自由原则中的"自由"并非指"所有自由",而只是罗尔斯所谓"基本自由",包括思想自由、良心自由、政治自由和结社自由等,第一原则强调的是对这些"基本自由"的平等权利。之所以没有涵盖所有自由,原因在于正义原则的优先性。两个正义原则的排序是不可以改变的,因为第一原则相对于第二原则具有优先性,意在说明基本自由的神圣不可侵犯,不可以以损害基本自由为代价来换取社会经济利益,自由只能因自由的冲突而被限制。这样,一方面,我们可以说罗尔斯把"自由"提高到比以往更高的高度;另一方面,我们也可以说罗尔斯对"自由"进行了"平等"的限制,自由也是"平等的自由"。如果第一原则的目的是保证自由的平等,那么第二原则旨在实现分配的平等。但是对于机会和权利、收入和财富等无法进行平等分配的有限的基本善,要解决的问题就是:"不平等的分配在什么情况下能够是正义的。"①

在第二正义原则中,针对"平等向所有人开放"和"合乎每一个人

---

① 姚大志:《罗尔斯正义原则的问题和矛盾》,《社会科学战线》2009 年第 9 期。

的利益"的含混性,可以做四种解读。针对"平等向所有人开放"中主体——所有人,可以有两种解读,其一是作为前途向才能开放的平等,其二是作为公平机会的平等;"合乎每一个人的利益"可以理解为效率原则对社会基本结构的影响,也可以理解为差别原则对社会基本结构的调节。含义的四种含混形成了关于平等的四种观点:效率原则与向才能开放的结合形成"自然的自由体系"观点;效率原则与公平的机会平等的搭配形成"自由主义的解释";差别原则与向才能开放表现为"自然的贵族制";用差别原则来调节公平的机会是罗尔斯的"民主平等"观点的真实写照。"自然的自由体系"因包含自然和社会中的偶然因素造成的不平等不符合罗尔斯心中的平等观点;"自由主义的解释"虽然用机会的平等原则限定了一定程度的不平等,但也只是减少自然和社会的偶然因素带来的不平等,仍不符合罗尔斯对平等的要求;尽管"自然的贵族制"排除了社会方面的偶然因素,但是没有限制自然天赋因素产生的不平等,在罗尔斯看来,自然天赋的偶然因素并不应得,所以必须加以限制,为此提出对自然和社会偶然因素都加以限制的"民主平等",通过机会的公平平等原则来消除社会偶然因素带来的不平等,用差别原则来限制天赋才能等自然因素产生的不平等。

"差别原则"是罗尔斯正义原则的关键。罗尔斯认为社会偶然因素的不平等可以通过社会措施来避免,但是天赋才能等自然因素产生的不平等却是无法避免的。那么我们就任自然因素产生的不平等肆意蔓延?当然不能,差别原则就是来限制自然偶然因素带来的不平等的。从字面上看,"差别原则"并不是要把一切差别根除掉,而只是限制差别,是"要挑选出一些合适的差别来作为标准,并按这些标准同等地对待人们和处理分配问题"[①]。这样,差别原则所允许的不平等存在限制条件:一方面是领域的限制,即差别原则只能存在于社会地位和财富收入的领域中;另一方面是条件的限制,即差别原则受到机会的公平平等的限制,同时最重要的是要有利于提高最不利者的利益,只有这样才能允许差别的存在。总体而言,罗尔斯想通过差别原则对自然天赋较低和社会地位较低的不利者进行一种补偿,因此这里不是要剥夺天赋较高和社会地位较高

---

① 何怀宏:《公平的正义》,山东人民出版社2002年版,第125页。

的人的应得。因此，相对有利者不能反对这种补偿，也不能因这种补偿付出更多而抱怨，因为大家都生活在同一个社会合作体系中，根据罗尔斯"链式连接"和"紧密啮合"的原则，较有利者给予较不利者帮助的同时也是在提高自己的利益。在罗尔斯看来，人们没有必要为差别原则会产生贫富差距过大而担忧，因为差别原则受到帕累托效率原则的限制，罗尔斯意在用这种帕累托效率原则保证任何人的处境都不会受到损害。为此，从直观上看，差别原则不对差别和不平等进行限制，我们可以说罗尔斯在承认差别存在合理性的背后，希望尽力缩小差距和扩大平等。罗尔斯正是想通过正义的原则构建一个互惠互利且秩序良好的社会，但是怎么就能保证人们会选择正义的原则，而不是选择其他原则呢？这就涉及正义两原则的证明。

三 正义原则的证明——新社会契约论

在罗尔斯看来，古典契约论因依赖自然法的形而上学而具有不可解决的矛盾，目的论的功利主义在方法上诉诸直觉主义而不可行，那么既不依托自然法的形而上学，也不承认功利主义的直觉主义，怎么证明正义理论的合理性呢？罗尔斯吸收古典契约论的一致同意原则，与康德关于人的自由、平等、理性的人性观结合，复活了沉睡已久的契约论方法，形成了他所谓新的契约理论。这种新契约理论就是为了证明正义原则的合理性，而原初状态的设计是新契约理论的起点，无知之幕、正义环境是原初状态设置的基本要素，"最大最小值"规则和反思平衡的方法确保了正义原则是从原初状态中选择出的最适合的原则，即符合最有利于每一个人的利益，尤其是最不利者的利益。正是这种新契约论，使罗尔斯坚定自由、平等、有理性的人会在原初状态中选择出最好的原则——正义原则。

在《正义论》中，罗尔斯指出他希望能够在更抽象的水平上提出一种能够替代原有社会契约论的正义观。这里我们需要注意两点：其一是罗尔斯新契约论与传统契约论的亲缘关系体现在哪？其二是我们说罗尔斯的契约论是对传统契约论的超越，因为它把传统契约论提升到更高的抽象水平，那么这里的"更高水平"是什么意思？在以往的正义理论证明中，要么用功利主义去证明正义，要么用契约主义方法证明正义，罗尔斯旨在建立一种可以取代功利主义的正义理论，那么显然，他不会赞同功利主义的方法，这样"一致同意"的契约主义方法是他选择为正义论提供的最好证明。但是罗尔斯并不单单承继传统契约论的"一致同意"原则，他还将康德的人性观融入其中，这样自由、平等且具有选择能力的理性人就有可能一致同意地选择正义原则。那么这样的新契约论比传统契约论"抽象"在哪？"抽象"之所以"抽象"，一方面体现为社会契约论的目标是建立适合的社会基本结构的正义原则，而不再以建构一种特殊的社会或特殊政体的契约为宗旨；另一方面体现为这种契约是一种与道德原则相关的契约，而不再局限于单纯利益关系的契约。但是，在现实的社会生活中，人们因分属不同的社会阶层而会持有不同的社会信念和存在不同的利益关系，不可能选择一致的正义原则，为此，罗尔斯以更高水平的原初状态取代了传统契约论的自然状态。那么我们不得不问处于这种更高水平的原初状态中的人们就能在正义原则的选择问题上达成一致吗？

原初状态旨在通过一致同意的契约达成"公平的正义"，为了证明从原初状态中选择出的最适合的原则是正义原则，罗尔斯对原初状态进行了设置：无知之幕、正义环境。无知之幕是原初状态中最重要的理论设计，意在限定原初状态中人的身份信息，从而使人们不会受到自然和社会的偶然因素的干扰，使正义的原则在无知之幕的背后被选择。无知之幕中的人们不知道自己的社会地位、善的观念、特殊的社会环境等一些难以达成统一的特殊事实，人们知道的只是可以达成统一意见的一般事实。这样，处于无知之幕背后的每个人所做的选择实际并不是只为自己而选择，而是为了包括自己在内的所有人而选择。所以，我们可以说，"对原则的选择已经不是一种个人的选择了，而是一种把所有人融为一体的一个抽象的理性的人的选择"[①]。罗尔斯以无知之幕的假设抽象了传统契约论的自然状态，使人们处于平等的地位，保证了起点的公平正义，同时无知之幕也为正义的环境提供了前提。

正义环境是原初状态中为正义原则的选择设计的条件，"适度匮乏"的客观条件和相互冷淡的主观环境构成了正义的环境。就正义的客观环

[①] 何怀宏：《公平的正义》，山东人民出版社2002年版，第136页。

境来说，富足的客观环境下的人们不会存在什么难以解决的问题，因此相互合作并不是必要的；如果人们处于极度匮乏的客观环境中，人与人之间的合作可能因外在环境的恶劣而失败，这样社会也不是必要的，因此正义的客观环境需要"适度匮乏"。关于正义的主观环境，罗尔斯认为无论是休谟的"自私"还是基督教的"仁爱"都不适合，因为"自私"容易滋生利己主义倾向，那么追逐个人私利的人无法与人合作；而"仁爱"会倒向利他主义，利他主义也无法使人与人合作，只有相互冷淡的主观环境才不会为自己的利益而牺牲他人的利益，也不会为他人的利益而放弃自己的利益。罗尔斯想通过正义原则建构一个相互合作的社会基本结构，人们利益的一致是社会合作的可能性，而利益的冲突是社会合作的必要性，正是利益的冲突才需要正义的原则来调节。

　　无知之幕和正义环境确保了原初状态的环境和条件，那么在无知之幕和正义环境中的人们怎么就一定会选择正义原则呢？依据罗尔斯的观点，"最大最小值"规则和反思平衡的方法使正义原则从原初状态中脱颖而出。"最大最小值"规则即"最大的最小值"，是在最低、最差的条件下实现自己最大程度的利益。这条规则要我们关注在选择对象的过程中可能发生的最糟糕的情况，所以我们要根据选择对象可能发生的最糟糕的后果进行排序，从中选出较于其他最糟糕的后果要好的对象。罗尔斯承认"最大最小值"规则并不适合指导不确定条件下的选择，但是它具有的三个特点适用于原初状态对正义原则的选择：其一，概率问题不在"最大最小值"规则的考虑范围之内，也就是说它不考虑当事人选择的社会环境以及选择之后产生的结果，而这正对应了无知之幕对人们特殊信息的遮蔽；其二，"最大最小值"规则不关心除了可以获得保障的收入以外的其他东西，而这正是原初状态中正义原则所关切的最不利者的最低收入保证；其三，"最大最小值"规则选择的结果以外的其他选择都会产生不能忍受的后果，而在罗尔斯看来，除了正义原则之外的其他原则也都会带来不可接受的后果。显而易见，"最大最小值"规则符合原初状态的设计，以"最大最小值"规则为依据来选择正义原则是合理的。

　　但是"最大最小值"规则仅阐释了选择正义原则的合理性，没有说明与其他原则相比，正义原则如何更具有说服力。反思平衡的方法进一步增加了人们会在原初状态中选择正义原则的说服力。关于道德问题的评判方法，我们要么诉诸道德判断的道德直觉主义，要么诉诸建立在以道德原则为依据的道德先验主义，罗尔斯则提出了将道德判断和道德原则统一起来的"反思平衡"的方法，即从道德领域中甄选出一些深思熟虑的判断，进而形成相应的道德原则，反过来再依据这些道德原则考察之前甄选出的道德判断，由于起初的道德原则与道德判断可能并不一致，但是在道德判断和道德原则相互作用下最后达成统一。这正如罗尔斯所说的："它是一种平衡，因为我们的原则和判断最后达到了和谐；而它又是反思性的，因为我们知道我们的判断符合什么样的原则以及是在什么前提下得出的。"① 我们或是修改道德原则以适应原来的道德判断，或修改道德判断坚持之前的道德原则，通过这种慎思的反思平衡方法②，我们选择出的原则才更有说服力。

无知之幕排除了原初状态中人的特殊信息，保证了原初状态的初始环境的公平性；正义环境为正义原则的择出提供了公正的客观环境和主观环境；"最大最小值"规则证明了在原初状态中选择正义原则的合理性，反思平衡的方法通过道德判断和道德原则的反复思考为形成一致的正义原则的选择增加了说服力。这样，罗尔斯就将传统契约论改造成了新契约论，从而归纳了自己政治哲学的证明理路是：通过无知之幕和正义环境把与道德观点无关的因素过滤掉，通过"最大最小值"规则和反思平衡证明原初状态中正义原则选择的一致性，而这些都是在罗尔斯建构主义方法指导下进行的。

四 正义理论的方法——建构主义

通过对罗尔斯正义理论的分析，我们可以更加深入地考察罗尔斯正义论的方法——建构主义。建构主义虽然是因罗尔斯政治哲学的崛起而

---

① [美]约翰·罗尔斯：《正义论》，何怀宏、何包钢、廖申白译，中国社会科学出版社2009年版，第16页。
② 在《正义论》中存在两种反思平衡的方法，一种是"狭义的反思平衡"，另一种可以称为"广义的反思平衡"。"狭义的反思平衡"是说，在正义原则的选择过程中，我们要反复思考新的正义原则与善的判断之间能否达成一致，罗尔斯对原初状态的假设同正义原则的选择之间就是这种"狭义的反思平衡"，"原初状态表明的不仅是对大家都'好'（善）的一种设计，而且是假设人人都处在最不利的情况下可能有的最大的好（善）是什么的一种设计"。"广义的反思平衡"被用于政治建构主义之中，目的是在多元文化中通过反思平衡的方法形成重叠共识。

逐渐从众多方法论中脱颖而出，但是众所周知，就西方政治哲学来说，建构主义不是由罗尔斯所开创的，早在"认识论转向"之际它就已经是政治哲学中理论建构的方法论。为了应对在多元主义语境中直觉主义方法的理论困境，"康德式建构主义"在近三十年来进入英美政治哲学语境，它尝试通过行为主体的实践理性能力推理出相应的程序，并参照这种程序来推理出一套引导人民政治和道德生活的规则，逐渐成为政治哲学的证明方法。罗尔斯复活了传统契约论，继承了康德的建构主义，并给它们注入了新的活力，或者可以说，罗尔斯在赋予传统契约论和康德建构主义新的意义的基础上，提出了正义理论的证明方法——建构主义。

德沃金是最早将罗尔斯正义论称为一种建构主义的人，他在"正义与权利"一文中用建构主义来称谓罗尔斯的正义论。在《正义论》中，罗尔斯虽然没有明确使用"建构主义"这一概念，但是"从罗尔斯后期对建构主义的些许阐发来看，这种证成策略的实质性要素在《正义论》中的确已经得到最完整、最具雄心的体现"①。在"杜威讲座"上，罗尔斯明确肯定建构主义是自己正义理论的证明方法。在《政治自由主义》中，罗尔斯进一步提出了自己的政治建构主义理论。我们通过把罗尔斯的建构主义理论与直觉主义、康德建构主义进行对比，进一步分析罗尔斯的建构主义理论。直觉主义对制度、原则、行为的合理性的判断仅仅依靠感性直观，这一方面形成了它自己的理论特点，另一方面也使它在多元主义的语境中陷入困境。就直觉主义与罗尔斯建构主义理论特点的对比来说：第一，直觉主义将道德秩序视为一种不依托于任何人的任何心理、理性活动的独立存在，罗尔斯则认为有理性的主体在一种建构主义程序中选择正义原则以规范社会基本结构；第二，直觉主义将建构秩序建立在理论理性的基础上，罗尔斯的建构主义则主张以实践理性为基础进行对秩序的建构；第三，直觉主义不具有充分的个人观念，罗尔斯的建构主义则依赖极其复杂的个人观念和社会观念，个人的道德能力和社会合作理念是罗尔斯建构主义的重要因素；第四，直觉主义以道德秩序作为真理的评判标准来评判道德判断的真实与虚假，罗尔斯的建构主

---

① 张祖辽：《罗尔斯政治哲学的建构主义政策策略及其困境研究》，东方出版中心2016年版，第23页。

义则认为正义原则不是真理概念，只是理性的政治概念。正因为直觉主义的这些特征使它在当代多元主义的语境中陷入无法逾越的困境：在多元主义的语境之中，根据直觉主义有可能形成许多合乎理性但却相互冲突的主张，而直觉主义却无法从这些相互冲突的主张中提出一个具有普遍性和客观性的优先结论，在这样的情况下，力图建构一种普遍性和客观性的康德式建构主义就应运而生。

罗尔斯的建构主义在很大程度上借鉴了康德建构主义对程序的强调，从这个角度我们可以说，罗尔斯的建构主义无疑与康德建构主义有着难以割裂的亲缘关系，但是又与康德的建构主义有着明显的不同。第一，康德的建构主义具有全面性和完备性，"对于自然、社会、人的世界观以及人生观起着一种全面性的解释和指导性作用"①，罗尔斯的建构主义不具有这种全面性和完备性，它的作用领域仅仅被限制在政治领域；第二，康德秉持一种构成自律的观点，反对直觉主义赋予道德秩序的独立存在观念，认为道德秩序必须通过实践理性构成其自身，罗尔斯不赞成康德的构成性自律观，赞成以实践理性为出发点，但不赞成仅仅以实践理性为基础，而是将社会观念和个人观念融入了进来；第三，康德的建构主义在形而上学的框架之内，罗尔斯的建构主义排斥康德式的形而上学；第四，康德的建构主义旨在为理性信仰的合理性进行辩护，罗尔斯力图通过建构主义形成一致的正义原则的选择，建构出一个公平正义的社会。

在与直觉主义和康德建构主义进行对比之后，我们对罗尔斯的建构主义有了初步的了解，我们将进一步探讨罗尔斯的建构主义方法论究竟是一种什么样的方法论。罗尔斯的建构主义是选择主体通过一定的建构程序选择出正义原则，并以这些正义原则为社会基本结构建构的指导原则，罗尔斯是这样表达的："这种观点建立了一个满足一定理性条件要求的建构程序，在该程序中，具有合理代理人特征的人们通过他们的协议来规定正义的第一原则。"② 可见，罗尔斯建构主义有三个缺一不可的要素：建构主体、建构程序和正义原则。这里的建构主体不仅仅是自由的

---

① 龚群：《罗尔斯政治哲学》，商务印书馆2006年版，第230页。
② John Rawls, "Kantian Constructivism in Moral Theory", *The Journal of Phiosophy*, Vol. 77, 1980.

和平等的，更重要的是要有理性的，这样的主体具有正义感的能力和善观念的能力，所以才能确保选择合乎理性的正义原则，《政治自由主义》主要涉及的是怎样把罗尔斯的正义观从理论原则到社会建制的实现，在这里罗尔斯明确将自己的建构主义称为政治建构主义并这样阐述："政治建构主义是一种关于政治理念的结构和内容的观点。也就是说，一旦达到反思的平衡，政治正义的原则（内容）可作为某种建构（结构）程序的结果来描述。在这个为原初状态所塑造的程序中，作为公民代表的理性行为主体并服从合理条件，选择公共正义原则来范导社会基本结构。"① 原初状态的设计保证了正义原则的胜出，也保证了正义原则的合法性，因此它是罗尔斯政治建构主义的根本前提。

职是之故，社会基本结构是罗尔斯正义的主题，正义原则是罗尔斯正义的灵魂，正义原则是通过新契约论来证明的，建构主义是罗尔斯整个理论的证明方法。罗尔斯理论的整体框架是：在吸收传统契约主义与康德建构主义思想的基础上，赋予契约理论和建构主义以新的含义，运用建构主义方法证明自由、平等、有理性的主体，在不能达成一致的特殊信息的无知之幕背后，在适度匮乏的正义的客观环境以及相互冷淡的主观环境中，依据"最大最小值"规则选择最适合的正义原则，凭借反思平衡方法的调节，使被择出的正义原则——平等的自由原则、公平的机会平等原则、差别原则更具有信服力，从而证明以正义原则为基本依据而建构起来的社会基本结构是公平、正义且秩序良好的。正是在对罗尔斯理论的分析中，柯亨沿着罗尔斯的道路继续前进，试图从罗尔斯的理论体系中拯救出平等与正义来建构与时代发展相契合的社会主义。

第二节 拯救平等——柯亨对罗尔斯差别原则的批判

柯亨对于罗尔斯的关注，不仅仅是因为罗尔斯是政治哲学的坐标，更是因为作为社会主义平等主义者的柯亨与作为平等的自由主义者的罗尔斯都将"平等"视为建构社会的关键。罗尔斯的理论旨趣是对他所谓不应得的偶然因素——自然因素和社会因素的纠正，用来纠正这种不应

---

① John Rawls, *Political Liberalism*, Columbia University Press, 1993, pp. 89–90.

得的正义原则就是差别原则,这正如上文所说,罗尔斯并不是要消除差别,而是认为社会基本结构可以"用这些偶然因素来为最不幸者谋利"①,而如果我们想要建构一个任何人都不会受自然和社会的偶然因素影响的社会体系,那么差别原则的优势即会显现。但是,柯亨认为根据罗尔斯不同时期的文本可以看出他对差别原则论述并不完全一致,而对罗尔斯不同时期的差别原则进行深入的分析,柯亨对差别原则做出四种解读:严格的差别原则、松散的差别原则和惯用的差别原则、词典式的差别原则。在柯亨看来,虽然这些解读之间表面上看只是细微的差别,但正是这些细微的差别使罗尔斯的差别原则没有他看似的平等,或者反而倒向了一种不平等,为此柯亨试图从罗尔斯的差别原则中拯救平等。

一 差别原则的初次批判——柯亨对差别原则适用的批判

《拯救正义与平等》正如它的名字一样,目的是对正义和平等进行拯救,"在一个分配正义占据主导地位的社会中,民众期望能够在物质方面大体上平等:分配正义不能容忍由为处境好的人提供经济激励而产生的严重不平等,而罗尔斯及其追随者认为这样的严重不平等是一个公正社会的表现"②。在柯亨眼中,这种对严重不平等进行竭力辩护的正是罗尔斯所谓差别原则,根据罗尔斯不同时期的文本,柯亨对差别原则做出四种解读:严格的差别原则和松散的差别原则、惯用的差别原则和词典式的差别原则。对差别原则适用的批判涉及前两种解读——严格的差别原则和松散的差别原则,柯亨认为真正可以作为指导原则来调节社会正义的是严格的差别原则,因此对松散原则的批判才是柯亨批判差别原则适用的攻击点。而在对松散的差别原则适用的批判中,柯亨认为支撑松散差别原则的是激励论证和帕累托论证,激励论证和帕累托论证无法为松散的差别原则提供理论支持,进而对罗尔斯差别原则不关注个人选择只强调社会基本结构的观点进行反驳,完成了对差别原则适用的批判。而对差别原则本身的批判中涉及后两种,即惯用的差别原则和词典式的差

---

① [美] 约翰·罗尔斯:《正义论》,何怀宏、何包钢、廖申白译,中国社会科学出版社 2009 年版,第 78 页。

② [英] G. A. 科恩:《拯救正义与平等》,陈伟译,复旦大学出版社 2014 年版,第 2 页。

别原则，这一点我们将在下一小节进行详细的分析，这一小节我们主要讨论差别原则的适用问题。

在柯亨看来，罗尔斯的差别原则是用来调节自然因素造成必要的不平等的原则，这种"必要的不平等"分为两类："一类是与人的选择无关、改善处境最不利者境况的那些必要的不平等；另一类是仅仅在实现某些人的意图这个给定目的的意义上才是必要的那些不平等。"① 而柯亨正是根据对"必要的不平等"之间区别的考察中，发现罗尔斯对待差别原则中"必要"这个词的不同解读形成两种不同的差别原则：用来调节与选择意图不相关的必要的不平等的差别原则是严格的差别原则；而用来调节与意图相关的不平等的差别原则是松散的差别原则。柯亨认为与意图无关的严格的差别原则才是真正意义上的差别原则，"这种解读与他对'完全顺从'，贫穷者的尊严和博爱的看法是一致的"②。柯亨对与意图相关的松散的差别原则持以反对的态度，因为松散的差别原则试图用激励论证和帕累托论证来做理论支持，然而事实上，激励论证和帕累托论证都无法为松散的差别原则提供理论依据。松散的差别原则会使有才能者追逐私利，而这样产生的不平等不是必要的，而是需要加以反对的，所以在柯亨看来，松散的差别原则并没有我们所认为的那样正义，而至多只能称得上是一个"正当平衡的有缺陷的中介"。

如果说真正的差别原则或者严格的差别原则体现了罗尔斯所谓"完全顺从、维护贫困者的尊严和体现博爱的精神"，那么依靠激励论证证明的松散的差别原则则与这些相背离。第一，用来论证松散差别原则的激励论证与"完全顺从"相背离。松散的差别原则之所以不能作为正义原则，首先在于松散的差别原则允许经济激励的刺激，而在柯亨看来，真正的差别原则（严格的差别原则）与激励是相悖的。在罗尔斯的理念中，如果通过激励机制可以使最不利者的处境得到改善，那么这种激励产生的不平等就是正当的。罗尔斯的观点是：既然有才能者需要物质激励的刺激才能努力工作，而只有他们努力工作才能提高所有人的利益，尤其是改善最不利者的利益，那么问题就变成如果一种不平等可以对每一个

---

① ［英］G. A. 科恩：《拯救正义与平等》，陈伟译，复旦大学出版社2014年版，第62页。
② ［英］G. A. 科恩：《拯救正义与平等》，陈伟译，复旦大学出版社2014年版，第63页。

人都有利，为什么这种不平等不正确呢？柯亨指出"为不平等张目的激励论是对差别原则的歪曲适用"①。因为按照罗尔斯的观点，正义原则是由秩序良好的公正社会中的人们一致同意的，那么可以说，差别原则也是经过人们一致同意选出来建构公正社会的正义原则。这就使罗尔斯陷入两难境地：要么罗尔斯坚持公正的社会是由人们一致同意的正义原则建构的共同体，这样真正遵循差别原则的人不需要特殊激励的刺激；要么坚持激励论证放弃共同体观念，这样差别原则证明了不平等的激励论证的正当性，却有悖于罗尔斯建立一致同意的良好秩序社会的初衷。第二，罗尔斯所谓激励论证支撑的差别原则提高了最不利者的尊严说只是一种幻想。根据罗尔斯的观点，虽然差别原则（松散的）允许了不平等的存在，有才能者的获得明显多于处境不利者，但是这种不平等使所有人，特别是处境最不利者的处境比在平等的状态下要好得多，这种处境改善的不只是利益的多少，还有最不利者的尊严的提高。但柯亨打碎了罗尔斯的这种幻想，因为这样的不平等会助长有才能者追逐私利，而处境不利者得到改善的前提是必须满足有才能者追逐私利的目的，那这样怎么体现对最不利者尊严的提高呢？第三，依靠激励论证的松散的差别原则不符合博爱精神。罗尔斯认为正义原则是自由、平等和博爱的精神的化身，其中对应博爱精神的就是差别原则。根据柯亨的观点，罗尔斯在对松散的差别原则的运用中对博爱的价值有所曲解。对于差别原则与博爱精神的论据，柯亨提出了疑问"除非这是为了那些处境较不利者的利益，否则就不想要拥有更大的利益"②的论断具有含混性。这种含混性体现在较不利者获利多少，有才能的更大利益又是多少，是否说明无论利益的多少，都是博爱精神的体现呢？兄弟 A 和 B 从福利水平分别满足二人的 6 和 5 的纽约，迁往福利水平可以满足二人的 10 和 5.1 的地方，那么这符合罗尔斯所谓博爱精神吗？柯亨认为这只能滋生有才能者对私利的追求，而这相比有才能者对处境不利者给予的要多得多，所以在柯亨看来，有才能者要求额外的物质激励不能体现博爱精神。为此，柯亨

---

① ［英］G. A. 柯亨：《如果你是平等主义者，为何如此富有？》，霍政欣译，北京大学出版社 2009 年版，第 162 页。

② ［英］G. A. 科恩：《拯救正义与平等》，陈伟译，复旦大学出版社 2014 年版，第 71 页。

发现罗尔斯进退维谷：各种激励政策与"尊严、博爱和完全实现人的道德本性这些理想"① 只能二选一。

柯亨借用巴里对罗尔斯帕累托论证完善的理论，来揭示罗尔斯的帕累托论证对不平等的辩护。在巴里看来，论证是通过"从机会平等到平等"和"从平等到差别原则"两个阶段完成的，在第二个阶段中，"由差别原则支配的分配在这里指的是帕累托更优的不平等分配"②。罗尔斯认为帕累托更优的论证为差别原则提供了理论支持，比起最初的平等状态，这种有利于所有人尤其是有利于处境最不利者的利益的不平等状态是更优的选择，"这就是从最初的平等分配向按差别原则分配转变的帕累托论证"③。柯亨对帕累托论证持反对态度，帕累托更优的论证没有证明差别原则产生的必要的不平等的正义性。为此，柯亨向罗尔斯的帕累托论证发起了挑战：社会最初的状态称为 D1，D1 的起点是社会基本善的平等和才能分配的不平等，一种可以替代 D1 的帕累托更优的 D2，D2 使本来就占有初始优势的有才能者又拥有了更深层的社会基本善优势，在 D1 开始转向 D2 时，自然天赋偶然因素的不平等被加强了，有才能者会因此拥有更多。柯亨认为这种帕累托更优并不合理，首先在于 D1 的信息并不充分，为此我们并不清楚 D2 能否以及怎样比 D1 更好，具体体现为以下三点：第一，对于有才能者和无才能者的劳动投入量，我们并不清楚；第二，基本善的初始平等是一种怎样的平等，我们没有衡量的标准；第三，D1 中所谓收入和财富平等是什么水平，我们不知道。

在柯亨看来，帕累托论证第一部分的出发点是平等，而第二部分背离了出发点，为此柯亨提出一种优于帕累托更优论证 D2 的选择 D3。假设 D1 中有才能者和无才能者的工资率是 W，而在 D2 中，有才能者和无才能者的工资率分别是 Wt 和 Wu，且 Wt > Wu，无才能者之所以能在 D2 中享有比 D1 中高的工资，原因在于有才能者在 D2 中额外付出了更多。但是柯亨认为 D2 不能被称为帕累托更优，因为有比 D2 更优的选择——

---

① ［英］G. A. 科恩：《拯救正义与平等》，陈伟译，复旦大学出版社 2014 年版，第 73 页。
② ［英］G. A. 科恩：《拯救正义与平等》，陈伟译，复旦大学出版社 2014 年版，第 79 页。
③ 林育川：《拯救正义，意在平等——G. A. 柯亨的〈拯救正义和平等〉解读》，《开放时代》2012 年第 12 期。

D3。D3 是一种与 D2 生产数量一样的状态，不同的是在 D3 中有才能者和无才能者的工资同 D1 中同样是相等的，但是工资 We 低于 Wt 且高于 W 和 Wu（Wt > We > Wu > W）。柯亨之所以认为 D3 优于 D2，原因在于 D3 实现了改善所有人的处境，使无才能者的处境明显优于 D2，虽然有才能者的境况没有在 D2 中好，但是相比于 D1 有才能者的处境还是有所提高，更重要的是 D3 打破了 D2 所谓只能以不平等提高所有人的处境，从而实现了事实的平等。那么罗尔斯只能以不平等来提高利益的帕累托论证 D2 为什么不能被以平等来实现改善处境的 D3 代替呢？

可能很多人对帕累托论证都持有这样一种观点：初始的一切都是平等的，现在因为有才能者付出得更多而改善了所有人的处境，那么能者多劳且多劳者多得是应该的。柯亨洞察到了这种表达方式是在两个不一致的尺度之间颠来倒去：我们不能使用初始平等这个基本善的尺度来评判最初的起点是否正义，同时又用另外一个劳动负担的尺度去评判违反它是否正义。而当我们用一种基本善的尺度衡量时，D2 就表现为一种缺乏合理性证明的不平等，因为如果 D3 是可行的，根据起点平等的 D1，D2 怎么能优于 D3 一跃成为帕累托更优的选择呢？而如果我们通过一种包括劳动负担的尺度来评判，D2 所表现的不平等就会因劳动负担是被基本善规定而不能更清楚地表达。因此一种正当的不平等只能徘徊于不同的评判尺度时发生，那么可以说一种正当的不平等原则上并不存在。由此，柯亨就完成了对罗尔斯帕累托论证的批判。

在此阶段，柯亨与罗尔斯的重要区别在于正义原则的适用对象。罗尔斯认为如果我们完全遵守公正的基本结构的规则，那么个人正义或者不正义就不会影响分配正义的公正性，而柯亨的观点是"社会的正义不仅仅是由其立法体系和强制性法律规则起作用，而且由人们在这些规则内部做出的选择起作用"①。显而易见，柯亨不同意罗尔斯正义基本原则只适用于社会基本结构的观点，既然柯亨关注的基本点不是社会基本结构，那么他的关注点是社会基本结构之外的个人选择吗？答案并不是，柯亨的关注点"既不是（任何意义上的）社会基本结构，也不是人们的个体选择，而是社会中利益与负担的模式：那既不是一种在其中做出选

---

① G. A. Cohen, *Rescuing Justice and Equality*, Harvard University Press, 2008, p. 123.

择的结构,也不是一系列选择,而是类似结构和选择的结果"①。"结构和选择的结果"是什么?柯亨认为是分配正义,只有当分配不再以幸运和不幸运的偶然因素决定,而是根据人们劳动的辛苦程度和人们的偏好和选择来判断时,分配才是正义的。所以柯亨关注的是社会的基本结构和个人在结构中选择的一种函数,以及社会基本结构和个人选择之间的关系问题。

正如上文关于罗尔斯思想的概述,罗尔斯区分了两种原则,一种是适用于社会基本结构的社会制度原则,一种是调节个人的道德原则,罗尔斯的观点是正义原则仅仅适用于社会基本结构。也正是因为这样,有一种支持罗尔斯的理论以此为论据对柯亨的上述观点提出了异议,这个异议被柯亨称为"基本结构异议"。异议不赞同柯亨对个人选择的关注,因为即使他们的选择行为发生在社会基本结构之内,但是并不起到决定作用,起决定作用的还是社会基本结构,所以在这个社会基本结构中个人做出什么样的选择是无所谓的,个人的选择只要是在社会基本结构限定的范围内就是正义的。对于基本结构的异议,柯亨进行了初步回应和根本回应。

在初步回应中,柯亨首先指出罗尔斯"差别原则仅适用于社会基本结构"的观点,同罗尔斯按照差别原则建构的社会是一个充满博爱精神的社会相矛盾。柯亨认为在一个差别原则仅仅规范社会基本结构,而对人们追逐私利的动机不加规范的社会中博爱精神怎么会出现?一个不断追求市场利益最大化的利己主义与一个公正的社会相容吗?其次,柯亨对差别原则提升处境最不利者的尊严提出疑问。怎么可以断定在一个有才能者追求市场利益最大化、不平等被证明是正当的社会基本结构中,最不利者的尊严一定可以得到提升?最后,柯亨认为"差别原则仅适用于基本结构"背离了罗尔斯人的道德本性的预设。在罗尔斯的原初状态的设计中,人们是具有正义感能力和善观念能力的选择主体,当人们遵守正义原则行事时,人们就实现了人的道德本性。在柯亨看来,既然罗尔斯不关心人们的选择行为,那为什么一定要选择遵守差别原则呢?因

---

① [英] G. A. 科恩:《拯救正义与平等》,陈伟译,复旦大学出版社 2014 年版,第 115 页。

此罗尔斯"差别原则适用于基本结构"的观点因无视人们的个人选择而与他"博爱"、"尊严"和"人的道德本性的自我实现"相悖。所以，罗尔斯要么以牺牲"博爱"、"尊严"和"人的道德本性的自我实现"的观点为代价，要么推翻自己"差别原则仅仅适用于社会基本结构"观点。初步回应之所以是初步的，是因为柯亨在此仅是指出"差别原则仅适用于社会基本结构"与罗尔斯本人的一些观点相悖，而罗尔斯面对柯亨的这种初步回应并不是完全束手无策，他可以以某种牺牲（牺牲"博爱"、"尊严"和"人的道德本性的自我实现"等观点）为代价来摆脱困境。

柯亨对基本结构异议的根本回应之所以根本，原因在于柯亨直面"差别原则仅仅适用于社会基本结构"这个观点，提出正义不仅与社会基本结构相关，个人的选择也属于正义考量的范围。罗尔斯"基本结构"这个概念存在一个模糊性，柯亨指出对于罗尔斯基本结构的含义有两种理解：其一是社会基本结构是一种"粗略的强制性纲领"；其二是社会基本结构更多地依赖习俗、惯例，更少地依赖具有强制性的法律。而在这两种不同的理解之中存在一个巨大的断裂，"一旦逾越了界限，即从强制性秩序到由约定俗成的规则和惯例所组成的非强制性社会秩序时，那么正义的范围就不再可能把被选择的行为排除在外"①。罗尔斯陷入进退两难的境地：要么在认同正义原则适用于社会基本结构的同时也认同它同样适用于法律之外的个人选择，那么他的正义原则仅仅适用于社会基本结构的观点就是一种滑铁卢的失败；要么依然坚信正义原则仅仅适用于社会基本结构，那么罗尔斯就得做好"强迫自己承担起一种对他的主题问题进行纯粹任意描述的责任"②。

二 差别原则的根本批判——柯亨对差别原则本身的批判

柯亨一直认为学界有很多学者由于粗心大意，而误把他对松散差别原则适用的批判当作对差别原则本身的批判，所以对于学界的评价——

---

① ［英］G. A. 科恩：《拯救正义与平等》，陈伟译，复旦大学出版社 2014 年版，第 123 页。

② ［英］G. A. 科恩：《拯救正义与平等》，陈伟译，复旦大学出版社 2014 年版，第 125 页。

"柯亨一直执着于差别原则本身的批判"毫不在意,但是在对罗尔斯差别原则的进一步分析中,柯亨发现那些学者对自己理论的描述其实不无道理,因为自己对罗尔斯差别原则本身的批判其实蕴含在他对松散原则适用批判的帕累托论证的反驳之中。柯亨最初没有注意到最后结果的不平等的不公正性是因为某种任意的东西在起作用,差别原则默许了道德上任意的不平等。柯亨认为就差别原则本身来说,可以解读为常见的表述和权威的/词典式的表述,正是在对道德任意性和差别原则的考察中,柯亨发现差别原则的道德任意性情形与差别原则的内容相矛盾,并以这种更清晰的形式向差别原则本身发起了进攻。

在柯亨看来,以对不平等的辩护为视角可以将差别原则分为常见的表述和权威的/词典式的表述。柯亨通过对罗尔斯的著作进行文本分析,找出几处常见的表述进行说明:"社会的和经济的不平等应这样安排;使它们:(1)适合于最少受惠者的最大期望利益;(2)依系于在机会公平平等的条件下职务和地位向所有人开放。"① 社会和经济的不平等"应该有利于社会之最不利成员的最大利益(差别原则)"②。从这些表述中,我们可以发现常见的表述更强调不平等要有利于最不利者的利益,只有这样不平等才被证明是正当的。而权威的/词典式的表述从这几个文本中可见:"第二个原则则认为社会和经济的不平等(例如财富和权力的不平等)只有在其结果能给每一个人,尤其是那些最少受惠的社会成员带来补偿利益时,它们就是正义的"③,"社会和经济的不平等应这样安排,使它们(1)被合理地期望适合于每一个人的利益;并且(2)依系于地位和职务向所有人开放"④。从中可见,权威的/词典式的差别原则不平等的正当性不仅要惠及最不利者,也要改善所有人的处境。那么,两种解读之间存在一种以经济不平等的惠及对象为标尺的实质性的差别:权威的/

---

① [美]约翰·罗尔斯:《正义论》,何怀宏、何包钢、廖申白译,中国社会科学出版社2009年版,第65页。
② [美]约翰·罗尔斯:《作为公平的正义——正义新论》,姚大志译,上海三联书店2002年版,第70页。
③ [美]约翰·罗尔斯:《正义论》,何怀宏、何包钢、廖申白译,中国社会科学出版社2009年版,第12页。
④ [美]约翰·罗尔斯:《正义论》,何怀宏、何包钢、廖申白译,中国社会科学出版社2009年版,第47页。

词典式差别原则的适用对象范围大于常见表述的差别原则，换言之，前者惠及的对象包括最不利者在内的所有人，而后者的适用范围仅限于最不利者。

在柯亨看来，差别原则的常见表述与权威的/词典式表述之间最本质的差别在于对人与人之间的关注，特别聚焦于对最有利者和最不利者不平等的差距。差别原则的常见表述要求不平等必须满足改善最不利者的处境，希望通过这种不平等缩小人与人（尤其是最有利者和最不利者）之间的差距；而权威的/词典式的差别原则则要求通过提高所有人的利益来改善最不利者的利益，这种要求并没有缩小不平等的差距反而加剧了不平等，并使这种不平等披上合理化、正义性的外衣。在罗尔斯的理论中，自然因素和社会因素都不是应得的，道德任意性就是要调节这种因自然因素和社会因素产生的不平等，为差别原则的合理性做辩护。可见，差别原则关注并调节人与人之间不平等的差距。所以柯亨认为真正的差别原则应该拥有一种对平等主义的肯定，但是权威的/词典式的差别原则的内容倾向于一种无视人与人之间比较的不平等主义。正是基于这样的分析，柯亨指出差别原则的道德任意性形式实际与差别原则的内容相矛盾。

那么怎么就从道德任意性主张的平等起点倒向了无视人与人之间关系的不平等主义呢？正义原则是在原初状态中选择出来的，所以柯亨认为我们应该倒回到罗尔斯对原初状态的假设之中，而当我们退回到原初状态中时我们会发现一种隐匿的更深层的矛盾。原初状态是为了设立一个平等的起点，而在原初状态的设计中，道德任意性的重要作用在于它拒绝应得和资格等原则，致力于建构一种相对平等的人际关系。所以原初状态本应是一个不承认道德任意偶然因素的设计，拒绝不平等的激励以及贫富差距的扩大化。但是我们可以发现，罗尔斯原初状态的预设与原初状态的描述相背离，它为激励的不平等辩护，罗尔斯认为这些不平等是各种刺激的来源，可以激发出更多的努力和提高效率，而这些不平等实际上会被处在原初状态中的人视为与训练花费和提高效率相互抵消的必要手段。在柯亨看来，原初状态中人们的互不关心似乎实现了"道德上的任意性"的胜利，激发了平等主义的思想，但是其实这些互不关心的人也对正义麻木，所以不会关心激励造成的不平等将会打破平等主义的状态。所以，以平等主义为起点的原初状态与产生的不平等激励之间形成难以消除的矛盾，而互不关心的人们终会变得对正义麻木，这样怎能选择出真正调节不平等的差别原则？因此，可以说，差别原则的道德任意情形与差别原则内容的矛盾源自这种原初状态中的深层矛盾。

三 从差别原则中拯救的平等——柯亨的社会主义平等观

罗尔斯的差别原则存在诸多问题，柯亨不仅对差别原则的适用进行了批判，而且对差别原则本身进行了批判，那么柯亨对待差别原则的态度到底是怎样的？或者说柯亨的主张是要舍弃差别原则吗？笔者认为并不是。因为即便柯亨认为松散的差别原则的适用存在问题，同时也对差别原则本身进行了批判，指出差别原则的道德任意性形式与差别原则（尤其是权威的/词典式的差别原则）的内容相矛盾，但是柯亨赞同严格的差别原则，即"留给我们的是严格的差别原则"①，所以柯亨并不是要舍弃差别原则。那么严格的差别原则一定会实现最终的平等吗？笔者认为不会，正是因为这样，柯亨想通过融入一种平等主义的正义风尚或文化弥补严格的差别原则的不足，使整个社会被一种差别原则的风尚贯穿，从而成为一个真正信奉差别原则的社会。

马克思在《论犹太人问题》中提出非自由主义的社会信念："只有当现实的个人把抽象的公民复归于自身，……只有到了那个时候，人的解放才能完成。"② 得益于马克思思想的启发，柯亨提出平等主义风尚的观点，指出分配正义的实现必须建立在平等主义的社会风尚的基础之上。平等主义风尚是柯亨关于社会主义平等理论的新贡献，也是柯亨与罗尔斯的根本分歧所在。在柯亨看来，与社会正义相关的有四种因素："强制性结构、其他结构、社会风尚和个体的选择。"③ 什么是社会风尚？"是一套情感与态度。"④ 社会风尚起到一种什么样的作用？这种社会风尚会形

---

① [英] G. A. 科恩：《拯救正义与平等》，陈伟译，复旦大学出版社2014年版，第66页。
② 《马克思恩格斯全集》第3卷，人民出版社2002年版，第189页。
③ [英] G. A. 科恩：《拯救正义与平等》，陈伟译，复旦大学出版社2014年版，第129页。
④ [英] G. A. 柯亨：《如果你是平等主义者，为何如此富有？》，霍政欣译，北京大学出版社2009年版，第188页。

成一种正义的个人选择，这种正义的个人选择是建立一个公正的社会结构的重要因素。一种被差别原则的社会主义平等风尚贯穿的社会，有才能者不再需要物质激励的刺激，他们不会做出追逐私利的选择，会帮助社会不利者改善处境，那么在由这样的正义者组建的社会中，"差别原则不会引起那种通常认为（例如，罗尔斯认为）它会产生的不平等"①，因为这种辅助差别原则的平等主义风尚的职责就是致力于对最不利者处境的改善。

虽然柯亨也认为依据当今的社会实际，几乎不存在一种不受激励刺激就可以实现的差别原则的平等主义风尚，但是柯亨仍然给出了几个现实的例子来激励正在反思如何构建现今社会的我们。其一是关于改变男权至上的例子。我们的社会以前一直是一种男权至上的社会，家里的家务劳动都是女人的事情，但是形成女权主义之后，有些男人开始修正自己的男权行为，帮助妻子分担家庭事务，慢慢地形成了一种关爱妻子的风尚，越来越多的人在这种风尚的指导下走上了改变男权至上的道路。其二是关于环保生态的意识。最开始重复使用纸张、塑料、采用环保购物袋替代塑料袋的行为会让人感到很不方便，甚至很讨厌，但是越来越多的人开始这样做，把这种生态环保风尚变成生活不可或缺的一部分时，更多的人会遵守并习惯。其三是关于经济行为。在1945—1951年的英国，当时很多工业都是国有企业，实行一种市场经济，但是工资差距并不大，这是因为战后的英国兴起一种重建的社会风尚，在这种风尚的指引下，人们能够限制自己追名逐利的私欲，也正是这种风尚使有才能者不会要求额外的物质激励。同样1988年的西德在一种友好的社会风尚的指引下，在相对微薄的物质激励下（最高管理层与生产工人的工资比率是6.5∶1，而在当时的美国比率是17.5∶1）提高德国的生产力。

从某种意义上说，这种风尚对差别原则来说是必要的。只有在这样一种社会风尚的指引下，有才能的人不会只是在激励的作用下才努力工作，而是会自愿地严格遵守差别原则，从而使风尚起到调节不平等的作用，"除非一个社会确实被某种风尚或正义文化所贯穿，否则这个社会

---

① [英] G. A. 科恩：《拯救正义与平等》，陈伟译，复旦大学出版社2014年版，第66页。

（相对于它的政府）就没有资格作为一个信奉差别原则的社会"①。相反，"如果缺失这样一种正义风尚，那么对于提高处境最不利者境况不必要的不平等就会出现"②。只有严格的差别原则与平等主义风尚的结合，将严格地遵守差别原则视为一种风尚，才能实现对不平等的调节，建立一个相对平等的社会。但是柯亨的社会主义平等观并不是只有差别原则和社会风尚的结合，社会主义平等观之所以称为"社会主义"的，原因在于柯亨坚持社会主义机会平等原则和共享原则，以社会主义机会平等原则和共享原则为中心，补入差别原则和社会主义平等的风尚，才是柯亨完整的社会主义平等观，对此在后文柯亨对社会主义的重建中，我们会更加细致地去讲解。

第三节 拯救正义——柯亨对罗尔斯建构主义的批判

在柯亨看来，正义受到了罗尔斯建构主义方法的侵蚀，所以柯亨是要把正义从罗尔斯的建构主义中拯救出来。在柯亨看来，建构主义的前提——原则敏于事实是不正确的，也正是因为这个前提的错误导致建构主义产生了一个"双重的混并"：把基本的规范原则等同于调节原则；把正义原则等同于其他原则。这个"双重混并"的结果就形成了建构主义独特的缺陷：把正义的基本原则与社会的最优调节规则相混淆。所以，柯亨首先将矛头对准罗尔斯建构主义的前提——原则敏于事实，然后指出建构主义的独特缺陷，实现对罗尔斯建构主义的批判。那么柯亨想从罗尔斯建构主义中拯救出来的正义是一种什么样的正义呢？拯救平等和拯救正义之间又是一种什么样的关系？

柯亨的基本思路是：从罗尔斯建构主义中拯救的是一个更加元理论的问题——正义的概念。拯救正义与拯救平等这两个拯救密切相关，柯亨认为正义要求平等，那么拯救正义就是拯救平等，而"对正义概念的

---

① [英] G. A. 科恩：《拯救正义与平等》，陈伟译，复旦大学出版社2014年版，第66页。
② G. A. Cohen, *Rescuing Justice and Equality*, Harvard University Press, 2008, p. 123.

拯救服务于最终拯救关于分配正义的平等主义命题"①，所以柯亨要拯救的正义不是别的正义，正是"作为平等的正义"。这种正义并不是一些人所认为的柯亨的运气平等主义，而是柯亨为摆脱运气平等主义困境寻求的另一条路径——社会主义平等主义的正义：以社会主义平等原则和共享原则为中心，将差别原则和社会主义平等的精神风尚补入其中，在马克思主义主题与最近的政治哲学议题及对犹太—基督教的三者糅合中阐述了自己社会主义的平等观，而这也是柯亨对社会主义重建的基本建构。

一 正义是不敏于事实的原则——对建构主义前提的批判

建构主义"认为一个原则是通过作为一个正确选择过程的产物而获得其规范性凭证的"②，柯亨认为人们在原初状态中对正义原则的选择就是这种建构主义的体现。在柯亨看来，罗尔斯的这种建构主义之所以存在问题，首先在于建构主义的前提是错误的，即罗尔斯弄错了事实与规范性原则之间的关系。事实是支持一个原则的依据，规范性原则指示行为主体应当或者不应当做什么。柯亨说罗尔斯弄错了事实与规范性原则的关系指的是罗尔斯认为原则敏于事实，而柯亨则认为正义的原则是不敏于事实的原则。罗尔斯原初状态的设计就是以人性和人的处境为依据的，他秉持的观点是人性的相互冷淡和正义环境可以确保原初状态的起点平等。而在柯亨看来，"原则能够回应（即根据）事实，只是因为它也是对不回应事实的更为根本的原则的回应"③，所以柯亨的观点是在敏于事实的原则背后存在一种终极的原则，而这种终极的原则是不敏于事实的。这个观点具体展开后是：第一，柯亨并不是否认存在敏于事实的原则，他只是认为并不是所有的原则都敏于事实，存在一些敏于事实的原则的同时也存在一些不敏于事实的原则；第二，柯亨认为这些敏于事实的原则之所以对事实是敏感的，原因在于它们背后有一个不敏于事实的更根本的原则，而正义原则恰恰是这种不敏于事实的原则。

---

① ［英］G. A. 科恩：《拯救正义与平等》，陈伟译，复旦大学出版社 2014 年版，第 256 页。
② G. A. Cohen, *Rescuing Justice and Equality*, Harvard University Press, 2008, p. 274.
③ G. A. Cohen, *Rescuing Justice and Equality*, Harvard University Press, 2008, p. 229.

柯亨进一步展开他的命题——"原则能够反映或回应事实只是因为它是对不回应事实的原则的回应。"① 柯亨假设某人坚持一种"我们应该信守承诺"的原则 P，而当被询问为什么会持有这样一种原则时，这个人给出一个陈述事实性的主张 F——"只有信守承诺才能完成守诺者的计划"来支持他的原则 P，当我们继续追问他认为事实 F 是支持原则 P 的根据是什么时，他可能会提出"帮助信守承诺的人完成他们的计划是我们应该做的"这一个更为根本的原则 P1，但是柯亨指出虽然原则 P1 是事实 F 具有意义的更深层的依据，原则 P1 对事实 F 并不敏感。那命题的证明是否到这里就结束了？柯亨认为我们可以继续追问支持原则 P1 的根据是什么，我们可能会发现支持原则 P1 的是事实 F1——"只有执行自己的计划，才能收获到幸福"，而事实 F1 支持原则 P1 的原因在于一个更为根本的原则 P2——"人们的幸福应该被促进"，对于原则 P2 是否建立在其他事实基础上，可能有些人会追问，有些人则不会，继续追问的人可能会得到事实 F3，进而追问到事实 F3 更深层的原则 P3，然后又追问到原则不能再继续追问的原则 P4，因为 P4 是不敏于事实的最根本的原则，柯亨认为这个过程不会陷入无限循环，必有一个终点，因为我们的信息并不是无限的。这就是柯亨要表达的：使事实成为根据的是一个更为根本的原则，这个更为根本的原则如果是不敏于事实的，那么它就是最为根本的原则，如果这个更为根本的原则是敏于事实的，那么我们通过继续追问会发现那个支持它的不敏于事实的最为根本的原则。

柯亨通过他命题的三个前提以及对三个前提的辩护，进一步捍卫他"敏于事实的原则背后存在一种不敏于事实的终极原则"的观点。第一个前提是"只要事实 F 支持原则 P，那么就有一个为什么 F 支持 P 的解释，即解释 F 如何表达一个赞同 P 的理由"②。第一个前提需要我们注意的是，它不是说所有的原则预先都要有一定依据的支撑，它想说明的是"总存在解释一个根据之所以成为根据的解释"③，更重要的是，第一个前提在

---

① G. A. Cohen, *Rescuing Justice and Equality*, Harvard University Press, 2008, p. 232.
② G. A. Cohen, *Rescuing Justice and Equality*, Harvard University Press, 2008, p. 236.
③ 段忠桥:《规范原则以事实为根据吗？——简述科恩对一个元伦理学问题的新见解》,《哲学研究》2011 第 9 期。

形式上并没有限制怎么回答一个依据成为依据的原因，这里也允许用 P 支持 P 这样的同命题来解释。而对于相关根据的原因在形式方面的限制不是第一个前提需要证实的，这是第二个前提的任务。第二个前提是"被第一个前提所证实之解释的存在引起或蕴含了一个更加根本的原则，即使否定了事实 F，这个原则 P 还成立，即解释为什么 F 支持 P"①。这里需要注意的是，有人可能不会质疑为什么 F 支持 P，但是会否认存在一个更为根本的原则，因为某种方法论原则可以提供解释。对此，柯亨指出更加根本的原则与对事实 F 不敏感是相同的，而这正是要达成的结论。此外，第二个前提其实预先假设了第一个前提的真值，但是对于那些认为各前提间要互不依赖的人来说，可以用条件形式对第二个前提进行重述来抛开这个预设。第三个前提是说更根本原则的追溯不能无止境地循环下去。柯亨否认追问序列会无止境地进行下去，因为我们拥有的论据信息并不是无限的，即使它是无限的，无止境地进行下去也不符合自我理解的规定。正是从这三个前提中柯亨得出了"敏于事实的原则背后都存在一个不敏于事实的原则"的命题。

许多人对这三个前提提出了挑战，柯亨为了捍卫这个命题而发起了对这三个前提的辩护。柯亨指出，他的第一个前提并没有断言所有事情或所有原则的背后都存在一个根据，柯亨对这个断言的态度是客观中立的。有一些人认为柯亨的命题蕴含了"终极原则本身无法得到正当性证明"②，柯亨对这一误解进行澄清，指出他的结论是"终极原则不能通过事实来证明是正当的"③，他的观点为不敏于事实的原则是自明为真的，或者我们可以说，出于某种特殊的原因，它们不需要根据，或者它们需要的是一些不敏于事实的根据，又或者没有它们需要的根据。对于第二个前提的质疑正如上文所说，有些人可能不会质疑事实 F 支持 P，而是否认存在一个终极的不敏于事实的原则，认为方法论原则可以替代，因为人们认为这个方法论原则解释了"为什么既定事实证明了敏于事实的规

---

① G. A. Cohen, *Rescuing Justice and Equality*, Harvard University Press, 2008, p. 236.
② [英] G. A. 科恩：《拯救正义与平等》，陈伟译，复旦大学出版社 2014 年版，第 219 页。
③ [英] G. A. 科恩：《拯救正义与平等》，陈伟译，复旦大学出版社 2014 年版，第 219 页。

范性原则的正当性"①，而这个方法论是建构主义程序的产物。在柯亨看来，这个异议不能成立。原因有两个，其一虽然类似原初状态这样的方法论设计选择的原则 P 是依靠一定的事实，但是如果这些事实是存疑的，那么如我所料就会选择一个与事实无关的原则 P1，并且柯亨认为依据建构主义方法论而选择原则 P 的人无法否定 P1 即它的辩护作用。其二是我们不仅要考虑正义原则，还要考虑产生正义原则的程序，程序正当性之所以正当的原因在于它反映了"作为自由平等的人"。对第三个前提的异议是一种"整体主义的异议"，即认为第三个前提"预设了一种关于正当性证明的有争议的基础主义观点"②。柯亨认为这个异议是存在的，但他指出即使这个异议是真的，也不能对他的论证构成威胁，因为"在一个整体主义的框架之内，一些陈述对（某种）其他的陈述是敏感的，但只是非常间接的敏感以至于实际上是独立于后者"③。

在对命题的三个前提的陈述以及辩护之后，柯亨进一步澄清对他命题可能产生的误解：第一，柯亨认为他的命题不是一个"因果关系的命题"，不是去说明让人们所相信的原则的成因，而是一个"关于原则信念结构的命题"，主张相信的事实背后有一个独立于事实的对原则的信仰；第二，柯亨对于一些人将他的命题归为"心理学的命题"进行澄清，他认为自己的命题是"先验命题"，如果一个原则以事实为依据，那么不敏于事实的原则在某种程度上就是先验的；第三，虽然这个命题是元伦理学的，但是对于一些具有争议的元伦理学的中心问题保持中立的态度。另外，柯亨的这个命题具有重要的意义：首先在于他复活了一个易于被忽视、被否定的元伦理学问题；其次将隐藏在敏于事实原则背后的不敏于事实的原则识别出来本身就具有重大意义；最后也是最重要的，正是因为建构主义没有弄清事实与原则的关系，而把一切原则都视为敏于事实才产生了建构主义的独特缺陷——将"正义是什么"的问题混淆于

---

① [英] G. A. 科恩：《拯救正义与平等》，陈伟译，复旦大学出版社 2014 年版，第 220 页。

② [英] G. A. 科恩：《拯救正义与平等》，陈伟译，复旦大学出版社 2014 年版，第 222 页。

③ [英] G. A. 科恩：《拯救正义与平等》，陈伟译，复旦大学出版社 2014 年版，第 223 页。

"调节社会最好的规则是什么",进而把正义的基本原则与最优的社会调节规则相等同。

二 正义原则不等于最优的社会调节规则——对建构主义独特缺陷的批判

根据建构主义,正义原则是选择主体在原初状态的精心设计下可能会选择的原则,而这些原则表达的是什么样的原则是调节这个社会的最优原则。柯亨对建构主义的批判路径不同于对建构主义共同异议的路径,共同异议质疑的是原初状态的设计,他们认为错误的原初状态的设计导致选择错了原则。而在柯亨看来,建构主义提出的问题是"什么是最优调节规则",而真正的元理论问题是"什么是正义",后者是更为根本的问题,前者建立在后者之上。所以柯亨批判的路径并不是说建构主义的答案错了,而是说建构主义的提问混淆了概念。之所以混淆了概念,一方面是因为建构主义错误地处理了事实与规则的关系,另一方面是因为建构主义未能在正义与其他德性之间划界,这就导致了建构主义的独特且致命的缺陷,即把最优的调节规则当作正义的基本原则。所以柯亨致力于从建构主义的这个缺陷中把正义的概念拯救出来。

柯亨对建构主义的批判建立在两个区分之上:第一个是对基本的规范原则与调节规则的区分,柯亨指出基本的规范规则之所以基本,是因为它是派生其他规范原则的原则,而不是从其他规范原则派生出来的,而调节规则"或者是那些通过国家秩序而获得的规则或者是那些在社会规范形成的比较温和的秩序中出现的规则"[①];第二个涉及正义与其他德性之间的区分,"基本原则表达价值,而合理的调节规则通过服务于那些表达它们的原则来服务于价值"[②]。罗尔斯就是在基本的规范原则与调节规则的混淆,同正义原则与其他原则的混淆的双重混淆之中,错误地把最优的调节规则当作了正义的基本原则,当作了对"正义是什么"的回答。柯亨通过一个简单的 2×2 矩阵更清晰地阐述他的论证[③]。

---

① [英] G. A. 科恩:《拯救正义与平等》,陈伟译,复旦大学出版社 2014 年版,第 254 页。
② [英] G. A. 科恩:《拯救正义与平等》,陈伟译,复旦大学出版社 2014 年版,第 255 页。
③ G. A. Cohen, *Rescuing Justice and Equality*, Harvard University Press, 2008, p. 278.

	（a）基本原则	（b）调节规则
（c）正义	（1）正义的基本原则	（3）特别服务于正义的调节规则
（d）一般的价值	（2）一般的基本原则	（4）服务于一般基本原则的调节规则

柯亨想通过这个矩阵表明建构主义的原初状态把正义定位在了错误的纵列上，使他把调节规则当作了基本原则，同时又定位在错误的横行上，把其他德性都视为正义，正是纵列、横行的双重错误，造成选择主体在原初状态中选择的结果是仅仅识别了（1）和（4），从而形成了建构主义的致命缺陷——正义原则与最优调节规则的混淆，或者说正义的基本原则与正义的应用原则的混淆。

为了更清楚地表达自己对建构主义的批判，柯亨进而对正义的基本原则与正义的应用原则进行区分，正义的基本原则与正义的应用原则的不同在于：正义的基本原则不涉及对正义的考虑，以及它不是对正义的考虑之外的与其他考虑的混合物，因为反映后者的是正义的应用原则。简而言之，正义的基本原则之所以基本在于它的纯粹性，它只关心纯粹定义的正义；而正义的应用原则之所以不是基本的，原因在于它源自正义与其他事物的混合物，它不是纯粹的而是派生的。柯亨做了一张箭头表试图更加清晰地展示正义的基本原则与正义的应用原则之间的区分（箭头表示"可能派生自"）[①]：

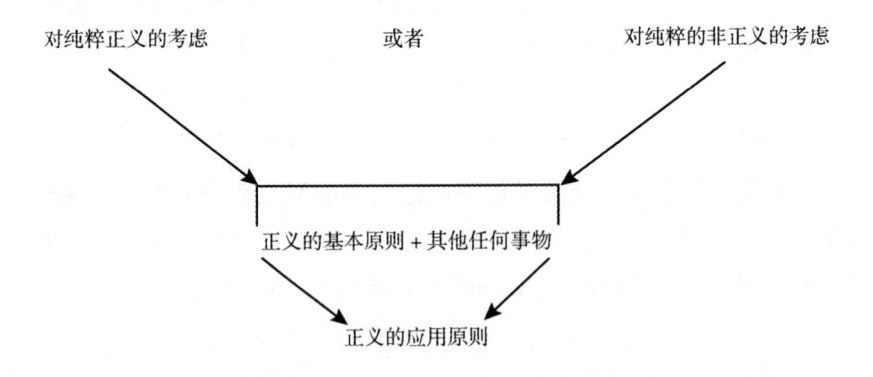

```
对纯粹正义的考虑        或者         对纯粹的非正义的考虑
         ↓                                    ↓
         └──────────────────────────────────┘
              正义的基本原则 + 其他任何事物
                        ↓     ↓
                     正义的应用原则
```

---

① G. A. Cohen, *Rescuing Justice and Equality*, Harvard University Press, 2008, p. 280.

在柯亨看来，建构主义因删除了最上面那行的左边项（对"纯粹正义的考虑"及箭头）而只停留在"对纯粹的非正义的考虑"，所以造成建构主义重大缺陷的原因源自对基本正义的来源问题的错误考量，即"正义的基本原则派生自关于生成正义原则的正确程序的判断（它们本身不反映正义原则）以及人性和人类社会的事实"[①]，认为正义原则是敏于事实的。然而，在柯亨看来，人性与人类社会的事实对正义本身没有意义，同时，柯亨认为正是这些事实遮盖了纯粹正义。因此，柯亨认为罗尔斯的正义原则不是对纯粹正义的反思，因为从纯粹正义出发就根本不会推导出正义的基本原则，而他所谓正义原则只是正义的应用原则而已。与建构主义不同，柯亨删除的是右边项——"对纯粹的非正义的考虑"及箭头，坚信正义的基本原则不依赖任何事实，依赖任何事实的原则都不是对"纯粹正义的考虑"，只有对"纯粹正义的考虑"才是对"正义是什么"的回答。因此罗尔斯只是回答了"最优的社会调节规则是什么"，而这并非一些人所批评的"罗尔斯用错了名称"[②]。

在事实与原则关系混乱的另一面是正义与其他德性的混乱，正是这种混乱使建构主义总是把正义原则与帕累托法则、公共性原则、稳定性原则相混淆，把它们划归为正义原则或者用它们来证明正义原则的正当性。因此，柯亨认为在这些混乱的德性面前，"建构主义者的设计，无论它们是否能够正确地获得所有的制度德性所要求的全部原则，都不可能告诉我们哪些原则是正义的原则，哪些原则不是正义的原则"[③]。关于正义与德性，罗尔斯说过一句经典且广为流传的话，"正义是社会制度的首要德性，正像真理是思想体系的首要德性一样"[④]。那正义是否真的像罗尔斯所说的那样是社会制度的首要德性呢？柯亨认为这句话并非为"正义是制度的首要德性"做证明，而是说明了一个思想体系可以呈现的不

---

① ［英］G. A. 科恩：《拯救正义与平等》，陈伟译，复旦大学出版社2014年版，第258页。

② R. Arneson, Justice is not Equality, Brian Feltham（Ed.）, *Justice Equality and Constructivism*, MA: Wiley Blackwell, 2009, p. 10.

③ ［英］G. A. 科恩：《拯救正义与平等》，陈伟译，复旦大学出版社2014年版，第262页。

④ ［美］约翰·罗尔斯：《正义论》，何怀宏、何包钢、廖申白译，中国社会科学出版社2009年版，第3页。

是真理而是德性，相应地，一个制度可以表达的不是正义而是德性。在柯亨看来，正义与真理某种意义的亲缘关系是毋庸置疑的，但是这并不能推出正义与社会制度同真理与思想体系之间也有某种相似的亲缘关系，而正义与社会制度同真理与思想体系的不相似性从另一个侧面也说明了正义并非社会制度的首要德性。

综上所述，柯亨认为罗尔斯错误地把正义的基本原则建立在一些事实的基础之上，正义原则是不敏于事实的原则，同时原初状态既没有界定什么是正义，也没有对单个德性的本质进行定义，正义与其他德性的混乱不能保证在原初状态中选出的那些就是正义原则。正是原则敏于事实与正义同其他德性的混淆，使建构主义基本的规范原则等同于调节规则，把表达或服务于正义价值的规则视为表达或服务于其他价值的规则，最终酿成严重的后果——把正义的应用原则等同为正义的基本原则。真正正义的基本原则是不敏于事实的原则，而那些敏于事实的正义原则都派生于不敏于事实的基本原则，我们能做的只是退回到纯粹形式的正义来审视正义的概念。柯亨并不是说罗尔斯通过原初状态选择的正义原则不是最优的社会调节规则，柯亨批判的是无论建构主义对社会最优的调节规则是什么的回答正确与否，建构主义都布置错了任务，从而偏离了预设的轨迹——对纯粹正义的考量，从正义原则的选择转向了对社会最优规则的选择。

三 从建构主义中拯救的正义——社会主义平等主义的正义观

柯亨说要把正义从建构主义中解救出来，那柯亨解救出来的正义是什么样的正义？柯亨在对建构主义的前提——事实与原则的批判之后，又对建构主义本身展开了批判，指出建构主义的致命缺陷就是把社会最优调节规则当作正义的基本原则，从而没有对纯粹的正义进行回答。但是柯亨在完成对建构主义前提与建构主义本身的批判之后，有对正义的概念进行界定吗？有阐述过什么才是对纯粹的正义的回答吗？关于这个问题，学界有三种看法：第一，避而不谈，止步于柯亨对罗尔斯建构主义的批判，而全然不谈柯亨拯救的正义；第二，认为柯亨在完成对建构主义的批判之后，并没有指出什么样的正义才是他要从建构主义中拯救出来的正义；第三，将柯亨试图拯救的正义归为运气平等主义，"主张运气平等主义是比罗尔斯通过程序建构所获得之正义原则更为根本的原则"①。本部分内容承接上文对平等的拯救，另辟蹊径，提出另一种新的理解路径。柯亨虽然没有明确地指出他从建构主义中拯救的正义到底是一种什么样的正义，但是从柯亨的著作中，我们可以得出柯亨试图拯救的正义是一种社会主义平等主义的正义：以社会主义平等原则和共享原则为主线，将罗尔斯严格的差别原则和基督教的普遍道德风尚融入于其中，确保社会结构的公正性和个人选择的公正性，从而实现社会的平等和正义。

由于前两种观点在否定了柯亨对建构主义进行批判的同时也提出了自己想要拯救的正义的观点，所以在这里我们不做过多的论述，直接转向柯亨拯救的正义是运气平等主义的观点。罗尔斯认为由于自然和社会的偶然因素是不应得的，为此试图建构一种新的原则——差别原则来调节自然和社会偶然因素带来的不平等。差别原则有其内在的合理性，但也有它的局限，差别原则因只关注客观因素没有关注主观因素，这就使在调节不平等中偏离了预设的目标，倒向了新的不平等，"只顾及了导致处境最差者的客观原因，致力于境况的平等，却忽略了其中的主观原因，疏漏了个人选择的作用"②，为了提出合理的正义原则，运气平等主义应运而生。运气平等主义把人们的运气与选择视为关注的重点，主张共同承担坏运气产生的影响，但是主张个人选择的结果要个人承担。德沃金是运气平等主义的领军人物，他提出"选择运气"和"原生运气"两种决定人们命运的环境因素，因"原生运气"的任意性和偶然性无法被人们控制和选择，所以个人不应为无法控制和选择的"原生运气"承担责任，而政府需要承担相应的责任，但是对于人们可以控制和取舍的"选择运气"，人们必须承担责任，这样就出现了"个人"和"政府"两种责任。运气平等主义基本上是沿着德沃金的思路往下走，但是他们内部并不是没有分歧的，内部分歧聚焦在"什么的平等"，也就是具体对两种

---

① 邱娟：《"对事实不敏感"的正义原则——评柯亨对罗尔斯建构主义的批评》，《教学与研究》2013年第4期。
② 吴翠丽：《当代西方运气均等主义的理论演进及其问题》，《伦理学研究》2009年第6期。

运气的划分和两种责任的界定存在争议。

柯亨"把运气识别与责任分担的'主战场'由个人（选择）与环境（境况）的主/客区分，缩小至个人选择范围内非自愿/自愿选择间的细心辨别"①。柯亨认为德沃金以个人（偏好）与环境（资源）来判断个人责任和集体责任的评判标准太过宽泛，使一些本不应该承担责任的不利者承担了责任，从而产生了新的不平等。生活中一些人的个人主观选择看似是自己选择的，但实际并非如此，因此对于昂贵嗜好这样的主观选择需要进行更加细致的区分，判断它们是否属于个人的自愿选择，考察这些拥有昂贵选择嗜好的人是否应该负有相应的责任。柯亨把嗜好根据自愿与非自愿进一步划分为两种：一种是自愿养成的嗜好，这种嗜好的拥有者需要对自己的嗜好负责，例如钓鱼爱好者把自己的生活费用于买昂贵的鱼竿而穷困潦倒，这样的责任需要钓鱼爱好者自己承担，因为他可以选择不买或者买便宜一点的鱼竿而保证生活质量，但是他们沉迷于自己的爱好无法这样选择，所以像这样自愿养成的嗜好不应给予补偿；另一种是非自愿培养的，这些嗜好不是由自己选择的，例如有些人吃普通的东西会过敏，只能聘请高级厨师烹饪限定的东西，这种与人不同的生理状况或者类似天生残疾等情况是运气问题，因此这些不能由人自己控制且并非人们自愿的选择，与人们无法控制且选择的原生运气一样应该给予补偿。因此，柯亨认为对运气正确的划分不应是德沃金所谓个人（偏好）与环境（资源），这种划分可能会使本应划入原生运气范围内的因素转而归为了选择运气，没有得到应有的补偿而产生了不平等，提出责任与坏运气之间的划分可以消除这样错误产生的不平等，保证平等与正义。

尽管德沃金认为运气平等主义"既为自由选择和个人责任留下空间，又为解决不平等的自然禀赋问题提供了原则性的标准，克服了以往平等理论的局限，开创了一条对平等和责任给予完美说明的'第三条道

---

① 吴翠丽：《当代西方运气均等主义的理论演进及其问题》，《伦理学研究》2009年第6期。

路'"①，但是运气平等主义存在自身难以解决的困境：一方面对于原生运气和选择运气的界定在理论方面或许还存在可能，但要想落实到现实生活中其实是有困难的；另一方面，即使在现实生活中我们能够非常准确地划分原生的运气和选择的运气，但是运气平等主义依然可能会重蹈默认不平等的覆辙，重新陷入不平等的困境，因为拒绝对那些可能应该负责的个人选择给予补偿，也会拉大贫富差距。那么我们怎么还能说柯亨在运气平等主义面临巨大困境之后，在对罗尔斯正义论批判反思之后没有尝试做出改变呢？这里笔者并不是要否认柯亨持有运气平等主义的观点，而是认为柯亨在对运气平等主义的反思以及对罗尔斯差别原则和建构主义的批判之中，在运气平等主义之上前进了一步，尝试了另一条新的路径。这里需要注意的是，运气平等主义是在罗尔斯差别原则之上又向前迈进了一步，而不是要否定这条道路重头再走，是在这条路进入岔路时选择了另一条通往平等与正义的道路，但在这条岔路面临困境之际，柯亨不得不又寻找另一条岔路来继续走完这条路。因此可以说，柯亨在罗尔斯正义论的道路上，发现了差别原则不合理之后转向运气平等主义，而在运气平等主义依然面临困境之时，柯亨通过对差别原则的进一步考察——对差别原则适用的批判和对差别原则本身的批判，以及对建构主义不合理之处的批判之后，柯亨又转向了一条社会主义平等正义的道路：以社会主义平等原则和共享原则为中心，将差别原则和社会主义平等的精神风尚补入其中，在马克思主义主题与最近的政治哲学议题及对犹太—基督教的三者糅合中阐述了自己社会主义平等主义的正义观，而这也是柯亨对社会主义重建的基本建构。社会主义的机会平等试图消除所有非选择的不利因素带来的不平等，既消除了社会地位、社会背景等社会偶然因素对生活机会的限制，又试图消除天赋、才能等自然偶然因素带来的对生活的不利限制，从而使不平等仅仅表现为个人选择和喜好的差异产生的不平等，与自然和社会的偶然因素无关。因为"社会主义的机会平等"原则与某些结果的不平等相容，所以柯亨试图用共享原则来调节与"社会主义机会平等"相容的不平等。共享是指人们在相互关心

---

① 吴翠丽：《当代西方运气均等主义的理论演进及其问题》，《伦理学研究》2009年第6期。

的基础上相互照顾，柯亨通过两种共享的模式揭示他所谓社会主义共享原则：一种模式是调节社会主义机会平等解决不了的不平等现象，另一种是社会主义观念中共享的互惠模式。对于那些不能以社会主义机会平等的名义进行禁止的不平等，可采用的手段就是通过第一种共享模式去调节。其中，与社会主义机会平等相容的偏好和选择，并不会对社会主义的平等产生严重的影响，但是因悔恨的选择产生的不平等与因选择的运气差别带来的不平等，如果在大范围内流行会造成广泛的社会主义的不平等，所以共享原则试图调节因悔恨的选择与运气差别产生的不平等来协助社会主义平等。严格的差别原则则是用来调节社会主义机会平等原则和共享原则无法解决的最不利者的不平等问题，这种严格的差别原则不仅仅适用于社会基本结构，也适用于个人选择。一种社会主义平等主义的个人风尚贯穿其中，使最有利者自愿遵守差别原则，而无须额外的物质激励的刺激，正是在这种社会风尚的辅助下，严格的差别原则才能真正发挥调节因自然因素而产生的不平等现象。在社会主义平等原则、共享原则、严格的差别原则和社会主义平等风尚规范下的社会，才是正义与平等的社会。

在平等与正义的坐标上，柯亨肯定是与诺齐克分属不同的阵营，而对于他与罗尔斯的关系却存有许多争议。一方面，柯亨看似赞同罗尔斯，因为柯亨对罗尔斯有很高的评价，除了把《正义论》与《理想国》及《利维坦》比肩之外，柯亨还赞叹罗尔斯抓住了他所属的时代的思想，抓住了时代的重大现实问题——平等与正义；但另一方面，柯亨又好像反对罗尔斯，柯亨对罗尔斯正义论的核心——差别原则和建构主义都激烈地批判。但事实上，柯亨是沿着罗尔斯的道路继续往下走的，只不过在路途之中拐进了不同的分岔路，但他们最终都是为了追求正义和平等。因此可以说，二者之间存在分歧，但二者不存在根本的对立，从某种意义上来说，柯亨以社会主义的思想深化并扩展了罗尔斯抓住的时代思想——平等与正义，试图在平等与正义的道路上走得更远，这都集中体现在《拯救正义与平等》一书之中。其实，柯亨在《拯救正义与平等》导言中就曾表示，这本书的目的是拯救一个平等主义主题，把正义概念从建构主义中拯救出来也是为了支持对这个平等主义主题的拯救，"如果一个人要拯救平等，而正义又要求平等，那么，在这个意义上，并且在这一限度上，这个人就是在拯救正义"①。可以说，拯救正义从某种意义上是为了拯救平等，所以拯救的正义就是"平等主义的正义"。在《拯救正义与平等》中，就像柯亨没有明确从差别原则中拯救出来的平等到底是怎样的一种平等一样，柯亨也没有明确指出自己从建构主义中拯救出了一种什么样的正义。但仔细阅读柯亨的著作，分析柯亨与诺齐克及罗尔斯的关系，我们就会发现柯亨的平等观与正义观以及柯亨试图重建社会主义的理论路径。

第四节　工程师的绘制——柯亨重建社会主义的理论路径

根据本书第二章的论述，我们看到柯亨在对经典马克思主义社会主义思想的继续探究中，认为使科学社会主义陷入"分娩论"泥淖的是马克思自认为科学的辩证法理论，进而指出唯物史观、剩余价值论、革命主体等社会主义理论前提无法为社会主义提供理论支持，柯亨认为静待社会主义自现的"分娩论"的助产士行为不是明智之举，"撰写社会主义的食谱"的工程师行为才是重建社会主义的现实路径，所以柯亨开始思索如何重建社会主义。而柯亨对罗尔斯差别原则和建构主义批判，也是为重建社会主义提供条件。可见，问题最终归结为什么样的食谱是重建社会主义的理论路径。柯亨想在保留经典马克思主义的真正要义的基础上，采用分析的方法重新建构与时代发展相契合的社会主义：以经典马克思主义的社会主义平等原则和共享原则为重建社会主义的主要原则；将罗尔斯严格的差别原则融入重建社会主义的体系，试图调节因自然偶然因素产生的不平等；将基督教的精神风尚引入重建社会主义的体系，以此来弥补社会结构中个人选择的缺失，确保未来社会主义的公正与平等。

一　重建社会主义的基本原则——平等原则和共享原则

我们都知道，柯亨是社会主义平等主义者，所以在柯亨看来，平等

---

① ［英］G. A. 科恩：《拯救正义与平等》，陈伟译，复旦大学出版社2014年版，第2页。

是建构主义的核心。为此，在柯亨重建社会主义的理论体系中，平等原则贯穿科学社会主义始终，或者可以说，柯亨重建社会主义的所有原则都是为社会主义平等服务的。柯亨主张在经典马克思主义的框架内重新建构社会主义，为此他保留了经典马克思主义的主要要义——社会主义的平等原则和共享原则。柯亨的社会主义观之所以为"社会主义"，也正是因为他以社会主义平等原则和共享原则为核心来建构社会主义。

作为社会主义平等主义的倡导者，柯亨认为平等是社会主义的根本，不平等的社会是不正义的且无法生存下去的，未来社会必定是建立在平等的基础之上。但柯亨所谓"平等"是一种与某些结果的不平等相容的激进的机会平等，柯亨称其为"社会主义的机会平等"。机会平等旨在给人们提供更多平等的机会，"消除一些人承受而另一些人不承受的机会障碍，以及有时因更具特权的人们享有的增大的机会所造成的障碍"[①]。柯亨通过与两种形式的机会平等（资产阶级的机会平等和左翼自由主义的机会平等）对比，来揭示"社会主义机会平等"的优越性：代表自由主义时代的资产阶级的机会平等克服了自然条件的限制，柯亨以封建农奴和种族歧视为例，指出资产阶级的机会平等消除了"因权利分配和因抱有偏见和其他有害的社会观念所引起的对机会的限制"[②]，使人们获得了更多的机会，但是资产阶级的机会平等没有解决社会的偶然因素带来的不平等；左翼自由主义的机会平等比资产阶级的机会平等更进一步，这体现在资产阶级机会平等克服自然限制的基础上，左翼自由主义的机会平等进一步破除了社会环境造成的机会的不平等，使出生的先天条件和培养的后天环境不再成为障碍，尽管左翼自由主义的机会平等纠正了社会的不利条件，天赋和出生带来的不利限制仍未被克服；"社会主义的机会平等"正是在前两者的基础上更进一步解决了前两者都未能解决的问题，消除了所有非选择的不利条件中最深层的非正义——天赋差异引起的不平等，它试图消除所有非选择的不利的限制，使最后存有的差异只

---

① [英] G. A. 科恩：《为什么不要社会主义》，段忠桥译，人民出版社2011年版，第24页。

② [英] G. A. 科恩：《为什么不要社会主义》，段忠桥译，人民出版社2011年版，第25页。

是基于爱好和选择的差异，而在柯亨眼中，爱好和选择的差异与苹果和橘子的差异没有两样。

但是"社会主义的机会平等"原则还是与某些结果的不平等相容的，所以柯亨试图用共享原则来调节与"社会主义机会平等"相容的不平等。共享是指人们在相互关心的基础上相互照顾，柯亨通过两种共享的模式揭示他所谓社会主义共享原则：第一种模式是调节社会主义机会平等无法解决的某些不平等的现象；第二种模式是社会主义观念中共享的互惠模式。对于那些不能以社会主义机会平等的名义进行禁止的不平等，可采用的手段就是通过第一种共享模式去调节。其中，与社会主义机会平等相容的偏好和选择并不会对社会主义的平等产生严重的影响，但是因悔恨的选择产生的不平等与因选择的运气差别带来的不平等，如果在大范围内流行会造成广泛的社会主义的不平等。柯亨通过举例进一步说明运气与共享原则的冲突：在野营旅行中，你拥有特别高级的鱼塘不是由于继承，不是由于诡计，也不是由于你的才能，而是由于你通过抽签的方式获胜，这是一种绝对清白的选择运气的结果，它不能根据正义的观点加以非难。但是你的这种绝对清白的运气，却是横亘在你和我们的共享的生活之间难以跨越的鸿沟，因为共享原则谴责分隔，同样也谴责这种通过运气而产生不平等的手段，所以柯亨试图通过共享原则弥补社会主义机会平等的不足。

与调节社会主义机会平等不足的共享模式不同，共享的互惠模式强调相互之间提供服务的原因不是基于回报，而是我们彼此之间相互需要。柯亨的这种社会主义观念中的互惠模式，在与市场的互惠模式对比中更容易理解：第一，二者的立足点不同，市场的互惠立足于对金钱回报的渴望，而共享的互惠则立足于对人类同胞的奉献精神；第二，二者的直接动机不同，贪婪与恐惧的混合是市场互惠的直接动机，而共享的互惠的直接动机是相互服务的意愿；第三，二者的性质不同，市场的互惠是一种工具性的手段，采用我服务于你的手段来实现你服务于我的目的，而共享的互惠是非工具性的、非利益的、基于合作的互惠；第四，二者的关注点不同，市场的互惠关注的只是自己的好坏，对其他人的好坏漠不关心，与他人合作才能获利是市场互惠选择合作的原因，而共享的互惠强调的是所有人的互惠，基于合作本身是一件好事而选择合作。如果说调节与社会主义机会平等相容的共享模式，直接地协助社会主义平等原则，克服大范围的不平等给社会主义造成的危害，那么这种共享的互惠模式就从另一方面支持着社会主义平等原则，共同致力于建构平等、正义的社会。

二 重建社会主义的引入原则——罗尔斯的差别原则

作为当代政治哲学的坐标，任何从事这方面研究的人都无法绕过罗尔斯，柯亨也不例外。在柯亨看来，从思想的角度来说，罗尔斯把握了他的时代以及他的时代中重大的现实问题——平等问题。在对罗尔斯的批判与借鉴之中，罗尔斯的差别原则吸引了柯亨，使柯亨试图将罗尔斯的差别原则融入其重建社会主义的体系之中，用来调节社会主义两个基本原则调节不了的不平等现象，即因自然天赋给最不利者带来的不平等。柯亨试图在马克思主义与自由主义之间保持一种张力，把正义和平等从罗尔斯的自由主义思想中拯救出来，并将拯救后的平等与正义融入他重建的社会主义体系之中，或者可以说，柯亨力图将罗尔斯的自由主义思想与经典马克思主义的思想相结合，从而实现他对科学社会主义的重建。

首先，我们需要解释的是：从柯亨对罗尔斯差别原则的适用的批判以及差别原则本身的批判中，我们知道柯亨对差别原则进行了犀利的批判，现在又要将差别原则引入社会主义重建的体系中，这不是前后矛盾吗？事实上，并不矛盾，因为柯亨对差别原则批判的目的不是全盘否定差别原则，而是在批判它的基本上，保留它的正确部分且加以利用。那么，这就引出需要解释的第二点：柯亨对罗尔斯的差别原则做出了四种解读，即松散的差别原则、严格的差别原则、惯用的差别原则和词典式的差别原则，那么哪种是柯亨认为要加以批判的差别原则？哪种是柯亨认为的可以融入到社会主义重建体系的原则？

我们之前介绍了柯亨对罗尔斯差别原则的这四种解读。严格的差别原则说的是"在与正义的储存原则一致的情况下，适合于最少受惠者的最大利益"[①]，可以看出严格的差别原则坚持对不平等进行调节。首先，

[①] [美]约翰·罗尔斯：《正义论》，何怀宏、何包钢、廖申白译，中国社会科学出版社2009年版，第237页。

严格的差别原则与激励论证和帕累托论证不兼容，它与人们的选择意图无关，这就降低了人们追逐私利的可能性，减少对最不利者的侵害。其次，严格的差别原则优先考虑最不利者的利益，它所容忍的不平等只限制在对最不利者有益的范围之内。最后，严格的差别原则信奉平等，以平等为起点，致力于缩小最不利者和最有利者的差距，"这代表着对平等的一种追求"①。更重要的是，严格的差别原则与完全顺从、贫穷者的尊严和博爱的看法是一致的，与秩序良好的社会理念相符合。就差别原则的松散解读来说，它对不平等的限制太过宽泛。第一，它与人们选择的意图相关，也就是说，如果有人做出追逐私利的选择，人们就会因有才能者追逐私利的选择而受到伤害，但是按照松散差别原则的规定，有才能者只要遵守社会基本结构的正义原则，可以对个人选择不负责任，那么这对处境较不利者明显不公平。第二，松散的差别原则依赖激励论证和帕累托论证，从而对不平等的认可程度太过宽泛，太过宽泛的不平等与差别原则要试图调节不平等的初衷相背离。第三，松散的差别的目标是不影响最不利者的利益，而不是提高最不利者的利益，更严重的是它做出的不影响最不利者的选择，最终依然可能使最不利者受到伤害。因此，在柯亨看来，松散的差别原则背离了差别原则调节不平等的初衷。

从对不平等对象的不同关注点来说，柯亨将差别原则分为惯用的差别原则和词典式差别原则。正如前面所论述的：惯用的差别原则关注的对象是社会最不利者，而词典式差别原则关注的对象是社会的所有人，而不仅仅是社会的最不利者。因此，柯亨认为词典式的差别原则扩大了不平等的关注对象，并且这种差别原则以罗尔斯"链条式联系"理论为依据，从而优先照顾的对象是最有利者的利益，这样造成的结果是人们之间不平等的差距加大。而优先照顾最不利者利益的惯用的差别原则虽然不会加剧人们之间的不平等，但是在某种程度上默许了人与人之间的不平等。

显而易见，松散的差别原则对物质激励的需求，证明人们并不是真心去遵守这个规则，而由真正的差别原则所贯穿的社会，人们都是出于

---

① 张全胜：《简析科恩对罗尔斯差别原则的四种解读》，《河南教育学院学报》（哲学社会科学版）2012 年第 5 期。

对差别原则的信奉而自愿遵守的。依靠激励论证和帕累托论证的松散的差别原则，因其对不平等的容忍太过宽泛，结果可能不会增加人们的利益，反而会伤害最不利者的利益。况且，从松散的差别原则的适用方面来说，它也不能获得柯亨的支持，因为在柯亨看来，真正的差别原则适用于社会的基本结构的同时也适用于个人选择，而松散的差别原则只适用于社会的基本结构却不涉及个人选择。所以，松散的差别原则是柯亨对差别原则的一种解读，更是柯亨对差别原则的不合理性的一种批判。词典式的差别原则对最有利者的优先照顾，没有达到调节不平等的目标，反而加剧了人与人之间的不平等，所以词典式的差别原则也是柯亨对差别原则的批判性解读。惯用的差别原则虽然优先考虑最不利者的利益，但它没有考察人与人之间不平等的差距，仍然容许不平等的存在，这也不符合柯亨支持的差别原则。柯亨所谓严格的差别原则是对罗尔斯差别原则的改进，严格的差别原则之所以严格是因为它既适用于社会基本结构也适用于个人选择。在被严格的差别原则贯穿的社会，人们不会因为没有激励的刺激就不信奉它，而是因为内心对它的信仰而衷心地信奉它。因此在严格差别原则指导下的社会，有才能者不会因为没有物质激励而不努力工作，它指导人们持有正义感和善观念，使公民完全遵从正义的原则。由此可见，虽然松散的差别原则、词典式的差别原则、惯用的差别原则都是柯亨对差别原则的批判性解读，但只有严格的差别原则才是柯亨真正试图引入重建社会主义体系的原则，才能辅助社会主义平等原则和共享原则，为实现社会主义平等提供可能。

三 弥补个人选择的缺失——基督教的社会改革秘方

柯亨在对社会主义进一步反思的过程中，逐渐发现结构性设计已经不足以改变世界，我们需要在改变世界的同时改变心灵，或者也可以说通过改变心灵促进世界的改变。如果人性是自私的，那么单单靠结构的设计无法解决平等的问题。为此，柯亨将目光投向他曾经嗤之以鼻的基督教精神风尚的社会改革秘方，柯亨认为科学的社会主义不仅需要经济的革命，同时还需要一场道德革命、心灵革命，而这种道德革命、心灵革命正是他所谓基督教的精神风尚的教化，"一个依据差别原则是公正的社会，不仅需要强制性规则，而且需要贯穿个人选择的正义风尚"①。罗尔斯的公正的社会结构恰恰没有涉及个人选择的问题，所以柯亨将基督教的精神风尚引入他重建社会主义的"食谱"之中，这种精神风尚在《如果你是平等主义者，为何如此富有？》一书中被柯亨称为基督教精神风尚，而在《拯救正义与平等》之中，柯亨称之为社会主义平等主义风尚，足以表明柯亨试图将这种基督教风尚融入社会主义平等主义建构之中的良苦用心。柯亨从三个方面阐述引入基督教的精神风尚的重要性。

首先，仅凭结构本身无法克服人性的自私，因而也无法消除不平等的结果。在柯亨看来，人性前提与社会前提是为不平等辩护的两个前提。柯亨虽然也在某种程度上承认人性确实是自私的，但柯亨因其马克思主义的信仰而对人性前提一直抱有怀疑态度，他一直坚信社会结构可以全面塑造动机结构。而他否认人性的前提的另一个原因是他一直笃信：顺利的境况会使人相对无私。柯亨并非不承认人存在基本人性，只是认为人性并非一成不变，而是容易改变的。对于社会前提，柯亨之前也是持怀疑态度的，他认为人性自私不必然得出不平等是不可避免的结论。但是，现在柯亨相信如果承认人性的自私，结构不能阻止不平等的发生。如果人性的自私真的给社会的公平与正义带来危害，那只能说明正义不仅仅是结构原则，也应涉及人们日常生活的个人选择。个人的自私选择必然会给社会结构带来不良影响，个人的高尚选择必然会更进一步确保社会的公正性。如果结构无法改变个人自私的选择，那就需要一种普遍无私的精神风尚，指引人们做出高尚无私的选择。

其次，柯亨试图用个人选择的精神风尚代替罗尔斯物质的激励风尚。柯亨认为罗尔斯的差别原则是建立在物质激励基础上的，给予有才能者更多的物质激励，从而使他们在物质激励的鼓励下努力工作，提高他们工作的积极性，为社会做更多的贡献。如果这样，资质平庸者得到的待遇无法和有才能者相提并论，所以这种情况势必会造成有才能者和才能平庸者经济地位的不平等。但是，在罗尔斯看来，正是因为这种不平等提高了社会最不利者的利益，最终才会更有利于社会平等。为此，柯亨

---

① ［英］G. A. 柯亨：《如果你是平等主义者，为何如此富有？》，霍政欣译，北京大学出版社 2009 年版，第 165 页。

指出罗尔斯的差别原则是一种用不平等证明平等的论证，但最终的结果还是倒向了一种不平等。鉴于激励风尚产生的不良影响，柯亨想用一种基督教的精神风尚（它不是被平等所激发的风尚）取而代之。与激励风尚建立在激励之上不同，基督教的精神风尚完全是基于人们的自愿和无私，这是一种超越服从公正规则的风尚。在柯亨看来，像新教伦理这样的风尚就是一种基督教的精神风尚，"它不关心（实际上的）平等本身，而是强调自我牺牲、努力工作以及设法将超出需要的资产用于投资（尽管其中含有禁欲主义）"①。柯亨认为严格的差别原则需要以这样的精神风尚为基础，真正地实现差别原则之正义，真正地在最大程度上为最不利者做出最大的改善。在柯亨看来，只有用个人选择的精神风尚代替物质的激励风尚，社会才能在人们自愿和无私的情况下，减少为追名逐利而损害他人利益和社会利益的现象，这才是保证社会公正的有效方法。

最后，精神风尚弥补了结构中个人选择的缺失。根据柯亨的观点，罗尔斯的公正的社会结构只关注结构的公正性，对结构中的个人选择则在所不问。也就是说，社会结构中的人们只要按照社会原则去行事就足以保证社会结构的公正性，而不需要关心人们的选择问题，这就给野心勃勃、追逐私利的人以可乘之机，最终结果可能并不会改善最不利者的利益，反而会伤害他们的利益。所以，柯亨认为社会需要一种基督教的无私奉献的精神风尚，指引社会结构内部的选择，而不是仅仅引导主体服从这些社会结构中的规则。对于罗尔斯来说，重要的是社会结构的公正性，只要人们遵照结构的规则，这个社会就是分配正义的社会。对于基督教来说，社会结构的公正性并不重要，重要的是人们的个人选择的高尚性，只要人人都能在无私的精神风尚的基础上进行选择，不正义就不会存在。与前两者不同，柯亨认为重要的不是社会的基本结构，也不是人们的个人选择，而是基本结构和个人选择的结果，柯亨称之为"社会中利益与负担的模式"——分配正义。为此，柯亨认为一种基督教的精神风尚可以引领社会结构内部的人们做出公正且高尚的选择。柯亨的信念是：社会中的不平等反映的如果不是人们因幸运或者不幸所造成的

---

① ［英］G.A.柯亨：《如果你是平等主义者，为何如此富有？》，霍政欣译，北京大学出版社2009年版，第170页。

境况的不同，而仅仅是由于付出的劳动的多少以及爱好和选择的不同，这样的社会就是分配正义的社会，而这样的分配正义的社会就是柯亨理想的社会主义社会。但是柯亨认为这种理想的社会主义社会作为最好的选择，是我们可遇而不可求的，而我们可以通过一种次好的选择作为通向最好选择的阶梯。

四 作为次好选择的市场社会主义——通向社会主义的阶梯

苏联式社会主义的失败给社会主义发展带来的消极影响是毋庸置疑的。在柯亨看来，面对苏联社会主义实践的失败，人们对社会主义采取两种态度，但无论哪种都不是可取的态度。一些人或是以全新的眼光审视自己的理想信仰，或是在细心思考后，以一种自我批判的形式批判自己曾经的理想。但这两种人无疑都选择了埃尔斯的"适应偏好构型"。简而言之，就是把当前能够实现的最好的选择视为最理想的选择，这是当前许多左派人士所持有的观点。这是一种态度。另一种态度被柯亨称为"虚空的虚空"，因为一些人可能仍然持有最初的理想信念，但是并不相信它的可实现性从而选择放弃为之奋斗，另一些人放弃了最初坚守的信念，同时也拒绝接受新的理想，"虚空的虚空"指的是他们认为最后支撑他们坚持下去的东西似乎都已经丧失，且没有什么更好的东西值得为之全力以赴。正是在对这两种关于社会主义态度的考察下，柯亨对社会主义的可欲性和可行性进行了反思，从而提出市场社会主义至多应该是当今次好的选择。

柯亨想通过将经典马克思主义的平等原则、共享原则、罗尔斯的差别原则与基督教的精神风尚的融合，建立起社会主义。但是，这只能在"野营旅行"的小范围内实行，社会主义作为一个整体的"可行性"是怎样的，我们并不清楚，但无论怎样柯亨都坚持社会主义是可欲的。在柯亨眼中，问题的关键在于社会主义的"可行性"。他这里所谓"可行性"不等于"可实现性"，意思是如果社会主义真的可以实现，它是否可以行得通以及稳定性如何。但是柯亨认为社会主义的可行性的关键在于我们是否以及如何可以设计出可行的社会主义机制，"它也许是一个无法解决的设计的问题"①。为此,在我看来,柯亨转向了另外一种观点——市场社会主义,本书持有的观点是:柯亨将市场社会主义作为"次好的选择",把它视为通向社会主义的中介之路。

之所以称为"次好的选择",我们可以从两方面加以说明。一方面之所以称它为"好"是因为它比资本主义更进步,原因在于它终止了资本主义时代资本与劳动的分离,结束了不拥有资本的劳动者和拥有资本的资本家的阶级对立的场面。而称之为"次"的原因在于市场社会主义仍然是以"市场"为中心,"社会主义"只是用来改良"市场"的手段,所以市场社会主义还是在资本主义框架内对资本主义的改良,而这并不是真正的社会主义,只能是通向社会主义的次好的选择。"次"具体体现如下:第一,市场社会主义的劳动者或者公有企业以及消费者,都被置身于市场竞争的背景之下;第二,市场社会主义削弱了传统社会主义者所强调的经济上的平等。不平等一方面表现在社会主义的平等原则受到限制,因为在市场竞争中,必然产生输家和赢家的不平等,以及有才能者的高薪报酬和高质量生活与资质平庸者的低薪报酬和低质量生活之间的不平等,所以非正义的不平等现象依然存在;另一方面,社会主义的共享原则也会受到损害,因为市场社会主义下的交换是基于市场的互惠而非共享的互惠。因此,市场社会主义不能达到社会主义所谓平等、公正和共享的完善性,尽管市场社会主义不能完全达到社会主义的标准,但与市场资本主义相比,市场社会主义仍然是一个有价值的方案。为此,柯亨提出市场社会主义是"次好的制度",而这种"次好的选择"或许是通向"最好的选择"——社会主义的阶梯。

在柯亨看来,马克思共产主义"各尽所能,按需分配"说的是所得与给予无关,贡献与回报无关,这都与市场社会主义的逻辑相悖,所以在柯亨看来,马克思不喜欢市场,也不赞同市场社会主义。柯亨赞同社会主义是共产主义的第一阶段的观点,并且认为马克思对社会主义这一过渡阶段的批判也同样适用于市场社会主义。柯亨认为马克思的社会主义虽然是非市场的,但是"按劳分配"的衡量尺度难以比较社会主义与

---

① [英] G.A. 科恩:《为什么不要社会主义》,段忠桥译,人民出版社 2011 年版,第 58 页。

市场社会主义哪个更公正。柯亨指出，马克思按劳分配的原则本身就具有"非社会主义"的"市场"性特征，他不否认按劳分配的资产阶级性质，所以马克思对按劳分配原则产生的不平等性进行了批判。市场社会主义因人的才能所有权而产生的分配不公，与社会主义按劳分配所承认的"天赋人权"而产生的结果不公是相同的。

在传统社会主义对市场的批判理由中，柯亨认为说市场具有"无效益性"和"无政府性"是对市场无的放矢的批判。市场社会主义的"无效益性"说的是它的配置职能。市场社会主义具有浪费性，这种观点没有认识到无计划的市场具有如此出色的收集信息的能力，而这一点对于计划的社会主义经济可谓是难上加难。传统社会主义认为市场社会主义的"无计划性"表明它不能自己掌管自己的命运。在柯亨看来，马克思认为计划是实现"人类从必然王国进入自由王国的飞跃"这一观点，滥觞于黑格尔的"人类向着认识自身和把握自身的飞跃"的观念，所以只有计划才能使人成为社会的主人、自然的主人、自身的主人，从而成为自由的人。柯亨指出，个体的自我控制可能具有价值，但是集体的自我控制不具有价值。由此可见，柯亨对市场社会主义的这两点批评持反对意见。但是关于市场社会主义的不公平性和市场社会主义动机的卑鄙性，柯亨持赞同意见。市场社会主义因保留人的才能的所有权而产生分配的不公，以及竞争产生的不公平现象都是市场社会主义的弊端。同时，市场社会主义的动机是金钱而非义务。柯亨指出，我们必须全面看待市场社会主义，正视市场社会主义的两面性，既要看到它贪婪的本性，也要看到它外在的正当性。只有从双重角度看市场社会主义，我们才能看到市场社会主义虽不是最好选择，但可称得上是"次好的选择"。

但是对于市场社会主义到底是怎样的，以及如何从这种"次好的选择"过渡到"最好的选择"的具体路径，柯亨都没有给出具体的阐述。柯亨只是对市场社会主义提出能否"保存市场的配置职能，以继续保持它在产生和处理信息方面所提供的优势，同时消除它的规范性动机前提和分配后果"[①]的观点。可以看出，一方面，柯亨希望可以保留市场充分

---

① [英] G. A. 柯亨：《自我所有、自由和平等》，李朝晖译，东方出版社2008年版，第297页。

利用信息的优点；另一方面，希望最大程度地将市场的副作用降到最低。根据这种想法，柯亨提到了两种市场社会主义的精心设计，一种是约瑟夫·卡伦斯在《平等、道德激励与市场》中提出的具有乌托邦性质的市场社会主义，另一种是耶鲁大学经济学家约翰·罗默在《社会主义的未来》中提出的效率上并不比市场资本主义差的市场社会主义。就前一种市场社会主义的设计来说，"看上去像是标准的资本主义市场在组织经济活动，但税收制度却通过对收入的再分配消除市场的不平等以实现平等"①，虽然追求利润的资本家和不占有生产资料的工人依然存在在这种社会中，但是一种为他人服务的纽带联结着人与人，从而使人们对资本的追求建立在为社会做贡献的基础之上。柯亨对这种市场社会主义的设计给出了高度评价，称其为"值得改进的""值得加以提炼的"方案，因为这一措施不依靠激励原则，但处境较好者在税收的情况下却都不会要求增加额外奖励或者降低工作效率，这类似一种社会主义平等主义风尚的功劳。但是不得不说的是这种市场社会主义既保持了市场信息优势，又保证了社会主义平等原则，具有乌托邦性质，因为现实的市场社会主义几乎很难调和二者之间的矛盾。对于罗默的方式，他试图以一种持有股份的方式来取消资本家阶级，但却依然可以实现资本主义的效能。这种股票可以在股票市场上自由交易，但是它不能转变为现金，并且由于股票分散到很多组合企业的每一个人手中，所以"在任何既定的企业中，没有一个人有足够的股份或股本去承担所要求的控制企业的职务"②。但是，在这种市场社会主义的设计中不平等依然存在，只是不会因为劳动与资本的分离而愈加增大。

柯亨指出，我们不知道是否可以在非市场的方向上比罗默走得更远，也不知道能否有比约瑟夫·卡伦斯更精致的市场社会主义方案，也不知道如何将野营旅行的做法在全社会范围内实行。但是，以社会主义的视角来看，市场社会主义仍然是一个有价值的方案，它作为次好的选择可

---

① [英] G. A. 科恩：《为什么不要社会主义》，段忠桥译，人民出版社 2011 年版，第 62 页。

② [英] G. A. 科恩：《为什么不要社会主义》，段忠桥译，人民出版社 2011 年版，第 69 页。

以作为通往社会主义的中介。在柯亨看来，我们必须坚定社会主义信念，我们现在虽然并不知道如何在全社会范围内实现社会主义，尽管实现社会主义的路途坎坷，资本主义力量和人性自私时刻阻碍着我们向社会主义靠近，但我们也不能放弃"任何实现社会主义理想的尝试"①，任何阻碍都不能成为贬低实现社会主义理想的理由。

至此，本书从"道德上维护""批判性解构""理论性建构"三个方面对柯亨社会主义观进行了全方位的考察。但柯亨对社会主义理论的重建与马克思社会主义是怎样的关系，是继承还是另辟蹊径？是发展还是误解？马克思的科学社会主义到底是怎样的？社会主义的理论前提是否真的像柯亨所认为的遭到严重质疑，这些都是本书后半部分需要深入探讨的主要内容。

---

① ［英］G. A. 科恩：《为什么不要社会主义》，段忠桥译，人民出版社 2011 年版，第 75 页。

第四章

继承与发展：
柯亨对马克思主义的推进

正如金里卡所言："社会主义制度在东欧的消失却伴随着马克思主义理论在西方的复兴。"① 在过去的二十几年里，被英美哲学界遗忘的马克思和马克思主义理论被"分析马克思主义"学派重新激活，他们以分析的方法为手段对马克思主义的大部分文本进行重释，柯亨作为分析马克思主义的领军人物，举起为社会主义道德辩护的大旗。而从柯亨对社会主义的道德辩护中，我们可以看到柯亨对社会主义理念的维护，但是同时，我们也可以看到柯亨一生致力于对社会实践的反思，试图重建一条与时俱进的道路，尽管这条道路对马克思主义有所发展也有所错判。与之相反，近来兴起的西方激进左派提出"拒斥社会主义，重回共产主义"的口号，一方面将社会主义理念与苏联社会主义实践捆绑在一起，在拒斥社会主义实践的同时将社会主义理念也一并拒斥了；另一方面对共产主义的理解又都莫衷一是，同时又将社会主义与共产主义对立起来。为此，面对柯亨对社会主义理念的维护与西方激进左翼学者对社会主义理念的拒斥，我们不得不追问作为理念的社会主义到底是什么样的？实践的社会主义的失败是否意味着作为理念的社会主义也应当被拒斥？面对柯亨对马克思社会主义和共产主义的混淆使用，以及西方激进左翼学者内部对共产主义的理解存在分歧，我们又必须反思他们的共产主义是马克思意义上的共产主义吗？如果不是，马克思共产主义的本真意蕴是什

---

① ［加］威尔·金里卡：《当代政治哲学》，刘莘译，上海译文出版社2011年版，第177页。

么？随之而来的一个更值得深思的问题是：作为理念的社会主义和共产主义是对立的吗？如果不是，那它们是一种什么样的关系？只有对这些问题加以追问，我们才能深入挖掘马克思主义的本真意蕴，才能以此为标准评判柯亨对马克思主义的发展与误解，才能做到对柯亨在马克思主义做出贡献的地方给予肯定，同时也能对柯亨有所误解和错判的地方进行批判和澄清。

第一节 作为理念的社会主义

自马克思对当时形形色色的社会主义和共产主义学说进行清算，建立了自己的社会主义理论，到苏联急于将社会主义理念实现为社会主义实践的失败，再到今天西方激进左派提出"拒斥社会主义，回到共产主义"的口号，一直充斥着对马克思社会主义和共产主义的各式各样的理解。有的学者将马克思的社会主义视为一种无法实现的、具有空想性质的乌托邦，这无疑是将马克思的社会主义倒回到了空想社会主义阶段；有的直接将马克思的社会主义等同于苏联的极权社会主义而主张抛弃（例如西方激进左派）；也有的认为当今时代需要对马克思的社会主义理论进行调节以适应时代的变化，为此对马克思社会主义进行各式各样的重构（例如柯亨）。但事实上，他们理解的社会主义的前提就错了。实践观点的思维方式和现实的独立的个人是理解马克思社会主义的双重前提，正是从这两个前提出发，我们才会发现作为理念的社会主义是人的自我实现的哲学理念，是人与自然、人与社会和人与自身的统一，对于这种作为理念的社会主义，我们无法拒斥。

一 理解社会主义的双重前提——实践观点的思维方式和现实的独立的个人[①]

在哲学思维方式变革的意义上，马克思用实践观点的思维方式打破了以往追求终极存在、永恒本体和绝对真理的传统哲学的思维方式，实现了哲学的革命。也可以说，马克思正是以实践观点为前提，破除了传

[①] 此部分内容已发表。

统理解社会主义的抽象理性原则，为社会主义的提出扫清了错误的传统观念。正如高清海教授指出的：正是"马克思变革了从抽象原则出发的世界观，才有了他的科学社会主义理论"①，"科学社会主义理论是哲学思维方式变革产生的直接重大成果"②。所以，思维方式的转变不只代表产生了哲学的革命，也为马克思社会主义的提出提供了重要的思想前提。另外，实践观点思维方式的确立，也改变了传统对人的前定本体论的理解，使我们看到人是社会中的人，社会是人组成的社会，社会主义是人的自由个性的充分发展，这就引出了理解社会主义的现实前提——现实的独立的个人。由此可见，只有在思想前提和现实前提的双重前提下，我们才能理解马克思社会主义的本真含义。

以往流行的形形色色的社会主义不是从实践观点出发，不是对现实的人和现实的世界的考察，而是以抽象的理性原则为依据进行社会主义演绎。空想社会主义虽然从资本主义的社会现实出发，对当时资本主义社会矛盾进行了一定的批判，但它在解决问题以及未来社会的发展方向上仍然禁锢于传统思维方式的束缚，将一切都视为已经预先设计好的规划，认为人类历史的发展就是对这些规划按部就班地执行。这样以先验原则为前提书写的社会主义食谱，并妄想按照食谱直接烹饪出社会主义美味佳肴的思想终究会流于空想。马克思的社会主义之所以和它们不同，是因为马克思破除了传统哲学的思维方式，不再以绝对真理、永恒正义、普遍理性为出发点来思考事物，而是以现实的人和现实的世界为出发点和落脚点。实践观点思维方式不仅实现了哲学思维方式的转换，更重要的是使马克思社会主义思想立足于社会现实，贯彻从现实生活条件出发的实践原则，跳出空想社会主义的窠臼，创建了现实的社会主义学说。

苏联在没有转变思维方式、没有真正理解社会主义理论的情况下，就急于将社会主义理念在现实中实践。正是因为还禁锢于传统哲学的思维方式，没有正确的社会主义理论做指导，才使社会主义实践深陷困境，最终不得不走上解体之路。正如高清海教授所言：苏联"没有按照马克思的哲学精神，从他们的现实条件出发，在已有的基础上去建设和发展

---

① 高清海：《高清海哲学文存·续编》卷一，黑龙江教育出版社2004年版，第11页。
② 高清海：《高清海哲学文存·续编》卷一，黑龙江教育出版社2004年版，第111页。

社会主义，反而按照传统哲学思维方式，把马克思的'社会主义'理论变成抽象原则和固定模式试图强加于现实生活"①，所以我们不应该因为苏联解体而迁怒于马克思，迁怒于社会主义，他们不应该为苏联错误的社会主义实践买单。

从实践观点的思维方式理解人，因而人是"现实的个人"，消解了主体原则和客体原则的抽象对立，实现了主体和客体的真正统一。社会的发展归根到底是人的发展，根据人类历史发展的三种历史形态，要想进入"自由个性"的"人类社会或社会的人类"阶段，首先要经历"以物的依赖性为基础性的人的独立性"阶段，因为"现实的个人"只有发展成"现实的独立的个人"，才能为实现人的"自由个性"提供现实的解放路径，所以"现实的独立的个人"是理解社会主义的现实前提。

马克思"现实的个人"根本不同于西方传统哲学意义上的"主体"。西方传统哲学意义上的"主体"是以主客二分为基础的，而马克思的"现实的个人"通过实践的活动真正地体现了人的"主体性"。在近代西方哲学史上，笛卡尔提出的"我思故我在"突出强调了人是认识的主体，开启了主体性哲学的大门，也加深了传统哲学两极对立的思维模式。到德国古典哲学开始，人们意识到了这种两极对立模式的弊端，所以开始试图寻找消解这种主客互不相容的传统哲学思维方式的方法。康德是首先意识到这种两极对立关系并将这种关系明朗化的人，康德强调主体是一种认识论意义上的先验主体，他将认识划界为现象界和本体界，指出人只能认识事物的现象，事物的本体不可知。所以"在认识领域内，与其说康德是消解了自然本体与精神本体的对立，毋宁说他是在证明这种对立的不可克服"②。黑格尔开辟了消解自然本体和精神本体的"本体中介化"道路，用绝对精神作为中介实现了主客体的统一，但是黑格尔为消解两极对立提供的只是"抽象的无人身的理性"概念。真正找到消解主客二元对立的中介的人是马克思，马克思用实践实现了黑格尔没有实现的中介化道路，真正地实现了主体和客体的统一。"马克思主义哲学实

---

① 高清海：《高清海哲学文存·续编》卷一，黑龙江教育出版社2004年版，第11页。
② 孙正聿：《从两极到中介——现代哲学的革命》，《哲学研究》1988年第8期。

践观点的思维方式的真实内涵就是从'现实的个人'出发"①,所谓"个人"不是黑格尔的"绝对观念",也不是青年黑格尔派的"自我意识",更不是费尔巴哈的无主动性的"感性直观"的人,"而是现实中的个人"②,是"有血有肉的人",换言之,这样的人不是"物化的人",不是"神化的人",也不是自然的"感性直观的人",人是"现实的、具体的个人"。

马克思正是从"现实的个人"出发,提出社会主义发展的现实的前提是"现实的独立的个人"。马克思曾经提出人类发展的三种历史形态:第一个发展阶段是"人的依赖关系",这个时候人受自然的束缚而依赖于群体,因此这个阶段的人还不能被称之为独立的个人;第二个发展阶段是"以物的依赖性为基础的人的独立性",这个阶段的人因其走出群体获得的独立的个性而使自己提升为独立的人;第三个发展阶段是"建立在个人全面发展和他们共同的社会生产能力,成为他们的社会财富这一基础上的自由个性"。在最初的"人的依赖关系"形态中,人因人身依附关系而不具有独立性,还只是"一定的狭隘人群的附属物";只有摆脱人身依附的社会关系,建立普遍的、广泛的社会联系,人才能成为具有独立性的独立的个人;但是人的这种独立性离不开物的依赖性,人只有在消解非神圣形象的异化之后,摆脱物的依赖性之后,才能达到自由个性的充分实现,从独立的个人向自由个性的人发展,充分实现人的类本质。简而言之,只有普遍的社会联系取代狭隘的社会联系,从而形成独立的个人,才能在社会范围内建立起普遍的和广泛的世界性联系,为建立起每个人的自由个性的社会联系提供条件,才能形成真正的"人类社会或社会的人类"。显而易见,社会主义发展的现实前提是"现实的独立的个人"。

马克思"现实的独立的个人"不是与社会无关的个人,而是社会中的人,人与社会的关系在《1844年经济学哲学手稿》表述得很清晰:"社会性质是整个运动的普遍性质;正像社会本身生产作为人的人一样,

---

① 王庆丰:《论实践观点的思维方式》,《广西社会科学》2005年第6期。
② 马克思、恩格斯:《德意志意识形态》(节选本),人民出版社2003年版,第16页。

社会也是由人生产的"①。可见，我们应该从人与社会的互释中理解人与社会的关系，这样才能看到社会是人的社会，社会是由人组织起来的，人是社会的人，人是不能脱离社会的人，因此人的感受就是社会的感受，人与社会是本质统一的。而人正是在社会中，才能实现人与自然、人与人的本质统一，"自然界的人的本质只有对社会的人来说才是存在的；……因此，社会是人同自然界的完成了的本质的统一，是自然界的真正复活，是人的实现了的自然主义和自然界的实现了的人道主义"②。只有实现人与自然、人与人的本质统一，才能使人的独立的个性发展为自由的个性，才能真正实现"人类社会或社会的人类"。

在当今各种马克思主义思潮中，以及在众多所谓马克思的"真正的社会主义理论"中，我们必须在"后退"与"前进"中保持一定的张力。所谓"后退"就是我们要退回到马克思的原初立场，而不是在曲解的意义上理解马克思的思想，不然可能会倒退到前马克思时代去。同时，我们又必须在各种马克思主义学派的交流和对话之间推进马克思主义的发展，这就是"前进"。我们只有从正确的前提出发，在"实践观点的思维方式"和"现实的独立的个人"的双重前提下，才能真正理解马克思的社会主义思想。

二 作为理念的社会主义：人的自我实现的哲学理念

面对西方激进左派对社会主义的拒斥，我们必须澄清几点。第一，我们确实需要反思苏联式社会主义实践的失败，但是我们首先更应该反思的是对于这种社会主义实践的失败，我们是否应该归罪于马克思。俄国学者梅茹耶夫指出："如果说我们是被马克思主义卡住了，那么它在自己的故乡欧洲为什么并没有引起严重的后果，没有造成任何窒息呢？很可能，问题并不在于马克思主义，而在于我们自己吧？"③ 的确，问题的关键不在于马克思的理论是否错了，而在于苏东在还没有对思想理论和

---

① 马克思：《1844 年经济学哲学手稿》，人民出版社 2000 年版，第 82—83 页。
② 马克思：《1844 年经济学哲学手稿》，人民出版社 2000 年版，第 83 页。
③ [俄] B. M. 梅茹耶夫：《我理解的马克思》，林艳海、张静译，人民出版社 2013 年版，第 3 页。

现实状况做出充分考虑的情况下，就急于施展建设社会主义的计划，而苏联的这种社会主义实践并不是马克思意义上的社会主义。正如高清海教授所言："苏东模式的社会主义也已解体，但这并不表明'社会主义'没有生命力，而是因为苏东搞的本来就不是马克思所设想的那种代表人类理想未来的'社会主义'。"① 坎托尔也指出尽管我们可以在列宁的理论之中寻找到很多马克思思想的影子，但列宁的理论实践终归和马克思的理论实践不同。在马克思那里，无产阶级革命应该首先发生在经济发达的资本主义国家，他从来没有设想过革命会首先在链条的最薄弱环节——俄国打开，俄国既缺乏理论基础又缺乏实际基础，这样急于求成的社会主义实践必然扭曲了社会主义的本真意义和原始设想。由此可见，西方激进左派将苏联式社会主义实践的失败归结于马克思的做法值得商榷。

　　第二，实践的失败并不就意味着理念的失败，社会主义作为一种人的自我实现的哲学理念，我们无法拒斥，因为没有理念指引的实践必定是盲目的。作为理念的社会主义，"其基本指向是应当存在的人的世界，是人的世界和历史的超越性维度，是马克思一生为之奋斗的理想社会状态"②。人是一种集自然的存在、类存在和社会存在于一身的三位一体式的存在物：首先，人是一种自然的存在物，人因具有受动性和动物一样是一种受限制的存在物，但人又因自然力和生命力而具有能动性，可以通过对对象的改造来证明自己的本质力量；其次，人是一种类存在物，人的意识不仅仅是一种自在的意识，人因自己的类本性而具有一种自觉的类意识，从这个意义上说人是自由自觉的；最后，人是一种社会存在物，人的类本性的发展需要在社会中展开，因而具有一种社会的意识，"人的本质是人的真正的社会联系"③。这里"问题的关键在于对人的本质特别是其社会性的恰当理解。'社会'范畴强调人的本质的'现实

---

① 高清海：《高清海哲学文存·续编》卷二，黑龙江教育出版社2004年版，第44页。
② 王福生、甘霖：《理解中国特色社会主义的两个理论前提》，《毛泽东邓小平理论研究》2015年第6期。
③ 马克思：《1844年经济学哲学手稿》，人民出版社2000年版，第170页。

性'"①。从人的三位一体式的存在可以看出，人是一个实践性的存在，实践是以人的意识的引导在社会关系中满足自己需要的人的活动，这种实践活动一旦实现出来，在其现实性上是在一定的社会关系中实现出来，而人的自我实现的最好的状态就是人所在的这个社会是按照人的方式组织起来的社会。从这个角度我们可以说，人的类本质的自我实现是对作为理念的社会主义的最好诠释。

问题的关键是怎么理解"社会"？人的"类本质"是什么？究竟什么是"自我实现"？

对"社会"的阐述不能只限于"社会"本身，而需要在"自然"和"人的发展"的互释中揭示"社会"的本真含义。以往人们总是从两极对立的传统思维方式去思考人、自然和社会三者之间的关系，要么简单地把社会看作对自然的延伸，认为社会与自然具有直接同一性；要么将社会与自然完全对立起来，赋予社会独立实体的意义，而把人与自然的关系剔除出社会。"其实，人与自然关系同样是人类社会的一种基本关系"②，没有这种关系，就无所谓自然，无所谓社会了，自然与社会也就不能称其为自然，称其为社会了。其实人、自然、社会三者本身就具有一种统一的关系，人通过实践活动改造自然在社会中实现自我发展，社会是"作为实现人的活动的组织方式即作为人的存在形式而与自然发生关系的"③。社会作为人的存在方式组织人的实践活动，从而使人从自然分化出来，摆脱自然对人的束缚而把人提升为独立的个人。社会使人和自然分化之后，又使人重返自然，使独立的个人汲取自然的力量并转化为人的力量，"把自然存在纳入自己的存在系统"④。这样，人就通过社会实现人与自然深层的本质性统一。这也就是马克思在《1844年经济学哲学手稿》中的著名论断："社会是人同自然界的完成了的本质的统一，是自然界的真正的复活，是人的实现了的自然主义和自然界的实现了的人

---

① 王福生：《重思〈巴黎手稿〉中的异化概念》，《吉林大学社会科学学报》2014年第2期。
② 陈先达：《马克思和马克思主义》，中国人民大学出版社2016年版，第186—187页。
③ 高清海：《高清海哲学文存》卷二，吉林人民出版社1997年版，第297页。
④ 高清海：《高清海哲学文存》卷二，吉林人民出版社1997年版，第298页。

道主义。"①

关于如何理解"类",马克思和黑格尔、费尔巴哈的理解都不相同,也可以说马克思在一定程度上超越了黑格尔和费尔巴哈对"类"的理解。黑格尔讲"类"是为了处理"类"和"个体"的关系,"类"是一种"普遍理性","个体"是一种"个体理性",人最重要、最切实的目标是实现"个体理性"和"普遍理性"的融合。但黑格尔的"普遍理性"的"类"概念仍然是一种"无人身的理性",仍然沉浸在绝对精神概念的幻想之中。费尔巴哈识破了黑格尔"类"概念的抽象性,主张从"感性"去理解"类",但他的类概念完全是从宗教的上帝本质中引申出来的,所以这使他一方面奋力摆脱抽象地理解人的束缚,另一方面又跌回对人的抽象理解的牢笼,仍然逃不出把人抽象化理解的窠臼。马克思看到必须从人的现实存在中引申出"类","实践观点的思维方式"变革了以往对人的抽象理解的方式,从自由的、自觉的活动去理解人的类本质。人的这种自由的、自觉的实践活动使人从自然中独立出来并构成人与动物的实质不同,人在自己的实践活动中展现和发展自己的类本质。马克思克服了以往对人的本质的抽象化的理解,"用实践思维方式的类思想概括和展示了全面理解人的本质的新思路"②。可能由于历史的原因,还有当时的共产主义运动的历史任务的紧迫,使马克思没有来得及展开"类"。高清海教授沿着马克思的"类"的道路对"类"进行了补充和展开,把马克思所隐含或暗示的关于人的类本质的思想和社会主义思想显现出来,指出"所谓'类'关系,就其本来的含义说,它体现的就是一种人与人、人与自然、人与自身内在统一的一体性关系"③,这正是对马克思"人和自然界之间、人和人之间的矛盾的真正解决"④ 的推进和延伸。

"自我实现"是人所特有的本质。其他生命没有"自我",因为它们和自己的生命活动是直接同一的,所以它们只能按照自己所属的尺度来满足生存,为此它们不能通过自己的生命活动改变自己,而只能使自己

---

① 马克思:《1844 年经济学哲学手稿》,人民出版社 2000 年版,第 83 页。
② 张维久、江山:《论类概念的逻辑合理性——从费尔巴哈到马克思》,《吉林大学社会科学学报》1997 年第 3 期。
③ 高清海:《高清海哲学文存·续编》卷二,黑龙江教育出版社 2004 年版,第 48 页。
④ 马克思:《1844 年经济学哲学手稿》,人民出版社 2000 年版,第 81 页。

适应生活，它们不是自己生命活动的主体，所以不能称为"自我"。"人是类存在物，不仅因为人在实践上和理论上都把类——他自身的类以及其他物的类——当作自己的对象"①，所以人是以他我为中介的同一，人通过汲取他物的能量来充实自己，把他物的力量转化为自我的力量来更好地实现自己。这样可以看出，人的"自我实现"不是从对自我的直接肯定中去实现自我，而是在否定自我中去肯定自我，为此人的"自我实现"就是人的类本质的不断展开的过程。"'类'是人自身建立的以否定为内容的统一性。"② 人与自然、人与社会、人与自身是内在统一的关系，不是直接的统一，而是通过中介实现人的类本质的统一，是以"以物的依赖性为基础的人的独立性"为中介，对"人的依赖性"否定之否定的统一。所以，"人从'人的依赖关系'到'物的依赖性'再到人的'自由个性'确立的发展过程，就是从传统不断地走向现代的过程，其实质也就是人的类本质不断生成、充实、丰富、发展的过程"③，是人的自我实现的过程。在社会主义，每个人都因其类本性的自我意识而自觉为人，个人的存在离不开他人的存在，他人的存在也离不开个人的存在，所以个人的存在与他人的存在互为前提，而人与人之间除了个性的不同外没有其他本质的不同。可见，人的社会发展的变化，就是人的类本质不断展开、实现的过程，是人趋向人的类本质的自我实现的社会主义的过程，最终是要达到人与自然之间、人与人之间、人与自身之间矛盾的真正和解，实现人与自然、人与人、人与自身的本质统一。

三 人的自我实现的哲学理念——人与自然、人与人、人与自身的本质统一

人的自我实现的状态和社会状态是一致的，正如马克思所言"只有在社会中，自然界才是人自己的人的存在的基础"④，"社会是人同自然界的完成了的本质的统一，是自然界的真正复活，是人的实现了的自然主

---

① 马克思：《1844年经济学哲学手稿》，人民出版社2000年版，第56页。
② 高清海：《高清海哲学文存·续编》卷二，黑龙江教育出版社2004年版，第75页。
③ 高清海：《高清海哲学文存·续编》卷二，黑龙江教育出版社2004年版，第75页。
④ 马克思：《1844年经济学哲学手稿》，人民出版社2000年版，第83页。

义和自然界的实现了的人道主义"①。社会主义作为一种人的自我实现的哲学理念，目标是要实现人与自然、人与社会、人与自身的真正的统一，是这种自在存在物、自为存在物和社会存在物的三位一体式的人的类本质的真正实现，是"康德意义上的调节性理念，它是马克思观察和理解人类行为和历史发展的一个视角"②。

在马克思之前，自然、人和社会是一种被表述为史前的人与自然、自然与社会、人与社会的关系，以往人们总是从两极对立的观点看待人、自然与社会之间的关系，马克思开启了人、自然和社会的真正的历史。在马克思之前，人们就人与自然的关系问题，要么按照旧唯物主义的客体原则去强调人与自然的客观性，要么遵循唯心主义的主体原则以主观性为视角去认识人与自然的关系。旧唯物主义力求以自然为视角按照世界的本来面目去认识世界，在一定意义上这是正确的，也是科学的，因为人来自自然，自然先于人存在。但是它没有看到自然是由人参与的自然，人通过实践活动改造着自然，改造着世界，把自然和人二元化的唯物主义必然会陷入形而上学的窠臼。唯心主义强调人的主观能动性，看到人改造着自然，但是没有看到人是在遵循自然规律的前提下去改造自然的。尽管费尔巴哈强调必须从感性的人出发，向前迈出了历史性的一步，但是费尔巴哈不是从感性活动去理解人，而是把人看作感性对象，从而将人的类本质归为自然，又后退了一大步。马克思提出自然先于人存在，人首先是自然存在物，但人的实践活动是人的类本质，把人从自然中提升为主体，而这是为了在更高程度上达到与自然融合的必要前提。

关于自然与社会，人们要么将社会视为自然的延续或翻版，要么从自然与社会对立的角度看待二者的关系。虽然社会是从自然进化中产生出来的，但是社会已经形成了自己的规律，所以不能将二者混同。社会也不是自然的对立物，"自然界已不再是外于社会的存在，而是作为人的生存环境被包括在社会存在的组成之中"③。需要注意的是，不要将"社会"与"社会群体"混淆，这里的"社会"不同于最初的"社会群体"，

---

① 马克思：《1844 年经济学哲学手稿》，人民出版社 2000 年版，第 83 页。
② 王福生：《马克思主义的整体性及其内在结构》，《天津社会科学》2013 年第 6 期。
③ 高清海：《高清海哲学文存》卷二，吉林人民出版社 1997 年版，第 296 页。

"社会群体"是具有自然性的群体,"社会"则不同,"社会"是包括"群性"和"个性"的"类性",也就是"社会性"。人的实践活动将人从自然分化出来形成社会,所以自然与社会关系的关键在于人,"'社会'仅仅是作为实现人的活动的组织方式即作为人的存在形式而与自然发生关系的。"① 社会在将人与自然分化的同时也实现着人与自然的同化,进而实现人与自然的更深层的统一。只有这样理解,而不是从与人无关的视角把社会理解为自然翻版,同时也不是立足于社会与人混同的观点把社会与自然对立,我们才能理解马克思的这一经典却经常被人误解的论断:"社会是人同自然界的完成了的本质的统一,是自然界的真正复活,是人的实现了的自然主义和自然界的实现了的人道主义。"②

关于人与社会,要么将社会看作与人相对立的实体,要么将人视为独立于社会的主体。从古至今,很多人持有社会是独立于人的实体的观点,因为最初在"人的依赖关系"的社会形态中,人只能生活在一定的社会群体之中并通过群体的力量求得生存,人只是社会群体的附属物,没有独立的人格,社会是超越个人的独立实体。而在"以物的依赖性为基础的人的独立性"的社会形态中,人们将个人的独立性绝对化,认为个人是超越于社会的主体。无论是社会实体论还是个人主体论,都是对人和社会的片面理解。马克思说过,个人是社会存在物。马克思以人的类本质的发展为视角,从社会与个人的交互作用考察个人与社会的关系,既强调社会对人的规范作用,不能把人视为脱离社会的自然存在物,又要看到个人的主体性,强调个人的独立的、自主能动性,也就是说个人是社会的主体,社会是人的自我实现的社会组织形式。这样才能说:"人的本质是人的真正的社会联系,所以人在积极实现自己本质的过程中创造、生产人的社会联系、社会本质。"③

由此可见,人、自然、社会是本质性统一的。人和自然的关系是经由社会这一中介建立起来的,人与自然的关系在社会之中成为可能。因此,人与社会的关系同人与自然的关系并不是两条不相交会的轨道。人

---

① 高清海:《高清海哲学文存》卷二,吉林人民出版社1997年版,第297页。
② 马克思:《1844年经济学哲学手稿》,人民出版社2000年版,第83页。
③ 马克思:《1844年经济学哲学手稿》,人民出版社2000年版,第170页。

与自然同人与社会的关系都是通过分化而走向更高的统一的,从一定程度上说,两方面的分化互为条件。一方面,人需要把自己从自然中提升为主体,使人成为独立的个人,从而才能打破人身依附的自然关系,建立起全面的、广泛的社会联系,所以从这个角度来说,人与自然的分化是人与人的分化的前提;另一方面,只有人从群体中分化出来形成独立的个人,人才能自觉地看待人与自然的关系,从而为实现人与自然的更高的统一提供条件。因此,这样看来人与人的分化又是人与自然的分化的条件。社会的发展归根到底是人的发展,所以社会主义是人的类本质的自我实现,是不以私有财产为中介的对人的直接的自我确证,"是那种人与人完成了的本质的统一、人与外部世界完成了的本质的统一、人与自身本质也完成了的本质的统一的存在状态"①,这种本质性的统一不是直接的统一,而是以否定为中介实现的更深层的统一,从而达到人与人、人与自然、人与自身的真正和解。

社会主义是人与人的本质性统一,这就是马克思所谓"完成了的人道主义"。人是类存在物,但人的类性并不是直接表现出来的,而是在人的发展过程中逐渐展开的。人最初因人的依赖性而以群为分,这个时候人的类性掩盖在人的群性下,或者说最初人的类性通过群性逐渐发展。一方面,人依靠群体聚集起来的力量生存,以便促进类本性的发展;另一方面,这个群体又束缚着人的类本性,把人与人按地域和血缘分割成狭小的群体。这种狭小群体对个人的类性限制到极致,人就要走出人身依附的群体,寻求人的独立个性,发展人的类本性。但是人因追逐独立的个性而造成人与人之间的异化,人虽然摆脱了人的依赖性的限制,却又落入了物的依赖性的牢笼。所以人需要返回社会,人不是一种可以脱离社会的抽象存在,人是生活在社会之中的人,社会是人所生活的社会,人与社会终究是一种本质性的统一关系。在独立的个人基础上向自由个性阶段发展,消解人在非神圣形象中的自我异化,把人的独立个性提升为自由个性,充分实现和发展人的类本质。只有充分实现人的类本质,才能使人自觉地把他人纳入自己的类本质,以他我实现自我的发展,实现人与人的本质性统一。

---

① 高清海:《高清海哲学文存》卷二,吉林人民出版社1997年版,第353页。

社会主义是人与自然的本质性统一，这就是马克思所谓"完成了的自然主义"。在马克思之前，费尔巴哈虽然已经强调了人与自然的统一，克服了唯心主义的缺陷，但他最终却又失落了唯心主义在主体性问题上取得的成就，把人的类本质归于自然，使现实的人与自然的关系变成了自然人与自然的关系。但是按照马克思的理解，人是类存在物，自由的、自觉的实践活动是人的类本质。"人直接地是自然存在物"①，人来自自然。一方面，"人作为自然的、肉体的、感性的、对象性的存在物，同植物一样，是受动的、受制约的和受限制的存在物"②，人对自然具有依赖性，同时这种依赖性又束缚着人的发展。另一方面，"人具有自然力、生命力，是能动的自然存在物"③，所以人通过人的实践活动要走出自然，摆脱人对自然的依赖性，使人成为现实的、独立的个人，从而获得人的独立性。但获得独立性的人要想进一步发展自己的独立性，又不得不重返自然，这种复归不是简单的回归，而是否定之否定的回归，只有这样才能达到人与自然的深层的本质性统一。从某种意义上说，人与人的本质统一使人与自然的本质统一得以可能。虽然人需要从自然中分化出来成为独立的个人，但是人与人的对立势必会造成人与自然的对立，人就会从与自然统一走向征服自然、掠夺自然的道路。人与人的本质统一会改变人与自然的关系，使人关怀自然、呵护自然，从而在更高程度上实现人与自然的本质性统一。

社会主义是人与自身的本质性统一。人与自身的发展是建立在人与人、人与自然的本质统一的基础上的，人自身通过人与人、人与自然的发展不断完善自己，实现和展开自己的类本质，不断自我实现和自我超越。这时，人的自我已经不再从属于社会，而是摆脱了"超越个体之上、存在个人之外的那种实体大我"④，同时也跳出了"彼此孤立、相互分裂的单子式存在的小我"⑤，是集"大我"和"小我"于一体的"类我"，从而使人与人之间不同只是个性的差异，而不是人格的不平等。人与自

---

① 马克思：《1844年经济学哲学手稿》，人民出版社2000年版，第105页。
② 马克思：《1844年经济学哲学手稿》，人民出版社2000年版，第105页。
③ 马克思：《1844年经济学哲学手稿》，人民出版社2000年版，第105页。
④ 高清海：《高清海哲学文存》卷二，吉林人民出版社1997年版，第354页。
⑤ 高清海：《高清海哲学文存》卷二，吉林人民出版社1997年版，第354—355页。

身同人与人、人与自然互为发展条件：一方面，只有在人与人、人与自然的本质统一中，才能使每一个人都全面占有人的本质成为可能；另一方面，只有在每一个人都全面占有人的类本质时，才能在更高的水平上实现人与人、人与自然的本质统一。所以社会主义是人的类本质的自我实现，是人与人、人与自然、人与自身的否定性统一。

职是之故，社会主义不是苏联所建立的社会主义社会，我们不能将苏联所经历的一切厄运都归罪于马克思，原因并不在于马克思的社会主义有错，而在于对其如何理解和运用。以错误的理论依据为基础的社会主义实践必定是对社会主义的扭曲和变形，所以必须破除传统的思维方式，立足"实践观点的思维方式"和"现实的独立的个人"双重前提，从马克思的本真立场阐述社会主义。从人的类本性这一视角去理解社会的发展，既为作为理念的社会主义提供了人性的深层根据，也为作为理念的社会主义的实现创立了具体的和现实的理论路径。正是因为作为理念的社会主义是人的自我实现的哲学理念，对此我们无法拒斥，"试图将我们过去体制的一切缺陷都归罪于这一思想本身，在我看来是难以令人信服的。仍然需要对这些思想加以利用"①。从这个意义上来说，今天更需要柯亨这样的学者为社会主义理念辩护，坚定社会主义信念。

第二节 作为实存的共产主义②

东欧剧变，苏联解体，人们认为倒塌的不仅仅是柏林墙，还有马克思主义理论，一时间社会主义终结、共产主义终结、马克思主义理论终结的三终结理论甚嚣尘上。罗尔斯的资本主义的改良秩序增加了资本主义的信心，诺齐克的持有正义理论又给社会主义、共产主义理论致命一击，新自由主义的飓风席卷全球。但新自由主义并没有解决资本主义的矛盾，这样，如何走出自由主义的包围，超越现存的社会主义秩序就萦绕在人们心头，成为思想家们冥思苦想的重要课题。在这样的时代背景

---

① [俄] B. M. 梅茹耶夫：《我理解的马克思》，林艳海、张静译，人民出版社2013年版，第70页。

② 此章节有部分内容已发表。

下，西方激进左派提出了"拒斥社会主义、重回共产主义"的口号。致力于新社会秩序的探索是这些左派代表的共同之处，但他们对共产主义的理解又莫衷一是：阿兰·巴迪欧提出"共产主义假设"，视共产主义为康德意义上的调节性理念；斯拉热沃·齐泽克从现实的运动方面考察共产主义；迈克尔·哈特和安东尼奥·奈格里把共产主义理解为历史发展中的社会形态。他们对共产主义的理解都是各执一词，殊不知把这些方面统一于一体才是共产主义的本来面貌。马克思共产主义的卓越之处恰恰就体现为将这些方面统一为一个整体，共产主义是一个集思想、运动和社会形态三者于一体的三棱镜，单从任何一个镜面看共产主义都是对共产主义的片面理解，只有立足于整体的视角才能把握共产主义的真正意蕴。而之所以对共产主义进行讨论，是因为只有明晰马克思共产主义的本真意蕴，我们才能说明马克思社会主义与共产主义的一体关系，揭示科学社会主义的真正内涵。

一 作为思想的共产主义

在《〈黑格尔法哲学批判〉导言》中，马克思说"理论只要说服人，就能掌握群众；而理论只要彻底，就能说服人"[1]。可见，没有作为理论的共产主义指引，作为现实的共产主义运动就没有说服力。《共产主义原理》开篇就对共产主义进行了定义："共产主义是关于无产阶级解放的条件的学说。"[2] 革命运动的实现不会像耶稣创世一样神奇，无产阶级的解放运动必然需要一定的历史的现实的条件。《德意志意识形态》中有一段引用颇高的话："共产主义对我们来说不是应当确立的状况，不是现实应当与之相适应的理想。我们所称为共产主义的是那种消灭现存状况的现实的运动。"[3] 以往我们的关注点都集中在这段话，却总是忽略这段后面还有一句，而这一句其实也很重要，"这个运动的条件是由现有的前提产生的"[4]。这里马克思清楚地向我们展示了要想实现共产主义运动必须具

---

[1] 《马克思恩格斯选集》第1卷，人民出版社2012年版，第9—10页。
[2] 《马克思恩格斯选集》第1卷，人民出版社2012年版，第295页。
[3] 马克思、恩格斯：《德意志意识形态》（节选本），人民出版社2003年版，第31页。
[4] 马克思、恩格斯：《德意志意识形态》（节选本），人民出版社2003年版，第31页。

有共产主义运动得以产生的条件，思想上的共产主义为运动上的共产主义确立了条件；政治经济学批判确立无产阶级得以解放的客观条件；革命主体的建构是无产阶级得以解放的主观条件；对各种错误的社会主义思潮、共产主义思潮的意识形态的批判构成无产阶级解放的第三个条件。

马克思在《资本论》及其手稿中极其清晰地描述了无产阶级得以解放的客观条件，也就是资本主义生产方式产生的历史及其因它内在矛盾的发展而走向自我崩溃与瓦解的逻辑。在《1844年经济学哲学手稿》中，通过对私有财产与异化劳动的解剖，马克思揭示了在资本主义条件下，人所处的非人的异化状态，指出劳动和资本的对立达到极致，必然会引起整个生产关系的崩溃，从而为实现以扬弃私有财产为中介的共产主义运动提供条件。在《政治经济学批判（1857—1858手稿）》中，马克思指出资本主义越发展，它就越束缚生产和消费的发展，当人们意识到产生这种束缚的根本在于资本自身时，人们便会反过来消灭资本。在《政治经济学批判（1861—1863手稿）》中，马克思在对古典政治经济学的继承和批判中揭示，要想探究剩余价值的秘密必须立足于剩余价值的纯粹形态才能实现，在对亚当·斯密和大卫·李嘉图等古典经济学家理论的考察中，完善了价值理论和剩余价值理论，为《资本论》的创作奠定了雄厚的基础。

马克思通过《资本论》揭示了资本主义的矛盾是它内在增殖的欲望孕育出来的，打破了资本主义绝对的、永恒的神话，阐明了资本主义历史的必然性和暂时性，指出资本主义终将被下一个更文明的阶段所代替。G—W—G 到 G—G' 的变化表明资本主义的危机已经不再是生产过剩的危机，而是金融资本的危机。G—W—G 到 G—G' 改变的不只是形式，而且是使金融资本和产业资本的双向依赖，转为金融资本可以不依托产业资本但产业资本依然需要依附于金融资本的单向依赖，这就使人在"非神圣形象中自我异化"达到极致，但是这种异化的极致又为消除这种异化提供了客观条件。我们不能用"抽象的否定"来评判马克思对资本主义的批判，马克思对资本主义的批判"是包含肯定的否定，是真正的辩证否定"①。马克思的睿智之处在于他不仅看到资本的"吸血鬼"的否定一面，而且看到资本文明的肯定作用。在《1844年经济学哲学手稿》中，马克思高度赞扬了资本的积极作用，"资产阶级在它的不到一百年的阶级统治中所创造的生产力，比过去一切世代创造的全部生产力还要多，还要大"②。所以，资本主义一方面的的确确吞噬了工人的剩余价值，使人在"非神圣形象中的自我异化"达到极致，但另一方面，它毕竟使人从"神圣形象的自我异化"中走了出来，超越了前资本主义的任何一个时代。恰恰由于资本主义创造了无与伦比的生产力，才能使解放何以可能成为可能，为无产阶级解放、人类的解放创造经济条件或客观条件，为消解人在"非神圣形象中的自我异化"提供了经济保障。

这种思想的共产主义要想在现实中实现，不能只有革命的客观条件，还得有革命的主观条件，构建革命主体确立了无产阶级得以解放的主观条件。当今很多后马克思主义者认为阶级概念遇到了一个"后"时代，他们无非想表达"这个时代已经与马克思所指认的那个阶级对立日趋尖锐化的资本主义发展早期远远不同了"③，无产阶级正在解体，或者已经解体，革命主体不存在了，伴随着柏林墙倒塌的还有社会主义或共产主义。所以，一些西方学者试图重新建构新的革命主体，例如奈格里、哈特诉诸"诸众"，拉克劳、墨菲寄希望于"边缘群体"，柄谷行人认为革命主体应转换为"消费者"。事实上，这些都是对马克思革命主体理论的误解，因为马克思没有在任何文本中说过无产阶级已经形成了，那么没有形成，何谈解体？工厂里的工人并不直接就是马克思所谓无产阶级，革命的首要任务是将无产者提升为无产阶级，《共产党宣言》有段话说得很清楚，"共产党人的最近目的是和其他一切无产阶级政党的最近目的一样的：使无产阶级形成为阶级"④。因此，在马克思那儿，无产阶级不是对构建革命主体的回答，不是解决问题的答案，而仅仅是提出了问题而

---

① 白刚：《瓦解资本的逻辑——马克思辩证法的批判本质》，中国社会科学出版社2009年版，第126页。

② 马克思、恩格斯：《共产党宣言》，人民出版社1997年版，第32页。

③ 孙亮：《重审马克思的"阶级"概念——基于政治哲学解读的尝试》，江苏人民出版社2016年版，第106页。

④ 马克思、恩格斯：《共产党宣言》，人民出版社1997年版，第40—41页。

已,是给共产党人提出的艰巨任务。

对马克思阶级理论的另一个诘难是马克思阶级理论的未完成和阶级概念的不确定。按照卢卡奇的观点,马克思在《资本论》中阶级理论的未完成,对无产阶级的理论和实践无疑是"灾难"性的。雷蒙·阿隆指出要分析马克思的阶级概念,"我们面对的是一种很独特的情况,一个学说中最重要的概念却相对地不确定"①。其实,当我们返回到马克思的经典文本中,就可以发现即使马克思没有为阶级理论以及无产阶级理论撰写专著,但是马克思在《神圣家族》《德意志意识形态》《共产党宣言》《1848 至 1850 年的法兰西阶级斗争》《路易·波拿巴雾月十八日》《法兰西内战》《马克思致约瑟夫·魏德迈》等文本中对阶级理论和无产阶级革命主体理论都做过清晰的论述。问题的关键在于我们事先假定了工场里的工人就是马克思所谓无产阶级,从而遮蔽了马克思阶级理论和革命主体理论的光辉。

其实,在马克思那里,无产阶级有"自在的无产阶级"和"自为的无产阶级"之分。以生产地位来界定阶级,从而将不占有生产资料但为了获取生产资料而不得不出卖劳动力的阶级定义为无产阶级,这就是马克思自在层面的无产阶级,对应于现实生活中的工人阶级。但这并不直接就是"自为的无产阶级",在《哲学的贫困》中,马克思明确指出"这批人对资本说来已经形成一个阶级,但还不是自为的阶级"②。在《共产党宣言》中,马克思指出把自在的无产阶级提升为自为的无产阶级是共产党的任务,而是否具有无产阶级意识是评判自为的无产阶级的关键。第一,无产阶级意识的形成需要具有一定的组织形式——共产党。第二,意识到自己所处的社会现实状况、位于的阶级地位和肩负的历史使命是无产阶级意识所必不可少的。第三,必须在革命斗争中使无产阶级形成革命意识。第四,"自为的无产阶级"必须具有世界性、普遍性、历史性。第五,无产阶级作为代表者必须与被代表者具有阶级利益的一致性。接着,又进一步强调共产党作为无产阶级组织的政治形式的重要

---

① [法]雷蒙·阿隆:《阶级斗争——工业社会新讲》,周以光译,译林出版社 2003 年版,第 14 页。

② 《马克思恩格斯选集》第 1 卷,人民出版社 2012 年版,第 274 页。

性。自在的无产阶级需要在共产党人的带领下获得无产阶级意识，没有共产党组织，没有形成无产阶级革命意识，就不能建构出无产阶级。自在的无产阶级和自为的无产阶级的统一才是马克思无产阶级概念的真实意蕴。"自为的无产阶级"是一种建构性的理念，"自在的无产阶级"具有一种经现实性的事实，马克思真正做到了理论与实践的统一，从而使无产阶级理论不至于沦为形而上的理论空想，也不至于止于形而下的经验建构。

无产阶级解放的第三个条件是意识形态的批判。马克思对意识形态的批判贯穿整个共产主义过程之中，只有对占统治地位的意识形态进行清算，才能使无产阶级保持清醒的头脑，坚定共产主义的革命信仰。马克思在对德国古典哲学意识形态的批判和当时流行的形形色色的共产主义和社会主义思潮清算的双重视域中，为无产阶级解放扫清思想的障碍。一方面，马克思对德国古典哲学的意识形态进行清理。通过《黑格尔法哲学批判》《1844年经济学哲学手稿》《神圣家族》《德意志意识形态》等文本，马克思指责德国古典哲学以抽象的观念为立足点，而不是从现实的物质生活出发，因而是从"天国降到人间"。马克思对黑格尔抽象思辨的唯心史观进行批判，对青年黑格尔派对"精神"和"物质"对立的批判，对费尔巴哈从感性的直观的批判，揭示出以现实的物质实践生活为出发点，考察现实的历史的人的感性实践活动，从而为无产阶级解放运动的实现提供可能性。

另一方面，对当时流行的各种形形色色的共产主义和社会主义思潮，马克思进行了总的清算。在《德意志意识形态》中，马克思对"真正的社会主义"做了初步的清算，指出这种社会主义是将德国哲学前提与英、法某些共产主义思想的杂糅，从而把理论与实践割裂开来。在《共产党宣言》里，马克思用幽默讽刺的口吻对反动的社会主义中的以英、法贵族为代表的封建社会主义进行了批判，指出他们以挽歌、谤文、恫吓和俏皮而尖刻的评论等手段攻击资产阶级，仍然带有封建的烙印，同时马克思对他们背信弃义地对工人采取暴力手段嗤之以鼻；对反动的社会主义中的小资产阶级的社会主义，马克思独具慧眼地指出他们的反动和空想，批判他们妄想恢复旧的所有制关系和旧的社会关系，而不是通过革命建立新的所有制关系和新的社会关系；对反动的社会主义中的德国的真正的社会主义，马克思进一步指出他们阉割了英、法社会主义和共产主义思想的科学成分。马克思对资产阶级中提倡通过改良手段去改变生产关系的保守的或资产阶级的社会主义表示愤慨，指责他们卑鄙无耻地将自己封为无产阶级利益的代言人。对于批判的空想的社会主义和共产主义洞察到了阶级对立和资本主义的瓦解的因素，马克思给予了极大的赞扬，但对他们只看到无产阶级的消极力量，而没有看到无产阶级积极的主动的革命力量给予了批判，斥责他们对未来做的详细计划终将陷入空想。正是在对这些占主导地位的德意志意识形态和流行的共产主义、社会主义思潮的清算中，马克思揭示出以无产阶级为革命主体，通过革命的手段推翻旧的所有制关系和社会关系，在对资本主义社会的批判中寻找通往共产主义和社会主义的可行路径，把人和人的世界归还给人本身。

二 作为运动的共产主义

"人应该在实践中证明自己思维的真理性，即自己思维的现实性和力量，自己思维的此岸性"①，所以共产主义的思想需要在共产主义的运动中证明自己的现实性和力量，只有将这种思想以运动的实践方式展现出来，才能使思维的彼岸性变成现实的此岸性。这种共产主义运动是历史性的，因此这种在思想的共产主义指导下的共产主义的运动，必须历经漫长的痛苦和磨难才能熠熠生辉。《德意志意识形态》极其鲜明地阐述了作为运动的共产主义："共产主义是用实际手段来追求实际目的的最实际的运动。"② 所谓"实际手段"就是革命，这种"实际目的"就是无产阶级的解放及人类的解放，所以共产主义运动就是以革命为手段进行无产阶级及其人类解放的运动，而"实现人类解放的共产主义是一个'否定性'的过程，一个'消灭现存状况'、'实际地反对和改变事物的现状'的过程"③。《共产党宣言》揭示了这种共产主义运动与以往运动的不同之处在于"过去的一切运动都是少数人的或者为少数人谋利益的运动。

---

① 《马克思恩格斯选集》第 1 卷，人民出版社 2012 年版，第 134 页。
② 马克思、恩格斯：《德意志意识形态》（节选本），人民出版社 2003 年版，第 91 页。
③ 孙正聿：《解放何以可能——马克思的本体论革命》，《学术月刊》2002 年第 9 期。

无产阶级的运动是绝大多数人的、为绝大多数人谋利益的独立的运动"①。恩格斯在《共产主义者和卡尔·海因岑》也明确提出:"共产主义不是教义,而是运动。"② "光是思想力求成为现实是不够的,现实本身应当力求趋向思想。"③ 可见,只有思想的共产主义是不够的,在思想的共产主义的指引下,还应当有现实的共产主义运动,马克思的伟大之处就在于把共产主义思想和共产主义运动统一起来,真正体现了理论和实践的统一。

这种共产主义运动是扬弃私有财产的现实运动。在《1844年经济学哲学手稿》中,马克思明确指出:"要扬弃私有财产的思想,有思想上的共产主义就完全够了。而要扬弃现实的私有财产,则必须有现实的共产主义行动。"④ 在马克思看来,被人创造出来的私有财产反过来支配人,所以"私人所有的最大罪恶是将'人的本质'异化"⑤。从根本上说,扬弃私有财产的共产主义的目的是扬弃人的自我异化,因而复归人的本质是共产主义的最终使命。扬弃私有财产的这种共产主义运动,马克思在《1844年经济学哲学手稿》中阐释得很详细,从三种扬弃私有财产的共产主义形式揭示了这种共产主义运动的真正内涵,但是以往的研究大都将前两种形式看作对共产主义不成熟的论述而否定掉,仅仅从第三种形式解释共产主义,即"共产主义是私有财产即人的自我异化的积极的扬弃,因而是通过人并且为了人而对人的本质的真正占有;因此,它是人向自身、向社会的即合乎人性的人的复归,这种复归是完全的,自觉的和在以往发展的全部财富的范围内生成的。这种共产主义,作为完成了的自然主义=人道主义,而作为完成了的人道主义=自然主义,它是人和自然界之间、人和人之间的矛盾的真正解决,是存在和本质、对象化和自我确证、自由和必然、个体和类之间的斗争的真正解决。它是历史之谜的解答,而且知道自己就是这种解答"⑥。因此,我们不得不追问,马克思对前两种形式真的只是简单的批评和否定吗?这三种形式是相对独立

---

① 马克思、恩格斯:《共产党宣言》,人民出版社1997年版,第38—39页。
② 《马克思恩格斯选集》第1卷,人民出版社2012年版,第291页。
③ 《马克思恩格斯选集》第1卷,人民出版社2012年版,第11页。
④ 马克思:《1844年经济学哲学手稿》,人民出版社2000年版,第128页。
⑤ 韩立新:《〈1844年经济学哲学手稿〉研究》,北京师范大学出版社2014年版,第412页。
⑥ 马克思:《1844年经济学哲学手稿》,人民出版社2000年版,第81页。

的历史形式吗？共产主义的第三种形式是最终的终结形式吗？

共产主义的最初形式是通过私有财产的普遍化来实现私有财产的运动，它不是直接废除私有财产，而是首先将私有财产彻底化、平均化、普遍化。这样的共产主义否定人的个性，是粗陋的共产主义。但是我们不能因为它是粗陋的就否定它，因为废除私有财产的第一步首先且必须是私有财产的普遍化，这一点马克思在《1844年经济学哲学手稿》中有过很经典的描述："最后，共产主义是扬弃了的私有财产的积极表现；起先它是作为普遍的私有财产出现的。"① 可见，共产主义必须在经历了最初的私有财产普遍化的阶段才能达到扬弃私有财产的最终目的。共产主义的完成和人的本质的复归需要一个过程，这种最初形式就是共产主义的完成和扬弃私有财产的必然形式之一。马克思确实对这种最初的形式给以批评："粗陋的共产主义，不过是想把自己设定为积极的共同体的私有财产的卑鄙性的一种表现形式。"② 但是，马克思的批评绝不意味着可以舍弃它，直接通达到共产主义的最后完成形式，因为"这种复归是完全的，自觉的和在以往发展的全部财富的范围内生成的"③。所以真正实现私有财产的扬弃，首先只能使私有财产普遍化，"以往发展的全部财富"是人的类本质复归的前提。从这个角度说，这种粗陋的扬弃私有财产的共产主义运动恰恰是实现最后形式的第一步和必经环节。

共产主义的第二种形式，即具有政治性质的、民主的或专制的和废除国家的。我们通常因为马克思对它们的批评而把它们视为一种必须加以否定的形式，即"它还没有理解私有财产的积极的本质，也还不了解需要所具有的人的本性，所以它还受私有财产的束缚和感染"④，还没有达到对私有财产本质的深入理解，还停留在对私有财产概念的理解。但马克思又强调："这两种形式的共产主义都已经认识到自己是人向自身的还原或复归，是人的自我异化的扬弃。"⑤ 因此，马克思的本意应该是主张在它们的基础上进一步发展，而不是把它们舍弃掉。共产主义必定是

---

① 马克思：《1844年经济学哲学手稿》，人民出版社2000年版，第78页。
② 马克思：《1844年经济学哲学手稿》，人民出版社2000年版，第80—81页。
③ 马克思：《1844年经济学哲学手稿》，人民出版社2000年版，第81页。
④ 马克思：《1844年经济学哲学手稿》，人民出版社2000年版，第81页。
⑤ 马克思：《1844年经济学哲学手稿》，人民出版社2000年版，第81页。

经济的、政治的和思想文化的全方面的发展,如果我们把共产主义的最初形式看作共产主义的经济的完成,那我们可以把这看作共产主义政治形式的完成。共产主义必须具有一定的政治形式,是民主的或者专制的,具体是哪一种形式要看革命运动的具体情况。《黑格尔法哲学批判》中马克思就肯定这种政治形式必须是民主的,列宁领导苏维埃革命运动胜利后提出的是无产阶级专政,毛泽东同志在新中国成立时则提出人民民主专政。关于国家的废除,马克思在《哥达纲领批判》中有所体现:无产阶级专政作为一个过渡的形式,之后形成共产主义的国家制度,进而才有国家的不断消亡的过程。所以,废除国家的形式也与《哥达纲领批判》交相辉映,如果舍弃了这个环节,那该如何理解《哥达纲领批判》?这样看来,马克思的逻辑非常清晰,马克思批评的是将共产主义视为相对独立的某个历史形式的观点,把这个形式看作纯粹的共产主义但却不继续向前发展的观点。

共产主义要实现扬弃私有财产的运动是一个过程,对人的本质的真正的占有必然要经过各个环节,最终不是舍弃各个环节直接通达到最后环节,而是要经历并超越各个环节,从而走向最终的形式,即"共产主义是私有财产即人的自我异化的积极的扬弃,因而是通过人并且为了人而对人的本质的真正占有;因此,它是人向自身、向社会的即合乎人性的人的复归,这种复归是完全的,自觉的和在以往发展的全部财富的范围内生成的"[①]。什么是"私有财产的积极的扬弃"?是说对私有财产的扬弃并不是对私有财产带来的积极成果的取消,而恰恰是利用这些积极成果来实现对私有财产的扬弃,这种扬弃私有财产的共产主义运动,最终是要实现人的类本质的真正复归,使人从资本主义的异化状态中解放出来。什么是"以全面的方式"实现"对总体的人的本质的真正的占有"?这种占有是双重的,从自然方面说,这种占有体现为人的直接的片面的享受,但仅有这方面是不够的,不全面的,还需从社会方面来理解,这种占有是人的社会活动和社会享受。只有对这两方面的占有,才是"全面的真正的占有",只有从这两方面进行考察,才称得上是"对总体的人的本质的真正的占有"。共产主义运动的发展必须是经济的、政治的

---

① 马克思:《1844年经济学哲学手稿》,人民出版社2000年版,第81页。

和思想文化的全方位发展，而不是一步就能直接通达到私有财产的积极扬弃以及实现人的本质的真正占有和复归。

这种共产主义运动是理论与实践相结合的运动。《〈黑格尔法哲学批判〉导言》中有两段引用频率很高的话，这两段话通常被分开来理解，但当把它们合在一起时，我们就会发现在其中马克思已经蕴含了共产主义运动是理论与实践相统一的运动的认识。"批判的武器当然不能代替武器的批判，物质力量只能用物质力量来摧毁；但是理论一经掌握群众，也会变成物质力量。"[①]"哲学把无产阶级当做自己的物质武器，同样，无产阶级也把哲学当做自己的精神武器。"[②] 可以说，"哲学"就是这种"批判的武器"，就是这种说服人的"理论"和"精神"的力量，"无产阶级"就是所谓"武器的批判""物质的力量"，"哲学"与"无产阶级"的结合，就是革命理论和革命实践的结合，就是"解放的头脑"和"解放的心脏"的结合，就是这种共产主义解放的理论和解放的运动的结合。由此可见，共产主义理论为共产主义运动的展开提供了条件，而共产主义理论在共产主义运动中不断地丰富和完善，二者结合就是马克思的理论和实践的统一，也只有二者的结合才能使共产主义落实到现实的社会形态成为可能。

三 作为社会形态的共产主义

共产主义社会是在共产主义理论指导下的共产主义运动实现后，落实为现实的共产主义的社会形态。代替资本主义社会的社会形态是共产主义社会，对此马克思从未含糊，从未模棱两可："我们这里所说的是这样的共产主义社会，它不是在它自身基础上已经发展了的，恰好相反，是刚刚从资本主义社会中产生出来的。"[③] 马克思这里的表述实际还隐含着，共产主义社会是在汲取资本主义一切文明成果的基础上发展起来的，同时也不免还会沾染着暂时无法摆脱的资本主义社会的弊病。关于共产主义社会，马克思在《哥达纲领批判》中做了细致的描述，区分了共产

---

① 《马克思恩格斯选集》第1卷，人民出版社2012年版，第9—10页。
② 《马克思恩格斯选集》第1卷，人民出版社2012年版，第16页。
③ 《马克思恩格斯选集》第3卷，人民出版社2012年版，第363页。

主义社会的两个阶段：共产主义社会的第一阶段和共产主义社会的高级阶段。

之所以称之为"共产主义的第一阶段"，就在于它的各方面不可能是很完善的，不可避免地还残留着资本主义的印记。共产主义的第一阶段已经不再是人剥削人的现象，因为衡量分配的标准是劳动，这就取消了资本家阶级和工人阶级的阶级对立，每个人的身份都是平等的劳动者。但是共产主义社会的第一阶段还不能完全清除资本主义的印记，因为这个阶段还处于两个社会的转变期，因此这个期间的平等还不能做到完全的平等。因为平等必须得有一个尺度来衡量，而共产主义的第一阶段的经济发展还刚刚起步，这个时候只能满足按劳分配的原则，所以衡量这个时期平等的同一标尺只能是劳动。但因为每个人的体力和智力不同，所以同一时间就会产生不同量的劳动量，这种平等的权利因其允许个人天赋和能力的不平等而产生不平等，"总还是被限制在一个资产阶级的框框里"①。这种按劳分配的原则还是不能确保完全的平等，是权利平等下的事实的不平等，但是我们必须认识到，这些弊病都是共产主义初级阶段难以跨越的。

共产主义社会的高级阶段，第一，人将不再是片面发展的人，任何人都不再局限于特殊的活动范围。人可以不再只是一个猎人、渔夫或牧人，或者只是一个批判的批判者，人可以既是猎人、渔夫和牧人，又是批判的批判者，这就是马克思在《德意志意识形态》中描绘的美好的共产主义画面："在共产主义社会里，任何人都没有特殊的活动范围，而是都可以在任何部门内发展，社会调节着整个生产，因而使我有可能随自己的兴趣今天干这事，明天干那事，上午打猎，下午捕鱼，傍晚从事畜牧，晚饭后从事批判，这样就不会使我老是一个猎人、渔夫、牧人或批判者。"② 第二，"劳动已经不仅仅是谋生的手段，而且本身成了生活的第一需要"③，劳动是为了创造使用价值而不是剩余价值的劳动，劳动不再仅仅是谋生的手段，也不是异化劳动，而是自己的类本质的生命活动，

---

① 《马克思恩格斯选集》第3卷，人民出版社2012年版，第364页。
② 马克思、恩格斯：《德意志意识形态》（节选本），人民出版社2003年版，第29页。
③ 《马克思恩格斯选集》第3卷，人民出版社2012年版，第365页。

人们不会再在劳动中感到不幸和痛苦，而是会在劳动中获得享受。第三，生产力已经全面发展，社会财富的丰富允许我们可以不再按劳分配，而是按需分配。第四，伴随着物质财富的极大丰富的是精神财富的极大富足，社会关系和谐融洽。第五是自由个性充分发展，也就是《共产党宣言》中所说的"自由人联合体"，即"代替那存在着阶级和阶级对立的资产阶级旧社会的，将是这样一个联合体，在那里，每个人的自由发展是一切人的自由发展的条件"①，也就是《政治经济学批判（1857—1858手稿）》中人的历史发展三大形态中的第三大形态——自由个性阶段。

  这里还必须说明我们不能给共产主义社会贴上完满的终极社会的标签。资本主义社会是对封建社会的否定，而共产主义社会是对资本主义社会的否定，"因此，它是人的解放和复原的一个现实的、对下一段历史发展来说是必然的环节"②。恩格斯也明确指出必须破除共产主义社会是终极社会之说，"历史同认识一样，永远不会在人类的一种完美的理想状态中最终结束；完美的社会、完美的'国家'是只有在幻想中才能存在的东西"③。我们通常总是引用"在批判旧世界中发现新世界"这句话，但是并没有关注对"旧世界"和"新世界"的考察，马克思在这里使用的"旧世界"就是资本主义社会，"新世界"就是共产主义社会，这表明马克思一直都是在批判资本主义社会中描绘共产主义社会。由此可见，共产主义社会就是取代资本主义的新的社会形态，但是在共产主义社会之后，仍然会有新的更高的共产主义社会取而代之，因为"共产主义本身并不是人的发展的目标，并不是人的社会的形式"④。正因为共产主义社会是以对私有财产的否定为中介，而不是直接从自身开始的真正的肯定，所以共产主义之后的阶段将不再从私有财产出发，不再需要中介，而是从人自身开始的真正的肯定，是人的类本质的充分实现。为此，我们不能将共产主义刻上完满的终极社会、乌托邦、罗素意义上的"拜占庭式的静止状态"的标签。

---

  ① 马克思、恩格斯：《共产党宣言》，人民出版社1997年版，第50页。
  ② 马克思：《1844年经济学哲学手稿》，人民出版社2000年版，第93页。
  ③ 《马克思恩格斯选集》第4卷，人民出版社2012年版，第223页。
  ④ 马克思：《1844年经济学哲学手稿》，人民出版社2000年版，第93页。

综上所述，共产主义运动是共产主义的核心，但是这种共产主义运动需要有共产主义思想的指导才能以实践的方式展开，而这种共产主义运动要想在现实中得以展开又不得不以共产主义社会的样貌来加以呈现。三重意蕴统一起来才是马克思共产主义的本真意蕴：作为思想的共产主义凝聚着马克思对人类社会的深切反思；作为运动的共产主义展现了马克思对资本主义社会的深层批判；作为社会形态的共产主义形成了马克思对"人类解放何以可能"的现实回答。任何试图从单一方面阐述共产主义都是对马克思共产主义思想光辉的遮蔽。

第三节 马克思主义：理念和实存的统一

面对柯亨对社会主义理念的辩护和对共产主义道路的探索，面对西方激进左翼学者"拒斥社会主义，重回共产主义"的口号，我们更应该反思的是社会主义和共产主义的关系。对社会主义和共产主义关系的考察是我们研究马克思主义的题中之义，也为我们研究柯亨乃至评判众多马克思主义派别对马克思主义的发展与误解提供了标准与参照，我们可以以此评判柯亨究竟在哪些方面对马克思主义有所推进，又在哪些地方对马克思主义有所误解。

首先，在《1844年经济学哲学手稿》中，社会主义与共产主义是不同的，以运动为核心的共产主义是社会主义的中介。社会主义作为一种理念是马克思一生的理想追求，国外学者阿达米亚就认为"马克思社会理想中的未来社会不应该被看做共产主义社会，而是有更高的追求目标"①。国内学者孙伯鍨教授、刘同舫教授、赵家祥教授和高放教授都认为在《1844年经济学哲学手稿》中，马克思把共产主义视为社会主义的一个中介，社会主义是马克思的理想目标。孙伯鍨教授指出，"在这部《手稿》中，马克思把'社会主义'看作历史发展的最高形式，而共产主

---

① 薛俊强：《恩格斯〈社会主义从空想到科学的发展〉研究读本》，中央编译出版社2013年版，第69页。

义作为对私有财产的扬弃则是达到社会主义的必然环节"①。陈晓斌、刘同舫教授在《马克思早期共产主义的构思逻辑——对〈1844年经济学哲学手稿〉"私有财产和共产主义"一节的解读》中指出,"在《1844年经济学哲学手稿》中,'社会主义'并不是指一种必然走向共产主义社会的社会形态,恰恰相反,'共产主义'是走向'社会主义'的'必然的形式'和'有效的原则'。'社会主义'在《1844年经济学哲学手稿》中指的是以'社会化人类'为目标的社会形态,它是私人与公民的结合,是个体与社会的融合,类似于马克思在《关于费尔巴哈的提纲》中所提出的'新唯物主义'立脚点的'人类社会或社会的人类'"②,而"共产主义是一种扬弃人的自我异化的解放运动,即便超越了过去与现存的异化秩序,它本身也'并不是人类发展的目标,并不是人类社会的形态',因为终极的发展目标将是进入'社会主义'的'整全'视域和状态,成为'社会主义'的人、成为'完善的个人'"③。赵家祥教授指出马克思在这里"把共产主义看作是一种运动,是实现社会主义的一个必经的环节"④。高放教授认为马克思的本意是"未来社会的发展将经历两个阶段,即作为'最近将来的'共产主义阶段和'下一段历史发展的'社会主义阶段"⑤。马克思为什么在这里会把共产主义视为社会主义实现的必然环节?高放教授将这一问题视为必须予以准确解释的深层次的历史难题,在他看来,问题的关键在于如何理解"社会"。

其实,马克思并不只是在《1844年经济学哲学手稿》中将社会主义视为一种理念,这是马克思一直都想说清楚的东西,只不过在《1844年经济学哲学手稿》中体现得最为清晰。所以应该更进一步说,问题的症结在于如何理解"社会主义"。只有从人自身出发才能探求社会主义的秘密,才符合马克思社会主义的本真意蕴,社会主义是一种关于人的自我

---

① 孙伯鍨:《探索者道路的探索——青年马克思恩格斯哲学思想研究》,北京师范大学出版社2017年版,第196页。
② 刘同舫:《马克思的哲学立场》,人民出版社2017年版,第50页。
③ 刘同舫:《马克思的哲学立场》,人民出版社2017年版,第55页。
④ 赵家祥:《马克思主义经典著作中未来社会名称的演变》,《贵州社会科学》2009年第3期。
⑤ 高放:《也谈马克思主义经典著作中未来社会名称的历史演变》,《理论视野》1999年第6期。

实现的哲学理念。王福生教授在《马克思主义的整体性及其内在结构》中对社会主义理念做出了解释:以消灭私有财产为主要内容的共产主义运动"其理论位置是通向社会主义的中介环节"①,"社会主义作为理念是康德意义上的调节性理念,它是马克思观察和理解人类行为和历史发展的一个视角"②。俄国学者梅茹耶夫也提出过类似的观点:"社会主义之于共产主义的关系,正像理论之于实践、思想之于行动、科学之于现实运动一样,集于'科学社会主义'这一概念之中。"③徐长福教授提出:"马克思主义在全球的实践已经表明,经验地建构历史的总体,不论在理论上还是在实践上都是不可能的,马克思主义的意义在于充当社会的调节性理想而不是建构性理想。"④刘同舫教授指出:"'社会主义'作为人的一种积极的自我意识,是人的自我意识从自身开始的肯定,是人的自我意识消弭了存在与本质的张力之后的'整全',它无需再像无神论或共产主义那样,通过否定神或扬弃私有财产而设定'人的存在','社会主义'不需要这一中介行动,因为'它是从把人和自然界看作本质这种理论上和实践上的感性意识开始的'。"⑤

正如赵家祥教授和高放教授在文章中提出的观点,社会主义和共产主义确实存在一个名称演变的问题,因为马克思首先是革命家,然后才是思想家,所以马克思为了扩大影响、争取更多的革命力量而将社会主义和共产主义混用。尽管马克思为了革命而不得不做出权宜之计,做出适应革命的策略,但是在马克思思想深处,社会主义是一种理念,一种关于人的发展的理念,一种指引现实的共产主义运动和现实的共产主义社会建设的理念。关于社会主义的理念,马克思早在博士论文《德谟克利特的自然哲学和伊壁鸠鲁的自然哲学的差别》中就已萌发,在肯定伊壁鸠鲁的原子偏斜运动的偶然性的同时也肯定了自由意识的作用,提出

---

① 王福生:《马克思主义的整体性及其内在结构》,《天津社会科学》2013年第6期。
② 王福生:《马克思主义的整体性及其内在结构》,《天津社会科学》2013年第6期。
③ [俄] B. M. 梅茹耶夫:《我理解的马克思》,林艳海、张静译,人民出版社2013年版,第75页。
④ 徐长福:《马克思主义:从建构性理想到调节性理想——借康德的视角来看》,《吉林大学社会科学学报》2006年第1期。
⑤ 刘同舫:《马克思的哲学立场》,人民出版社2017年版,第56页。

自我意识的主体能动性的自由是人之为人的根本所在，这具有纯粹的否定性和社会批判意义。在马克思刚开始主编《莱茵报》时，写过一篇名为《共产主义和奥格斯堡〈总汇报〉》的文章，来反驳极端反动的奥格斯堡《总汇报》对《莱茵报》讨论社会主义和共产主义问题的攻击，这是马克思最早提到社会主义和共产主义问题的文章。从中我们可以看出，马克思认为对于社会主义和共产主义问题的探讨是非常有必要的，但是他对当时的社会主义和共产主义思想并不完全赞同。在1843年9月马克思致卢格的信中，我们可以看出马克思将共产主义视为社会主义中介的思想突显，"除了共产主义外，同时还出现了如傅立叶、蒲鲁东等人的别的社会主义学说，这决不是偶然的，而是完全必然的，因为这种共产主义本身只不过是社会主义原则的一种特殊的片面的实现而已"①。在《〈黑格尔法哲学批判〉导言》中马克思做了进一步的深化："人不是抽象的蛰居于世界之外的存在物。人就是人的世界，就是国家，社会。"②更加接近社会主义是人的自我实现的理念观点。马克思将批判的靶子瞄准资本主义社会，认为资本主义社会是异化了的社会，是非人的方式组织起来的社会，从而引出马克思所理想的按人的方式组织起来的社会理念，这一理念在《1844年经济学哲学手稿》中阐述得最为详尽。

以往我们总是把《1844年经济学哲学手稿》视为马克思的不成熟的巨作而将其束之高阁，但其实无论它成熟与否，它的全面性、系统性和创造性都是有目共睹的，因为它几乎囊括了马克思之后的所有著作的各个方面的思想，也正是因为这样，有些学者将此作品看作马克思思想的真正诞生地和秘密。更重要的是，关于共产主义和社会主义的思想，马克思在任何文本中都没有比在这里阐述得更清晰、更详细的了，所以这是我们梳理马克思社会主义和共产主义关系本来面目的最重要的文本。马克思在《1844年经济学哲学手稿》中清楚地论述道："共产主义本身不是人的发展的目标，并不是人的社会的形式。"③既然马克思清楚地指出人的发展目标、人的社会形式不是共产主义，那什么才是人的发展目

---

① 《马克思恩格斯全集》第1卷，人民出版社1956年版，第416页。
② 《马克思恩格斯选集》第1卷，人民出版社2012年版，第1页。
③ 马克思：《1844年经济学哲学手稿》，人民出版社2000年版，第93页。

标？什么才是人的社会形式？马克思鲜明而又深刻地指出："社会主义作为社会主义已经不再需要这样的中介；它是从把人和自然界看作本质这种理论上和实践上的感性意识开始的。社会主义是人的不再以宗教的扬弃为中介的积极的自我意识，正像现实生活是人的不再以私有财产的扬弃即共产主义为中介的积极的现实一样。"① 共产主义以扬弃私有财产为中介来实现人的本质的真正的复归，这"还不是真正的、从自身开始的肯定"②，而社会主义是从人自身出发的自我确证，是人的自我实现的哲学理念，是人与自然、人与社会、人与自身的本质统一，因此可以说，共产主义作为实现人的类本质的复归是社会主义的一个中介。

所以，在《1844年经济学哲学手稿》中真正的断裂并非共产主义的前两种形式，而是我们所熟知且经常引用的这段话："共产主义是私有财产即人的自我异化的积极的扬弃，因而是通过人并且为了人而对人的本质的真正占有；因此，它是人向自身、向社会的即合乎人性的人的复归，这种复归是完全的，自觉的和在以往发展的全部财富的范围内生成的。"③ 这是以私有财产为中介的共产主义的实现，是人的本质的复归，而下面这句我们通常认为马克思进一步阐述共产主义的话，实际上说的是社会主义，即"作为完成了的自然主义=人道主义，而作为完成了的人道主义=自然主义，……它是历史之谜的解答，而且知道自己就是这种解答"④。这里可以明显地看出，前后两句话并不是对一个事物的阐述：共产主义作为社会主义的一个中介要解决的问题是人的类本质的复归问题，而社会主义最终要实现的是人的类本质的自我实现。

在《德意志意识形态》中，马克思描绘共产主义时说："在共产主义社会里，任何人都没有特殊的活动范围，……上午打猎，下午捕鱼，傍晚从事畜牧，晚饭后从事批判。"⑤ "晚饭后从事批判"这句据说是马克思后加的话值得我们深思，因为"批判"意味着矛盾没有根除，所以说明共产主义不能实现所有矛盾的和解。那么什么才能实现所有矛盾的和

---

① 马克思：《1844年经济学哲学手稿》，人民出版社2000年版，第92—93页。
② 马克思：《1844年经济学哲学手稿》，人民出版社2000年版，第128页。
③ 马克思：《1844年经济学哲学手稿》，人民出版社2000年版，第81页。
④ 马克思：《1844年经济学哲学手稿》，人民出版社2000年版，第81页。
⑤ 马克思、恩格斯：《德意志意识形态》（节选本），人民出版社2003年版，第29页。

解？在《共产党宣言》中，马克思、恩格斯用得更多的表述是共产主义，原因之一是当时社会主义大多指空想社会主义的信徒和形形色色的社会庸医，社会主义意味着资产阶级运动，共产主义代表工人阶级的运动；原因之二是马克思认可可以实现的最近将来的必然形式和有效的原则是共产主义，所以这是马克思作为革命家要号召共产主义运动所作的革命策略的权宜之计。在《法兰西阶级斗争》中，马克思在批判无政府主义的社会主义和空想社会主义等社会主义流派的过程中将自己的理论称为"革命的社会主义"。1850年马克思在《致〈新德意志报〉编辑的声明》中，将"共产主义"加入括号中置于"社会主义"之后，这是学界认为马克思开始对社会主义和共产主义不加区分、混合使用的一个重要理由。但是，这里需要注意的是，即使马克思后来混合使用，也并不是不加区分，这只是马克思为争取革命胜利不得不采取的革命策略，马克思一直将社会主义视为一种关于人的自我实现的哲学理念。正如俄国学者梅茹耶夫所说："实际上，否定资本主义的并非是社会主义而是共产主义。如果说社会主义在理论层面上表述了人类从资本统治下获得解放的前提和条件，那么共产主义所承担的则是实际解放的任务。后来，自视是思想上的共产主义者的布尔什维克将他们所建立的社会称为社会主义，从而彻底混淆了这两个概念之间的关系。"① 马克思的社会主义"其任务并不是建立理想模式的未来社会"②，而是寻找"最终获得了自身能力和才华充分自由发展的可能和条件"③。

  那么对于西方激进左派在拒斥苏联社会主义实践的同时将社会主义理念也一并拒斥了的做法，我们持反对态度。我们承认苏联的社会主义实践存在不合理之处，但我们不赞同将社会主义理念一并拒斥。如果说作为理念的社会主义是一种人的自我实现的哲学理念，是一种康德意义上的"调节性理念"，指向人应当存在的社会，那么马克思在对不是按人

---

  ① ［俄］B. M. 梅茹耶夫：《我理解的马克思》，林艳海、张静译，人民出版社2013年版，第75页。
  ② ［俄］B. M. 梅茹耶夫：《我理解的马克思》，林艳海、张静译，人民出版社2013年版，第76页。
  ③ ［俄］B. M. 梅茹耶夫：《我理解的马克思》，林艳海、张静译，人民出版社2013年版，第81页。

的组织方式建立的异化的资本主义社会的深切批判中，引入的作为"消灭现存状况的现实的运动"的共产主义就是一种具有"建构性"的现实的实存，而马克思主义的卓越之处在于作为理念的社会主义和作为实存的共产主义的统一，是一种调节性与建构性的统一。

究竟什么是"调节性"？什么是"建构性"？康德在《纯粹理性批判》中的"先验辩证论"为我们提供了依据。康德说："先验理念永远也不具有这样一种构成性的运用，仿佛由于这种运用某些对象的概念就会被给予出来，而在我们这样理解先验理念的情况下，它们就只是一些玄想的（辩证的）概念了。但与此相反，它们有一种极好的、必要而不可或缺的调节性运用。"① 康德想要表达的就是纯粹理性的理念只能起一种调节性的作用，而不能在现实中建构出来。由此看来，"调节性"就是起一种理念指引的作用，"建构性"就是试图在现实中建构出来的经验对象，"调节性"与"现实性"的统一才是理论和实践的结合。

马克思的社会主义理念作为一种调节性理念正是要表达现实的社会主义实践并不是与其相对的直观对象，但这并不表示它不对现实的经验产生作用，它的作用是以一种调节性理念的意义指导共产主义运动在现实中的建构。这种社会主义调节性理念确实具有一种政治哲学意义上的应当性，更多的是要回答社会应当如何，但这并不是要从这种调节性理念中推演出现实实存的建构，而是现实的建构性的共产主义需要以这种调节性的理念为指引。这种调节性理念与经验性建构不是柏拉图的理念世界与感性世界，也不是康德的自在世界与现象世界的二分，因为马克思总体思想中的调节性理念与经验性建构是有紧密联系的。所以，社会主义理念作为这种调节性的理念，与西方形而上学抽象理念的超时空的玄思和遐想不同，马克思的调节性理念是扎根于现实而抽离出来的观念，深入概念所反映的社会存在。

"如果说社会主义在理论层面上表述了人类从资本统治下获得解放的前提和条件，那么共产主义所承担的则是实际解放的任务。"② 作为理念

---

① ［德］康德：《纯粹理性批判》，邓晓芒译，人民出版社 2004 年版，第 506—507 页。
② ［俄］B. M. 梅茹耶夫：《我理解的马克思》，林艳海、张静译，人民出版社 2013 年版，第 75 页。

的社会主义与作为运动的共产主义，"正像理论之于实践、思想之于行动、科学之于现实运动一样"①。这种调节性的社会主义理念，必须付诸现实的共产主义运动才不至于流于形而上的理论空想，而这种建构性的以运动为核心的共产主义，必须有一个理念作为指引才不至于止于形而下的经验建构。二者的关系套用康德说法就是：没有社会主义理念的共产主义运动是盲目的，没有共产主义运动的社会主义理念是空洞的，马克思主义的思想核心就是作为理念的社会主义与作为实存的共产主义的统一。

我们不能在批判苏联模式的社会主义实践的同时背弃社会主义理念，作为人的自我实现的哲学理念的社会主义理念，我们无法拒斥；我们也不能回到片面的共产主义的理解，共产主义必定是经济的、政治的和文化的全方位的统一，是思想的、运动的和社会形态的统一体。我们必须立足整体考察马克思的科学社会主义，看到作为理念的社会主义和作为实存的共产主义运动的统一关系。这正如徐长福教授所言："马克思主义就其精神实质而言应当是一种调节性理想，但就其现实关怀而言却是一种建构性理想。马克思本人将他的经验和理念打造为一个理论系统，并且坚信其真理性，他没有理由放弃其中任何一点。"② 因此，我们既不能拒斥社会主义理念，也不能放弃共产主义实践。从这个意义上，我们可以把经典马克思主义理解为社会主义的理念指导下的关于共产主义运动的学说，二者的紧密结合是其根本的特点，正是这种结合使马克思主义理论不至于沦为形而上的理论空想，也不至于止于形而下的现实经验。

第四节 柯亨对马克思主义的继承与发展

我们对柯亨社会主义思想的研究不能止步于对其理论自身的梳理，而必须以马克思的理论为参照，反思柯亨究竟对马克思主义何以继承，

---

① ［俄］B. M. 梅茹耶夫：《我理解的马克思》，林艳海、张静译，人民出版社 2013 年版，第 75 页。

② 徐长福：《马克思主义：从建构性理想到调节性理想——借康德的视角来看》，《吉林大学社会科学学报》2006 年第 1 期。

又何以发展。如果我们把经典马克思主义理解为以社会主义理念指导的共产主义运动的学说，那么以此观之，柯亨对马克思主义的继承体现在他对社会主义理念的坚信与对共产主义社会建设方案的探索。柯亨对马克思主义的发展则表现为他在坚信社会主义理念的基础上为社会主义做道德辩护，在社会主义信仰缺失的时候为社会主义提供了道德支持；在对社会建设方案探索的过程中柯亨提出了一条不同于经典马克思主义的新的道路，把西方政治哲学、基督教精神风尚融入马克思主义哲学之中，提出以经典马克思主义平等原则和共享原则为核心，以差别原则和基督教精神风尚加以辅助来实现对社会形态的建构，但实际上，"柯亨所构建的社会主义指向的是经典马克思主义所说的共产主义社会"①，即代替资本主义社会的新社会。正是在这个意义上，我们可以说柯亨是一个合格的马克思主义者。无论是在对社会主义理念的辩护上，还是对社会形态的建构上，柯亨都做出了巨大的贡献，其理论独到的批判性、原创性和说服力，在当代政治哲学家中尚无出其右者，重新激活了对马克思主义的研究。

一　柯亨对社会主义理念的继承与发展

对于柯亨对马克思社会主义理念的继承与发展，我们首先需要解决的问题是：柯亨为什么有坚定的社会主义理念？柯亨为什么能在自由主义的重重包围之中选择为社会主义理念辩护？从三个层面能够更好地回答这一问题。社会主义理念是马克思一生的理想追求，也是柯亨一生的理论信仰。因此从信仰方面来说，"信仰悖论"的提出使柯亨从信仰走向为信仰辩护的道路。柯亨自幼受马克思主义的熏陶，并将这种信仰称为一种政治信仰。在对自己这种政治信仰的考察之中，柯亨提出了"信仰悖论"。这种"信仰悖论"的提出是柯亨对信仰的合理性问题的考察，也是促使柯亨为社会主义理念做道德辩护的一个重要原因。在意识到自己的信仰深受这种政治环境的影响之后，柯亨提出了一个问题："我们如何

---

① 朱雪微：《柯亨重建社会主义的批判性考察》，《学术交流》2016年第4期。

才能继续坚持我们与生俱来便形成的对某种理念的信奉。"① 在柯亨看来，自己成长在一种北美共产主义的政治氛围之中，而这种政治氛围实际上和宗教信仰环境十分类似，所以柯亨举了孪生姐妹宗教信仰的例子来作为例证：假设有一对刚出生就被分开抚养的孪生姐妹，被长老会抚养的女孩成为忠实的长老会教徒，而被罗马天主教收养的女孩则成为虔诚的罗马天主教徒。柯亨想通过这个例子表明没有与生俱来的信仰，"我们持有既有信仰，并不是因为此信仰优越于别人持有的与之对立的其他信仰"②，成长环境的不同才是根本原因。这也就是柯亨所谓信仰悖论：你信奉 p，但是当你无法为你信仰 p 优于其他人信仰 q 提供合理的理由时，你便缺乏信仰 p 的理论依据。以此引申出柯亨试图摆脱的困境，即他信仰社会主义、共产主义源于自幼成长环境的熏陶，但这无法成为柯亨将社会主义、共产主义视为信仰的理论依据，为此柯亨认为必须为社会主义、共产主义做道德辩护，在道德上证明社会主义和共产主义的合理性，从而开启了柯亨从对社会主义的信仰到为社会主义信仰寻求一种道德辩护之路。

从理论方面来说，柯亨对社会主义理念做道德辩护的原因在于马克思主义理论两大事实性外壳的破裂。在经典马克思主义所处的时代，社会主义必然性意味着社会主义终将实现，社会主义没有面临道德正当性的质疑，所以马克思主义者不需要考察社会主义理念实现的理论依据。正如金里卡所言："一方面，他们认为道德论证是不必要的，因为工人阶级除了革命别无选择；另一方面，他们认为道德论证是一种会制造分裂的策略，因为正义理念会导致无穷无尽的争论。"③ 他们将社会主义的实现建基于两个事实性外壳上：其一，无产阶级的形成是大势所趋；其二，生产力的飞速发展最终会带领人们通向社会主义之路。但当今的社会现实与马克思所处的时代不同，这两大事实性外壳在时代的发展中逐渐破

---

① ［英］G. A. 柯亨：《如果你是平等主义者，为何如此富有？》，霍政欣译，北京大学出版社 2009 年版，第 9 页。
② ［英］G. A. 柯亨：《如果你是平等主义者，为何如此富有？》，霍政欣译，北京大学出版社 2009 年版，第 11 页。
③ ［加］威尔·金里卡：《当代政治哲学》，刘莘译，上海译文出版社 2011 年版，第 178 页。

裂：资本主义没有像马克思主义所说的那样走向毁灭，反而以欣欣向荣的姿态席卷全球，无产阶级没有成为资产阶级的掘墓人，反而日趋复杂化、碎片化和边缘化，无产阶级正在解体；科技越发展，生产力越进步，但生产力的发展越来越受生态环境的限制，使生产力的发展日益跟不上科技发展的步伐，从而无法实现物质财富的极大富足。正是因为马克思社会主义两大事实性外壳的破裂，使柯亨发现当今亟须为社会主义道德辩护，因此柯亨试图在抛开革命主体与在物质财富匮乏的背景下寻求社会主义的可能路径。

从现实方面来说，柯亨为社会主义道德辩护源自自由主义的诘难。一方面源自诺齐克极端自由主义对社会主义的批判、对资本主义的维护；另一方面源自罗尔斯平等主义的自由主义对资本主义的改良。在自由主义席卷全球、社会主义陷入低潮之际，柯亨在自由主义的重重包围之中，没有选择自由主义的阵营，反而扛起为社会主义道德辩护的大旗，值得我们钦佩。如果说西方现代有意识形态的话，那只能是自由主义，福山更是提出自由主义是"人类意识形态发展的终点"[①]和"人类最后一种统治形式"[②]。诺齐克以"张伯伦论证"开启对社会主义的批判，以自我所有权为理论前提提出资格理论，从而保障公民的私有财产不被侵犯，明确指出社会主义是不正义的和不自由的理论，进而为资本主义和自由主义辩护。这使还沉浸在对马克思历史理论做辩护的柯亨惊醒，从而转向政治哲学。罗尔斯试图以正义来保持自由与平等之间的张力，以建构主义的方式通过原初状态和无知之幕选出正义的两个原则——平等原则和自由原则，关注权利自由和机会自由的同时要关怀社会中的最不利者。虽然罗尔斯的正义理论对社会最不利者表达了一种关怀，体现了对平等与自由之间矛盾的调节，但这种平等主义的自由主义仍然是对资本主义的修补和对自由主义的改良。正是基于以上三个原因，使柯亨走上道德辩护之路来揭示社会主义和共产主义的合理性与正当性。

---

① ［美］弗朗西斯·福山：《历史的终结及最后之人》，黄胜强、许铭原译，中国社会科学出版社2003年版，第1页。
② ［美］弗朗西斯·福山：《历史的终结及最后之人》，黄胜强、许铭原译，中国社会科学出版社2003年版，第1页。

柯亨对社会主义理念的辩护不是一般地或抽象地直接为社会主义理念辩护。柯亨在与诺齐克和罗尔斯的论战之中，在对基督教精神风尚的考察之中，以及在对经典马克思主义的重释之中，以分析的方法诠释了社会主义何以优于资本主义。柯亨以反驳诺齐克的"张伯伦论证"开启与诺齐克的论战，进而对其理论核心——资格理论与理论前提——自我所有进行批判，削弱了诺齐克对资本主义维护的吸引力，指出诺齐克实际上并没有证明社会主义何以不正义，又何以不自由。在与罗尔斯的论战之中，与其说柯亨是对罗尔斯进行批判，不如说柯亨是在对罗尔斯正义理论的批判之中推进了自己的思想。柯亨在对罗尔斯正义理论的考察之中，批判和完善了罗尔斯的差异原则，从元理论方面探讨了纯粹的正义原则，从罗尔斯的正义理论中拯救了正义，从罗尔斯的平等主义理论中拯救了平等，丰富和完善了自己的平等与正义理论，从这个方面可以说柯亨与罗尔斯并不是处于对立的两端，柯亨是沿着罗尔斯的道路推进了罗尔斯的理论。在对基督教精神风尚的考察之中，柯亨看到了自己曾经嗤之以鼻的道德风尚的力量，并将其纳入对社会形态的建设之中。正是在西方政治哲学、基督教精神风尚和马克思主义哲学的互释中，柯亨揭示了社会主义优于资本主义之处在于社会主义更平等、更正义和更有利于自我实现。

柯亨对社会主义理念的道德辩护还体现在他对社会主义的可欲性和可行性的探讨之中。在柯亨之前，很少有学者明确提出社会主义的可欲性和可行性的问题。柯亨指出社会主义面临两个迥然不同的问题："第一个问题是：如果可行，社会主义会是可欲的吗？第二个问题是：社会主义可行吗？"[①] 对于柯亨这两个问题，我们需要反思为什么不是第二个问题在前，第一个问题在后。实际上，这恰恰一方面说明柯亨对社会主义可欲性的认同，另一方面也表明柯亨对社会主义理念的坚定和对社会主义可行性的探索。在柯亨看来，社会主义的可行性是当今无法解决的关键问题。社会主义的可行性有两个假定存在的理由，一个与人性的自私相关，一个与机制的设计相关。柯亨认为问题的关键在于第二个理由，

---

① [英] G.A. 科恩：《为什么不要社会主义》，段忠桥译，人民出版社 2011 年版，第 49 页。

因为柯亨所谓"可行性"不等于"可实现性",而是说如果社会主义是可以实现的,那它是否可以行得通,是否具有稳定性,所以问题的症结在于是否可以设计出使社会主义运行的机制,这就涉及了柯亨对社会形态建设的探索问题。

二 柯亨对社会建设方案的继承与发展

柯亨不满意经典马克思主义对社会建设方案的描绘甚少,他恰恰认为撰写社会建设方案的食谱才是明智之举。柯亨一方面以分析的方法批判诺齐克对社会主义的攻击,同时汲取罗尔斯政治哲学中的精华;另一方面又力图以分析哲学的方法重释经典马克思主义,从而试图在马克思主义与自由主义之间保持一种张力,在西方政治哲学与马克思主义哲学之间重建一条与时代发展相契合的道路,而这从上述对马克思主义的阐明来看,实际上对应于马克思的共产主义社会形态的建设。

柯亨试图将西方政治哲学、基督教精神风尚融入马克思主义哲学之中,开创了将差异原则、基督教精神风尚和马克思主义平等、共享原则相结合的先河,实现了西方政治哲学与马克思主义哲学的深层对话,体现了柯亨哲学理论的时代性,也体现了马克思主义哲学的开放性和包容性。平等与正义是构建共产主义社会的原则,是政治哲学和马克思主义哲学的主题,更是当今时代的主题。具体来说,柯亨对社会建设方案的卓越之处体现为他对正义共同体的建设的探索,而社会形态的建设正是在平等、正义与共享原则的基础之上。柯亨称赞罗尔斯抓住了时代,实际上,柯亨比罗尔斯还更向前迈进了一步,因为罗尔斯抓住的是自由主义的平等和正义,而柯亨是立足于经典马克思主义的基础之上,在汲取罗尔斯自由主义平等和正义的精华之上,抓住了社会主义的平等和正义。如果说"每个时代的人类都有自己的特殊的生存困境,因而也都有自己的特殊的'迫切问题'"[①],那么柯亨的目的不仅是要抓住时代的主题,更是要解决时代"特殊的生存困境"和"特殊的迫切问题",柯亨的

---

① 孙正聿:《马克思的哲学观与马克思开辟的哲学道路》,《社会科学战线》2003年第1期。

"根本目标就是批判并取代自由主义的正义理论"①。柯亨几近一生致力于探索一条解决时代生存困境的道路,而他"在最近 30 年里对平等问题的研究,构成了我们透视自由主义丛林的不可多得的'社会主义的'话语平台;它清晰地展示了一种继续缜密地探索未来理想社会的理论趋势"②。

就平等来说,柯亨没有沿着经典马克思主义事实平等的道路探索事实平等,而是开创了一条从事实平等转向规范平等又进一步推进事实平等的道路。柯亨对规范平等的研究是建立在柯亨对自由主义平等批判的基础之上,试图消除所有非选择的不利条件引起的不平等。正是因为这样,柯亨不赞同以罗尔斯的基本善为平等的对象,也不赞同德沃金将资源的分配视为平等的核心的观点,柯亨所关注的平等是"社会主义机会平等",是对主体的非自愿选择的关注。正如柯亨所说:"社会主义的机会平等试图纠正所有非选择性的劣势,即行为者自身没有理由为之负责的劣势,不管它们是反映了社会不幸的劣势还是反映了天生不幸的劣势。当社会主义的机会平等得以实现的时候,结果的差异反映的只是趣味和选择的差异,而不是天生和社会的能力与力量的差异。"③ 由此可见,柯亨的社会主义机会平等是一种强调"选择"重要性的平等。柯亨不赞同罗尔斯的平等观,因为罗尔斯的平等观是通过对社会最有利者的强迫来提高最不利者的利益,柯亨提倡的是一种"自愿的个人选择",也就是人们是出于自愿而不是被强迫去帮助最不利者,而柯亨所向往的是由这种"自愿选择"的风尚所形成的平等的社会。正是这种对"选择"的关注,使柯亨的社会主义机会平等一方面超越了自由主义的机会平等,另一方面也推进了马克思主义的平等。

就正义来说,柯亨的正义观立足于经典马克思主义的正义基础上,通过分析方法对正义原则进行概念的澄清。在对诺齐克极端自由主义正义观的批判,与对罗尔斯自由主义平等主义正义观的批判和借鉴之中,柯亨阐述了其社会主义平等主义的正义观。柯亨在对诺齐克的理论核

---

① [加] 威尔·金里卡:《当代政治哲学》,刘莘译,上海译文出版社 2011 年版,第 178 页。
② 李华荣、乔瑞金:《柯亨平等观的实质及其对自由主义的批判》,《哲学研究》2008 年第 11 期。
③ [英] G. A. 柯亨:《马克思与诺齐克之间》,吕增奎编,江苏人民出版社 2008 年版,第 354—355 页。

心——持有正义的资格理论进行批判的过程中,揭穿诺齐克打着"自由"和"正义"的旗帜维护私有者的自我所有权的谎言,指出诺齐克正义理论的基础是自我所有而非自由,对自我所有的批判动摇了诺齐克的理论前提,打击了诺齐克对资本主义的维护与对社会主义的攻击,同时为社会主义做道德辩护。在与罗尔斯的论战之中,与其说柯亨是对罗尔斯的批判,不如说柯亨推进了罗尔斯的正义理论。一方面,柯亨对正义原则进行概念明晰,将正义从罗尔斯混淆的正义概念中拯救出来:罗尔斯的正义原则是一种最优的社会调节规则,而正义原则不等于社会的最优调节规则,是一种不敏于事实的基本原则;另一方面,罗尔斯自由主义的正义虽然试图调节自由与平等的矛盾,但仍然还是一种重心倾向于自由的正义,在某种程度上强调制度正义而忽视了个人的选择正义。所以柯亨试图从罗尔斯自由主义的正义中将正义解救出来。社会主义的正义主张在自由和平等之间保持一定的张力,在对制度正义关注的同时强调对个人选择正义的关怀,正是在这个层面,我们可以说柯亨弥补了罗尔斯对个人选择的忽视,在向前推进罗尔斯正义理论的同时完善了社会主义的正义理论。对社会主义机会平等和社会主义正义的诉求,凸显了柯亨理论的时代性,也在自由主义与马克思主义的交融中彰显了马克思主义精神的精华。

  就共享原则来说,柯亨指出社会形态的建设需要人们之间的相互关心和相互照顾。柯亨不是简单泛泛地论述共享原则,而是提出了两种具体的共享模式:一种是调节社会主义机会平等无法调节的不平等,另一种是共享的关心的互惠模式。在柯亨看来,虽然社会主义机会平等试图对一切非自愿的不利选择进行调节,但它仍然存有一些无法用社会主义机会平等的名义来禁止的不平等,而这些不平等可以以共享原则的名义来加以限制。共享的互惠模式纠正了市场互惠默认的一些不平等,这种强调关心、互惠、共享和双赢的非工具的关系更加有利于共同体的建设。

  就精神风尚的建设来说,柯亨强调在制度建设的过程中,提倡我们也应该重视道德风尚的作用,这无疑给了我们很大的启示。柯亨认为罗尔斯在共同体道路的探索之中走向了背离共同体的道路,因为差异原则的论证依据是激励论证,这就决定了罗尔斯已经位于共同体的对立面了。柯亨在强调个人选择的同时提出一种精神风尚的作用,试图将基督教的精神风尚改变成社会主义的精神风尚融入共同体的建设之中。在现实建设中，我们也许真的将注意力过多地放在经济建设和满足物质文化的需要上面，而忽视了道德建设和满足精神文化的需要。在当今经济飞速发展的今天，我们的制度建设依然没有达到满意的指标，或许道德信仰的缺失真的可能是其中一个原因，而柯亨理论的伟大贡献就在于他为理论提供了一种道德支持的同时，也提出了建设社会形态的道德原则。

在对社会主义的可欲性和可行性的反思之中，柯亨看到他试图重建的社会主义机制面临可行性的困境，从而提出市场社会主义是次好的选择。尽管对于到底如何具体地建设市场社会主义，柯亨没有给出明确的建议，但是我们可以看出柯亨认为发展市场社会主义的重点在于如何利用市场配置提供信息优势的同时避免市场社会主义造成的分配不公的后果。柯亨对约瑟夫·卡伦斯在《平等、道德激励与市场》一书中描绘的社会给予了很高的评价，尽管卡伦斯所描绘的社会形式更像是一种资本主义市场，而非社会主义市场，但他一方面利用了市场竞争带来的利益，另一方面又将社会主义平等贯彻到底，也正是因为这样，柯亨才认为卡伦斯的设计确实具有了乌托邦的性质。但是，柯亨对市场社会主义的讨论，给我们的启示是反思如何可以最大限度地发挥市场经济体制的优势，扬弃市场经济体制的劣势。市场经济体制的发展把我们推向了马克思所谓人类历史发展三大形态中的第二大形态——以物的依赖性为基础的人的独立性，使人从人身依附的群体本位中走向个人独立性的个体本位时代，市场经济激发了个人的独立性，也是走向人的个性自由全面发展的中介环节。但是，我们必须在第二大形态中介的基础上通向人类历史发展的第三大形态——自由个性。

马克思曾说："一个时代的迫切问题，有着和任何在内容上有根据的因而也是合理的问题共同的命运：主要的困难不是答案，而是问题。"[①] 为此，从整体上来说，柯亨的理论思想具有很强的时代感，体现了他所属的时代思想，他抓住了时代的问题：如何在社会主义信仰缺失的今天为社会主义理念辩护？如何在时代变迁中推进和完善社会的建设方案？在自由主义盛行、社会主义和共产主义低潮之际仍然选择为社会主义辩

[①] 《马克思恩格斯全集》第1卷，人民出版社1995年版，第203页。

护，弥补了社会主义信仰的缺失，为坚定社会主义理念提供了道德依据，柯亨值得人们钦佩。柯亨对社会建设方案探索的独创性、时代性和开放性，无疑继承与推进了马克思主义。但柯亨对社会主义建设方案的探索也充满了乌托邦的理想性，理想性的维度超出了现实的维度，我们无法在现实中建设出这样的制度，这也对应了柯亨对社会主义可欲性和可行性的反思，乃至退而求其次提出市场社会主义是次好的选择。

以上就是柯亨对马克思主义有所继承和发展的地方，对于柯亨对马克思主义的这些贡献我们必须给以积极的肯定。但是在以往对柯亨社会主义的研究之中，学界过多地赞美或者放大了柯亨在社会主义低潮之际对社会主义理念的道德维护，忽略或者缩小了柯亨在探索社会主义的过程中对马克思社会主义的一些误解和错判。对于这些误解和错判，我们必须加以批判和澄清，否则马克思主义遭受的不仅仅是在时代变迁中理论是否适宜的拷问，更是对马克思主义理论自身科学性的质疑。

第 五 章

批判与澄清：柯亨对社会主义理论前提的误解

就柯亨对社会主义理念的辩护与共产主义社会建设方案的探索来说，无疑给处于低潮的马克思主义注入了新鲜的血液，在时代的变迁中继承并发展了马克思主义，从这个方面来说，柯亨是一个合格的马克思主义者。但就柯亨以分析的方法主张在政治哲学视域中重释经典马克思主义，对经典马克思主义社会主义理论前提的解构来说，柯亨并不能被称为一个马克思主义者。问题的关键是经典马克思主义的理论前提是错误的吗？如果答案是肯定的，那么马克思主义面临的不仅仅是时代的拷问，更是对其理论自身科学性的诘难；如果答案是否定的，那么柯亨对经典马克思主义理论前提的解构是对马克思主义的一种误解，对此，我们必须给予批判和澄清。因此，我们需要解决的是马克思社会主义理论前提何以可能的问题：辩证法和唯物史观何以可能？劳动价值理论和剩余价值理论何以可能？革命主体何以可能？换言之，我们需要回应以下几个问题。辩证法和唯物史观是马克思在黑格尔理论框架内的简单改造，没有做出任何超越吗？劳动价值理论和剩余价值理论是错误的吗？在当今时代，作为革命主体的无产阶级理论真的退出历史舞台了吗？

第一节 辩证法和唯物史观何以可能？——澄清柯亨对辩证法和唯物史观的误解

根据柯亨的观点，马克思的辩证法和唯物史观是在黑格尔辩证法和唯心史观理论框架内的简单改造，马克思只是将黑格尔唯心主义内容替换为唯物主义内容，所以马克思的思想滥觞于黑格尔而没有超越黑格尔。为此，我们不得不追问：马克思辩证法是对黑格尔辩证法的简单改造吗？唯物史观是将马克思唯物主义的东西直接移植到唯心主义的理论上去的吗？马克思与黑格尔之间的理论渊源到底是怎样的？

一 辩证法何以可能——澄清柯亨对马克思辩证法的误解

在柯亨看来，马克思的辩证法是对黑格尔辩证法的滥觞，而黑格尔辩证法的宏大背景是世界历史，所以马克思的唯物史观因其是对黑格尔唯心史观的改造就必然受到黑格尔辩证法的污浊。可见，柯亨将辩证法视为历史观的源头，所以要想澄清马克思的唯物史观思想，首先需要澄清马克思的辩证法思想。我们将证明马克思的辩证法虽然滥觞于黑格尔的辩证法思想，但是马克思转换了黑格尔辩证法的理论基础，将辩证法的理论基础由"黑格尔客观精神的自我运动"，转变为马克思的"人的现实的感性实践活动"，也正是辩证法理论基础的根本转变，才使马克思的辩证法根本不同于黑格尔的辩证法。

柯亨认为马克思的辩证法滥觞于黑格尔的辩证法思想，这并没有错。马克思确实继承了黑格尔的辩证法思想，而且马克思在《资本论》中甚至公开承认自己是黑格尔的学生。马克思肯定了黑格尔辩证法的地位，指出即使"辩证法在黑格尔手中神秘化了，但这决没有妨碍他第一个全面地有意识地叙述了辩证法的一般运动形式"①。即使这样，也不能表明马克思全盘吸收了黑格尔的辩证法思想。恩格斯说过"黑格尔的方法以其现有的形式是完全不能用的"②，但"它却是一切现有逻辑材料中至少可以加以利用的唯一材料"③。从恩格斯的论述中可以知道，黑格尔的辩证法必须经过改造后才能加以使用，马克思正是在对黑格尔辩证法改造之后形成了自己的辩证法，那马克思是怎样改造黑格尔的辩证法的？马克思在《资本论》中指出黑格尔的辩证法是倒立着的，"必须把它倒过

---

① 马克思：《资本论》（第1卷），人民出版社2004年版，第22页。
② 《马克思恩格斯选集》第2卷，人民出版社2012年版，第12页。
③ 《马克思恩格斯选集》第2卷，人民出版社2012年版，第12页。

来，以便发现神秘外壳的合理内核"①。究竟怎样颠倒，颠倒是倒转吗？将用头着地的人倒转过来改为用脚行走吗？阿尔都塞一语中的："用头着地的人，转过来用脚走路，总是同一个人。"② 马克思对黑格尔辩证法的颠倒不是简单的位置互换，而是根本地彻底地改造，"黑格尔和马克思不是喝同一口井里的水"③。这就说明，即使马克思的辩证法滥觞于黑格尔的辩证法，但是马克思的辩证法"从根本上来说，不仅和黑格尔的辩证方法不同，而且和它截然相反"④。马克思自己在致路德维希·库格曼的书信中也自述到，因为其立足于与黑格尔唯心主义立场不同的唯物主义的立场，所以他的阐述方法必然与黑格尔不同，剥去黑格尔唯心主义的装饰外衣才是马克思的阐述方法。因此，要想澄清柯亨对马克思辩证法思想的误解，要想进一步深化对马克思辩证法思想的理解，我们首先需要探讨马克思究竟是如何改造黑格尔辩证法的，是对黑格尔辩证法的简单颠倒吗？马克思所发现的辩证法的神秘外壳是什么？什么是辩证法的合理内核？马克思的辩证法是怎样与黑格尔的辩证法截然相反的？

学界大多鉴于尼采与马克思在颠倒传统形而上学的同质性的意义上，借海德格尔关于尼采对柏拉图的"颠倒"来类比马克思对黑格尔辩证法的"颠倒"，以此来标明马克思对黑格尔辩证法颠倒的伟大意义，这正是切中肯綮、鞭辟入里的诠释。在海德格尔看来，尼采对柏拉图形而上学的颠倒，并不是简单地将理念世界和感性世界进行位置上的互换，而是彻底地清除和消解理念世界。与此相似，马克思对黑格尔辩证法颠倒的关键在于对黑格尔辩证法理论基础的彻底变换，以现实的感性的人的活动作为辩证法的真实的理论基础，取代黑格尔的以绝对精神的自我运动作为辩证法的理论基础，从而将人的现实的实践活动作为一切的落脚点，从现实的感性的人出发，而不是从抽象的观念出发，马克思正是通过这种转变实现了对黑格尔辩证法的超越，从根本上消除黑格尔辩证法中的唯心主义因素，马克思试图祛除的这种唯心主义因素就是黑格尔辩证法

---

① 马克思：《资本论》(第1卷)，人民出版社2004年版，第22页。
② [法] 路易·阿尔都塞：《保卫马克思》，顾良译，商务印书馆2010年版，第61页。
③ [法] 路易·阿尔都塞：《保卫马克思》，顾良译，商务印书馆2010年版，第66页。
④ 马克思：《资本论》(第1卷)，人民出版社2004年版，第22页。

的"神秘外壳"。

在《1844年经济学哲学手稿》中，马克思虽然对黑格尔的否定性辩证法和劳动本质的掌握都给予了赞扬，但同时马克思也指出黑格尔只看到了劳动的积极方面，把劳动限制在精神领域，从而深陷抽象的、思辨的迷雾之中。马克思指出我们应该在现实的物质生产领域考察劳动，在资本主义条件下，正是现实的物质生产劳动发生了异化，而不是抽象精神劳动发生异化，所以扬弃异化的道路扬弃的是现实的物质生产劳动的异化，而非抽象精神劳动的异化。马克思洞穿了黑格尔所谓精神恰恰是人的抽象化，精神的自我实现恰恰是人的自我实现，所以精神的自我实现就是黑格尔辩证法的"合理内核"。在此基础上，马克思还原了辩证法的真正面目，即人的自我实现的辩证法：不是自我意识外化自己并将自己设定为对象，而是现实的人将自己设定为对象，不是自我意识扬弃外化并将其收回到自身，而是人扬弃自己对象性本质过程中发生的异化，从而使自己的本性复归。为此，可以说"如果说马克思的辩证法和黑格尔的辩证法之间真的有一个颠倒问题存在的话，那么，这种颠倒只能是从精神到人的颠倒：精神的自我实现的辩证法被颠倒成了人的自我实现的辩证法"①。

在《神圣家族》中，马克思针对黑格尔思辨辩证法的方法路径进行了批判。黑格尔思辨辩证法的出发点是存在于头脑中的观念，所以黑格尔思辨辩证法的方法路径是从抽象的观念出发，即从抽象的"果实"概念出发，然后将这些抽象的一般规定恢复到现实的具体事物之上，将抽象的观念改造为具体的观念，即具体的苹果、梨、扁桃等概念。马克思指出，黑格尔的这种方法路径出发于抽象的一般观念，最终也会回到抽象的一般观念，这只是绝对精神在概念中的自我运动。真正的路径应该是从感性的具体的事物中抽象出理性的一般规定，将理性的一般规定返回到具体的事物之中。在《〈政治经济学批判〉导言》中，马克思进一步揭示出终点的具体不同于起点的具体，因为终点的具体包含了所有丰富规定的具体，为此终点的具体是理性的具体，而不是当初感性的具体。

---

① 王福生：《从思辨到革命——马克思对黑格尔辩证法的颠倒》，《广西右江民族师专学报》2006年第1期。

同时，马克思明确指出了这两条道路：第一条道路是从感性具体到理性抽象，第二条道路是从理性抽象上升到理性具体。黑格尔的"实体即主体"确实克服了传统形而上学的主客二元对立，但他所实现的理性和现实的和解仍然被困于概念的牢笼里。因为黑格尔所谓主体和实体是绝对精神，而不是现实的、活生生的人，为此他得出的必定是一条抽象的路径，只有从现实的人的立场出发，才可以得出辩证法正确的方法路径。

借用阿尔都塞的言语，我们可以说，这种从理论基础做出根本改变的辩证法是一种"改弦易辙"的辩证法。因此我们不能仅仅从外在颠倒的意义上理解马克思的辩证法，任何企图用"简单颠倒"或"简单改造"来称谓马克思辩证法与黑格尔辩证法关系的学说都是将马克思辩证法外在化、表面化和肤浅化。马克思辩证法的本质在于找到了如何剔除黑格尔唯心主义辩证法神秘性的方法，但并不是说将黑格尔辩证法的唯心主义的内容颠倒为唯物主义的内容就是马克思的辩证法。正像阿尔都塞所说的，我们"不能想象黑格尔的意识形态在黑格尔自己身上竟没有传染给辩证法的本质，同样也不能想象黑格尔的辩证法一旦被'剥去了外壳'就可以奇迹般地不再是黑格尔的辩证法而变成马克思的辩证法"[①]。为此，我们应该看到，马克思的辩证法并不是剥去神秘外壳的合理内核的辩证法，而是将黑格尔辩证法的理论基础连根拔起，从而将理论基础从客观精神的抽象思想改变为人的现实的感性实践的辩证法。这种辩证法有一种与生俱来的批判性和革命性。以往的辩证法也都具有一种批判性，而马克思辩证法的不同在于他将这种批判性发挥到极致，对资本主义社会及其生产方式进行了鞭辟入里的批判，揭示出资本主义只是人类社会发展中的一个过程和环节，终究会被更高级的、更合理的社会形态取代，这就是马克思"在批判旧世界中发现新世界"的理论旨趣。因为黑格尔辩证法具有否定的批判性，为此马克思的辩证法与黑格尔辩证法的根本区别在于马克思"把批判的理解同时发展为革命的理解：在内容上，他把黑格尔只从消极意义上理解的'民众'同时积极地理解为'无产阶级'，把贫困不仅仅理解为无力，而同时也把它理解为能够推翻旧社会的革命力量；在方法上，他把辩证法从其'神秘形式'中解放出来，将其

[①] [法]路易·阿尔都塞：《保卫马克思》，顾良译，商务印书馆2010年版，第79页。

重铸为本质上是'批判的和革命的''合理形态'"①。因此，马克思的辩证法是理论和实践的结合，是批判性和革命性的统一。

职是之故，马克思的辩证法虽然是对黑格尔辩证法的滥觞，但以"简单颠倒"和"简单改造"来表示二者区别的都是错误的，因为马克思最终实现了理论基础由抽象的客观精神向现实的感性的人的活动的根本转变，从而实现了从精神的辩证法到人的自我实现的辩证法的转换。这种辩证法是对一切既存事物进行批判的革命的辩证法，是集理论性和实践性、批判性和革命性于一身的辩证法，因此任何将马克思辩证法归为对黑格尔思想亦步亦趋的批判都是无的放矢的批判。

二 唯物史观何以可能——澄清柯亨对马克思唯物史观的误解

至此我们可以说，柯亨对马克思唯物史观得出的论断一直都没有变：马克思的历史观是在黑格尔唯心主义框架下的唯物主义的改造。这个论断从一定程度上来说是正确的，但并不是精确的。马克思确实是对黑格尔的历史观进行了改造，马克思的历史观深受黑格尔唯心史观的影响，这也没有错。恩格斯也对黑格尔的历史观给予了极高的评价："黑格尔第一次——这是他的伟大功绩——把整个自然的、历史的和精神的世界描写为一个过程。"② 但马克思的唯物史观并不是在黑格尔框架体系内的简单替换，柯亨早期对马克思唯物史观的评价是正确的，马克思的确赋予了唯物史观新的内容和新的意义，这个新的内容和新的意义是马克思通过对黑格尔唯物史观理论基础的根本转变来实现的。辩证法与历史观具有内在的一致性，柯亨也看到黑格尔辩证法的宏大的背景——世界历史，而黑格尔的唯心史观遵从着他辩证法的逻辑，但柯亨认为马克思的辩证法滥觞于黑格尔的辩证法，马克思历史观是在黑格尔历史观的唯心主义框架下的唯物主义的改造，所以柯亨看到马克思的辩证法与唯物史观也具有内在的一致性。但是柯亨仅仅止步于此，虽然柯亨发现辩证法和历史观具有内在的一致性，但柯亨没有看到马克思的辩证法是对黑格尔辩证法理论基础的根本转换，所以他势必也不会看到马克思在完成对黑格

---

① 王福生：《重温柯尔施的马克思主义观》，《社会科学研究》2014 年第 1 期。
② 《马克思恩格斯选集》第 3 卷，人民出版社 2012 年版，第 793 页。

尔辩证法理论基础的根本转变的同时，也实现了唯物史观对黑格尔辩证法的唯心主义理论基础的根本转变，从而实现黑格尔以抽象精神劳动为理论基础的唯心史观到马克思以物质生产为理论基础的唯物史观的根本转换。

黑格尔将"精神"视为历史的主体，将历史的发展过程抽象为精神的自我发展过程，因而"他只是为历史的运动找到抽象的、逻辑的、思辨的表达"①。马克思正是通过唯物史观确立此岸的现实的人的历史，消解彼岸的抽象的精神的历史。马克思唯物史观与黑格尔唯心史观的根本不同就在于马克思看到黑格尔所谓"精神"其实就是人的抽象化表达，黑格尔讲"精神"其实就是在讲"人"，所以马克思就是要拯救被黑格尔的抽象"精神"困在牢笼中的"现实的人"。在《神圣家族》中，马克思指出黑格尔体系中的三个因素：斯宾诺莎的实体、费希特的自我意识和黑格尔的绝对精神。这三个因素都是形而上学地改了装的因素，不同的是第一个因素是"脱离了人的自然"，第二个因素是"脱离了自然的精神"，第三个因素是前两个因素的统一体，即"现实的人和现实的人类"。马克思正是要把现实的感性的人从黑格尔唯心主义的观念体系中拯救出来。在《德意志意识形态》中，马克思揭示了唯物史观的历史前提是现实的活生生的人，从现实的生活过程中的现实的人出发，这里的现实的人"不是处在某种虚幻的离群索居和固定不变状态中的人，而是处在现实的、可以通过经验观察到的、在一定条件下进行的发展过程中的人"②，是进行物质生产的满足人们生产和生活资料的人，所以"历史不过是追求着自己目的的人的活动而已"③。这样，历史就必然不再是黑格尔所认为的绝对精神的自我运动的历史，历史的原则也不再是精神自我实现的原则，历史就必然是现实的人的实践活动的历史，历史的原则就是人的自我实现的原则，"历史运动的真实过程是人在社会中创造性的自我实现的过程"④。马克思的唯物史观使哲学从抽象的精神的基点到物质生活的

---

① 马克思：《1844年经济学哲学手稿》，人民出版社2000年版，第97页。
② 《马克思恩格斯选集》第1卷，人民出版社2012年版，第153页。
③ 马克思、恩格斯：《神圣家族》，人民出版社1958年版，第118页。
④ 王福生：《求解"颠倒"之谜——马克思与黑格尔理论传承关系研究》，中国社会科学出版社2010年版，第131页。

实践基点，从彼岸世界向此岸世界的回归，"从对人和人的对象世界的抽象化理解向具体把握人的生存活动和存在方式及其对象世界的回归，从两极对立的绝对化观点向全面性整体化观点的回归"①。马克思的理论旨趣是实现人的最终解放，从而做到把人的世界和人的关系还给人自己。

马克思用"生活决定意识"彻底推翻了"意识决定生活"，如今，不是从精神出发，把精神视为有生命的个人，而是从现实的感性的人出发，直面人的现实的生活过程。与唯心史观在每个时代寻找某种范畴，进而从观念出发来解释实践不同，唯物史观立足于现实的历史，主张从物质生产实践出发来解释各种观念；与唯心史观通过精神的批判来消灭意识的形式和产物不同，唯物史观则要求用革命的手段推翻一切现存的社会关系。这样，与黑格尔抽象的思维的生产史不同，唯物史观是"从直接的物质生产出发阐述现实的生产过程"②，恩格斯也多次指出"历史中的决定性因素，归根结底是直接生活的生产和再生产"③。物质资料的生产活动是人类得以生存的基础，人类历史的第一个活动就是生产满足人类需求的物质生产活动。人的存在方式、生活方式是和人的生产方式一致的，也就是说，人们生产什么和怎样生产决定了人们怎样生活。《德意志意识形态》中所说的"迄今为止的一切历史观不是完全忽视了历史的这一现实基础，就是把它仅仅看成与历史进程没有任何联系的附带因素"④，与在《共产党宣言》的序言中"每一历史时代主要的经济生产方式和交换方式以及必然由此产生的社会结构，是该时代政治的和精神的历史所赖以确立的基础，并且只有从这一基础出发，这一历史才能得到说明"⑤是一致的，这里"现实基础"中的"基础"指的就是"现实的物质生产"，这也对应于《神圣家族》中"历史的发源地在粗糙的物质生产"。马克思以前的哲学思维方式是将人与世界分隔为此岸世界和彼岸世界，人与对象之间存在一条难以跨越的鸿沟。马克思实践的思维方式则将人

---

① 高清海：《哲学的命运与中国的命运——20 年哲学历程的回顾与展望》，《哲学研究》1998 年第 6 期。
② 《马克思恩格斯选集》第 1 卷，人民出版社 2012 年版，第 171 页。
③ 《马克思恩格斯选集》第 4 卷，人民出版社 2012 年版，第 13 页。
④ 《马克思恩格斯选集》第 1 卷，人民出版社 2012 年版，第 173 页。
⑤ 《马克思恩格斯选集》第 1 卷，人民出版社 2012 年版，第 385 页。

的此岸世界与彼岸世界连接在一起，实践活动作为物质和精神的中介将二者紧密地连在一起，将人与世界融为一体。马克思将出发点立足于现实的人，将现实的物质生产活动作为落脚点，根本转变了黑格尔唯心史观的理论基础，将黑格尔的精神生产的历史改造为现实的人的物质生产的历史。这样，马克思最终将黑格尔神圣的历史转变为世俗的历史，将黑格尔观念的历史转变为人类的历史。

马克思的唯物主义历史观到底是一种怎样的历史观？这种唯物主义历史观到底实现了怎样的哲学变革？从学术界近年来关于唯物史观的研究来看，马克思的这种根植于现实的人的物质生活的唯物史观是一种集"历史性"、"唯物性"、"批判性"和"革命性"于一体的"新唯物主义历史观"。第一，说马克思的唯物史观具有"历史性"，是指马克思的唯物史观不仅将"历史"作为解释对象，而且将"历史"作为解释原则。以"抽象的能动的解释原则"为核心的唯心史观，是从脱离了自然的人的视角去观世界的解释原则；以"客体的或直观的解释原则"为核心的旧唯物史观，是从脱离了人的自然的视角去观世界的解释原则；而以"人的感性实践活动的解释原则"为核心的马克思的新唯物史观，是从人与自然的统一的视角去观世界的解释原则。第二，说马克思的唯物史观具有"唯物性"，是指马克思的唯物史观与以往的唯心史观和旧唯物史观相比，不仅仅在于它们所唯之物的不同，更是在于它们理解和把握对象的方式不同。以"抽象的能动的解释原则"为核心的唯心史观，所唯之物是"抽象的绝对精神"，从而只能从主观方面抽象地理解和把握事物；以"客体的或直观的解释原则"的旧唯物史观，所唯之物是一种"无人身的物质"，从而只是从客观方面直观地理解和把握事物；以"人的感性实践活动的解释原则"为核心的马克思的新唯物史观，所唯之物是"现实的人的感性活动"，真正地以"现实的人及其历史发展"为出发点，从而按照事物的本来面目去理解和把握事物。第三，与以往的历史观最大的不同在于，马克思的新唯物史观具有"批判性"和"革命性"。马克思新唯物史观的"批判性"在于它以历史的眼光看待人类社会历史的发展，终结了"一切关于存在最终的人类历史完美状态的幻觉"[①]，拒斥"永恒

---

① 贺来：《历史唯物主义的辩证本性》，《中国社会科学》2012年第3期。

正义"、"绝对真理"和"终极存在",不再从抽象的理性原则出发,不再以非人的、非现实的角度理解人与世界的关系,而是立足于现实的人的实践活动,从人的现实的角度将社会历史的发展看作一个不断地自我否定和自我超越的过程。马克思唯物史观的"革命性"在于,它真正地实现了哲学观的变革,使追问"世界何以可能"的旧哲学的逻辑,转变为追求"解放何以可能"的新哲学的历史任务。不仅仅把"历史"作为研究对象,更把"历史"作为解释原则的马克思的新唯物史观,真正地从"现实的人及其历史发展"出发,洞穿人与世界的关系以及人的存在方式,从而真正地使哲学实现"解释世界"到"改变世界"的转变。

我们需要指出,马克思虽然在某些观点、术语和表达方法上直接继承了黑格尔,同时马克思的理论主题和理论范式也深受黑格尔的影响,但是马克思也对黑格尔进行了否定性的批判,正是这种批判使马克思最终走向了与黑格尔完全不同的全新道路。正像张盾教授所说的,海德格尔晚年提出的"没有黑格尔,马克思不可能改变世界"的论断是片面的,我们需要加以补充:"不批判黑格尔,马克思同样不可能改变世界。"①

三 澄清马克思与黑格尔的理论渊源

通过上述论述,我们分析了柯亨对马克思辩证法和唯物史观的误解,澄清了马克思辩证法和唯物史观的本来面目。但我们并不能止步于此,我们还必须追问柯亨为什么会对马克思辩证法和唯物史观有所误解。其原因我们可以从两个方面来说明。一方面是分析马克思主义学派自身对辩证法的拒斥,使柯亨事先预设了马克思的辩证法同黑格尔的辩证法一样是模糊的、不清晰的方法,这样势必使他们盲目认为除分析方法之外的所有方法都是胡说,只有分析的方法是科学的、有价值的方法。正如弗雷德里克·詹姆逊所指出的,分析马克思主义学派这种旨在抛弃黑格尔的逻辑,通过清除马克思身上的黑格尔色彩和辩证法色彩来划清马克思与黑格尔关系的做法,必然阉割了马克思经典思想的科学性,而在此基础上重新建构的社会主义之路也必然会误入歧途。另一方面是柯亨将马克思与黑格尔的关系简单化了,在柯亨眼里,马克思的思想是在黑格

---

① 张盾、田冠浩:《黑格尔与马克思政治哲学六论》,学习出版社2014年版,第53页。

尔唯心主义框架下的唯物主义改造。所以，无论是对辩证法的理解，还是对唯物史观的讨论，柯亨都是围绕马克思与黑格尔的关系展开的，那么问题最终可归结为究竟如何理解马克思与黑格尔的理论渊源。

对于马克思与黑格尔的承继关系，学界有两条截然相反但同为影响深远的线索：其一是卢卡奇的马克思对黑格尔思想的直接衔接说，提出"恢复马克思主义的黑格尔传统是一项迫切的义务"[①]；其二是阿尔都塞的马克思与黑格尔决裂说，主张"广为流传的所谓青年马克思是黑格尔派的说法是一种神话"[②]。第一条道路强调黑格尔对马克思的影响无疑是正确的，但它仍然停留于认识的表面，没有从根本上把握马克思和黑格尔的理论渊源；如果说夸大黑格尔对马克思的决定作用会将马克思黑格尔化，那么"阉割马克思学说的黑格尔渊源则无疑意味着使这一学说公然进入到倒退和分裂的状态中"[③]。如果说卢卡奇夸大乃至将马克思黑格尔化的目的是复活马克思的黑格尔传统，那么柯亨则认为正是因为马克思思想滥觞于黑格尔的思想，马克思才误入了歧途。笔者对柯亨关于辩证法和唯物史观的反驳虽然借用了阿尔都塞的观点，但关于马克思和黑格尔理论渊源问题并不是完全赞成阿尔都塞的观点，当然也没有完全沿着卢卡奇的路线走下去，而是试图寻找一条最客观地评价马克思与黑格尔的理论关系的道路，这条道路或许可以借用张盾教授以黑格尔否定辩证法的逻辑来考察黑格尔对马克思影响的观点："这种影响决不是一种在抽象同一性层面上对既定内容的直接认知，而是在经历了一系列批判和否定的中介环节之后，最终达到的一种包含着对立和差异性规定的更深层的肯定性理解。"[④]

不得不承认，黑格尔的一些观点、方法、语言确实给了马克思很大的启发。首先值得说明的是马克思对黑格尔辩证法否定性原则的继承与

---

① ［匈］卢卡奇：《历史与阶级意识》，杜章智、任立、燕宏远译，商务印书馆1999年版，第16页。
② ［法］路易·阿尔都塞：《保卫马克思》，顾良译，商务印书馆2010年版，第18页。
③ 吴晓明：《论马克思学说的黑格尔渊源》，《云南大学学报》（社会科学版）2015年第6期。
④ 张盾：《重新阐释马克思与黑格尔的理论传承关系——从黑格尔的视角看》，《江海学刊》2006年第5期。

推崇。根据马克思的观点,黑格尔辩证法的卓越之处在于"作为推动原则和创造原则的否定性"①,马克思继承了黑格尔绝对精神自我运动、自我否定、自我发展的逻辑,明确指出黑格尔是"第一个全面地有意识地叙述了辩证法的一般运动形式"② 的人。关于历史观方面,马克思被黑格尔强大的历史感所震撼,强调"第一个想证明历史中有一种发展、有一种内在联系的人"③ 是黑格尔。柯尔施也曾表示马克思的唯物主义"在每个方面,在内容、方法与用语方面仍然带有它所由产生的母体即旧黑格尔哲学的胎痣。所有这些缺陷在马克思唯物主义的社会研究产生的时代条件下是必不可免的"④。因此可以说,马克思思想中确实带有黑格尔印记。但是柯尔施接着指出,马克思的思想"连同所有这些缺陷远远超越于同时代社会研究的其他流派;并且这种情况在现今仍然如此……它部分的哲学形式并未曾阻碍它得出一系列重要的和迄至今日有效的科学结论"⑤。可见,马克思思想并不像柯亨所认为的是对黑格尔思想的亦步亦趋,马克思在继承和批判黑格尔的同时也超越了黑格尔,这种超越体现在对黑格尔辩证法和唯心史观理论基础的变换。黑格尔把绝对精神视为理论的基础,而辩证法是绝对精神的自我运动、自我发展和自我否定,从而"他只是为历史的运动找到抽象的、逻辑的、思辨的表达"⑥,所以马克思必须祛除黑格尔的抽象形式,将理论基础从绝对精神改变为现实的物质生活,从而实现把黑格尔精神自我实现的辩证法还原为人的自我实现的辩证法,把绝对精神的发展历史变为人的发展历史,这也就是马克思对黑格尔思想所做的批判和否定的中介环节。正是在对黑格尔思想的批判和否定中,马克思才最终实现了一种包含差异和对立在内的更根本的肯定性理解。

这种否定之否定的"更深层的肯定性理解"就是马克思与黑格尔对

---

① 马克思:《1844 年经济学哲学手稿》,人民出版社 2000 年版,第 101 页。
② 《马克思恩格斯全集》第 44 卷,人民出版社 2001 年版,第 22 页。
③ 《马克思恩格斯选集》第 2 卷,人民出版社 2012 年版,第 12 页。
④ [德] 柯尔施:《卡尔·马克思》,熊子云、翁廷真译,重庆出版社 1993 年版,第 179 页。
⑤ [德] 柯尔施:《卡尔·马克思》,熊子云、翁廷真译,重庆出版社 1993 年版,第 179—180 页。
⑥ 马克思:《1844 年经济学哲学手稿》,人民出版社 2000 年版,第 97 页。

社会现实的理论主题的关注,而"包含对立性和差异性"指的是马克思和黑格尔最终走向了不同的道路。在黑格尔所处的时代,人们依靠主观思想将原则当作套用的公式从外部反思社会现实,这样社会现实就被主观思想遮蔽了,所以黑格尔对社会现实的关注是在对主观思想的破除中进行的。在黑格尔看来,现实是本质和实存的统一,只有客观思想才能通达本质与实存,所以黑格尔将社会现实从主观思想转移到客观的绝对精神之中,认为只有深入客观精神之中才能切入社会现实。可以说,黑格尔确实破除了主观思想的空疏和抽象,但是又使社会现实跌入绝对精神的思辨和神秘之中。如果说对社会现实的关注和时代问题的开启是马克思和黑格尔理论渊源的重要密钥,那么也正是在此,马克思与黑格尔分道扬镳。当黑格尔把社会现实问题的解决方法定位于绝对精神的哲学领域时,马克思则提出现实的问题需要在现实的物质生活中解决。正是将理论基础建立于现实的物质生活之上,马克思才将黑格尔精神自我实现的辩证法发展为人的自我实现的辩证法,进而将绝对精神自我发展的历史发展为人的自我实现的历史,这就注定了马克思和黑格尔在寻找社会现实的道路上分道扬镳。黑格尔为社会现实寻找的道路是达成理性与现实的和解,这种和解意味着向现存的社会制度妥协,而马克思则批判资本主义社会的永恒性,通过辩证法的否定性原则揭示出资本主义社会仅仅是历史发展中的一个否定性环节,从政治经济学入手探寻市民社会的秘密,寻求一条人的类本质的自我实现的道路——社会主义。这种社会主义就是"马克思以黑格尔哲学为出发点,在17、18世纪资产阶级大革命和19世纪无产阶级革命运动的基础上,创建了既是关于资产阶级社会的理论又是无产阶级革命理论的新的社会主义和无产阶级的社会科学"①。

第二节 劳动价值论何以可能?——澄清柯亨对劳动价值论的误解

在柯亨看来,劳动并不创造价值,劳动价值论是错误的,那么以劳

---

① 王福生:《重温柯尔施的马克思主义观》,《社会科学研究》2014年第1期。

动价值论为基础的剩余价值论也就不正确,所以传统马克思主义剥削论证的前提——劳动价值理论和剩余价值理论,对于剥削论证既非正确也非必要。柯亨试图用一个他所谓"科学的""正确的""清晰的"前提取而代之,这个前提就是柯亨的"清晰论证"。而柯亨的目的是通过分析的方法,在批判马克思剥削理论的基础之上建构自己的剥削理论。那么清晰论证真的可以像柯亨所说的那样取代劳动价值理论和剩余价值理论,揭示资本主义剥削的秘密吗?或者说能否在抛开劳动价值理论和剩余价值理论的基础上,证明资本主义剥削的非正义性?劳动价值论真的是错误的吗?被称为马克思的两大发现之一的剩余价值理论真的不科学吗?柯亨否定劳动价值论、剩余价值论而提出清晰论证的原因是什么?这些既是研究分析马克思主义与马克思主义需要解决的重要问题,也是为马克思劳动价值理论和剩余价值理论正名的关键。

一 清晰论证不能替代劳动价值论

柯亨否认劳动创造价值,否定劳动价值论,试图在摒弃劳动价值理论和剩余价值理论的基础上,用"只有工人生产了有价值的产品""资本家获得了工人所生产产品的一部分价值"两个简单的命题组成的清晰论证,取代马克思的劳动价值理论和剩余价值理论,重建马克思主义剥削理论。那么,柯亨的清晰论证是否真的可以像他所说的那样清楚地揭示资本主义剥削的秘密?清晰论证使用的分析方法是否可以取代马克思分析资本主义社会的方法论?清晰论证真的可以取代劳动价值论吗?

柯亨以分析的方法得出的清晰论证确实如它的名字一样清晰简单,一目了然,但是这种清晰论证在很多地方曲解了马克思的思想,存在对马克思劳动价值理论和剩余价值理论的误读。在"更简单的马克思主义论证"过程中,柯亨对"传统马克思主义论证"提出的两个不足,即"传统马克思主义论证"缺少必要的理论前提以及关于资本与劳动关系的问题阐述不明,其实这是囿于其分析方法的成见。劳动价值论和剩余价值论就是必要的理论前提,从商品二重性到劳动二重性的揭示,明确了并非所有劳动都创造价值,只有抽象的人类劳动才创造价值,从而区分开劳动和劳动力。劳动力这种特殊的商品凝结了剩余价值产生的秘密,打开了资本主义剥削秘密的大门。而资本和劳动关系的特征,难道马克思《资本论》中说得还不够清楚吗？"一方是生产资料和生活资料的占有者，另一方是除了劳动力以外一无所有的占有者"①，"客观劳动条件和主观劳动力的分离，是资本主义生产过程事实上的基础或起点"②。所以柯亨对"传统马克思主义论证"的指责是无的放矢的批判，也可以看出柯亨将马克思剥削理论仅仅看作揭示资本主义非正义的伦理学问题，然而事实上，马克思揭穿资本主义剥削面目的真正目的远非于此，更重要的是揭示资本主义发展的规律，寻求人类解放的道路。此外，正如柯亨自己所言，他对劳动价值论和剩余价值论的批判并不彻底，因为清晰论证还渗透着劳动价值论和剩余价值论的印记，同时清晰论证也无法在抛开劳动价值论和剩余价值论的基础上实现。所以从理论内容上来说，清晰论证无法做到不依赖劳动价值论和剩余价值论清楚地揭示剥削的秘密，因此不能用它来替代劳动价值论和剩余价值论。但是如果在劳动价值论和剩余价值论的基础上加入清晰论证进行辅助，未尝不是揭示资本主义剥削的一种新的尝试。

在传统马克思主义方法论的基础上加入分析的方法，这可以明晰概念、增强逻辑论证，但是用分析方法取代传统马克思主义方法论是行不通的。因为清晰论证仅仅通过几个命题的分析并不能达到对资本主义生产关系和资本主义剥削制度的深度剖析，这种分析方法在某种程度上遮蔽了马克思方法论的革命意义。必须澄清清晰论证的这种分析方法与马克思方法论的不同，不然马克思思想的哲学革命意义将始终处于晦暗不明的境地。首先，清晰论证的分析方法遮蔽了马克思唯物史观的方法论原则。马克思对唯物史观的发现，使马克思将出发点从抽象的人变革为现实的人，从而将现实的物质生产活动作为落脚点，根本转变了黑格尔唯心史观的理论基础，实现黑格尔以抽象的精神劳动为理论基础的唯心史观到马克思以物质生产为理论基础的唯物史观的根本转换。正是对物质生活关系的关注，使马克思发现必须到政治经济学中去寻找市民社会的解剖方法，进而对资本主义生产力和生产关系进行了鞭辟入里的分析。在对古典政治经济学的批判考察中，马克思发现解密资本主义的入

---

① 马克思：《资本论》（第1卷），人民出版社2004年版，第658页。
② 马克思：《资本论》（第1卷），人民出版社2004年版，第658页。

口——商品,发现打开商品大门的钥匙——劳动,提出政治经济学的枢纽——劳动二重性,从而找到资本主义生产的基础——劳动力商品,通过对劳动和劳动力的区分,揭示出剩余价值的秘密,证明资本主义是资本家对工人的剥削。马克思的唯物史观不仅是对唯心史观的革命,而且是对资本主义生产方式和生产关系剖析的运用。清晰论证在某种程度上也必须依托马克思唯物史观的方法论,否则无法提炼出清晰论证的命题,因此柯亨如果单纯依靠分析方法不仅无法进行论证,也会遮蔽马克思唯物史观的革命意义。

清晰论证阉割了马克思辩证法的革命意义。柯亨认为马克思的辩证法滥觞于黑格尔辩证法,并且从未对黑格尔做出超越,所以拒斥辩证法的柯亨试图用分析的方法取代马克思的辩证法。柯亨的这一论断不仅是对马克思辩证法的误解,而且阉割了马克思辩证法的革命意义。马克思的辩证法虽然滥觞于黑格尔的辩证法,但马克思的辩证法并不是对黑格尔辩证法的简单颠倒和改造,因为马克思最终实现了对黑格尔辩证法理论基础的根本转换,以现实的感性的人的活动代替黑格尔抽象的客观精神,从而实现了从精神的辩证法到人的自我实现的辩证法的转换。马克思使辩证法具有合理形态,正是这种合理形态的辩证法"引起资产阶级及其空论主义的代言人的恼怒和恐怖"①,因为马克思运用这种辩证法摧毁了资产阶级及其空论主义代言人将资本主义奉为永恒完美形态的历史终结的美梦,马克思运用这种合法形态的辩证法和唯物史观揭示了人类社会的发展规律,指出历史性和暂时性是历史阶段的本质特征(资本主义也不会被排除在外),资本主义仅仅是社会发展的一个阶段而不是最后的永久阶段。马克思正是在对资本主义的批判中实现"在批判旧世界中发现新世界",在改变旧世界中改变新世界的实践转向。

清晰论证抹杀了马克思抽象方法的科学性。马克思在《资本论》中说:"分析经济形式,既不能用显微镜,也不能用化学试剂。二者都必须用抽象力来代替。"② 清晰论证遮蔽了马克思的这种抽象力的方法。通过对古典政治经济学的考察,我们可以发现,马克思正是将隐含在古典政

---

① 马克思:《资本论》(第1卷),人民出版社2004年版,第22页。
② 马克思:《资本论》(第1卷),人民出版社2004年版,第8页。

治经济学中的抽象方法挖掘出来，并将他们晦暗的、隐现的、不完全科学的抽象方法提升为清晰的、显现的、科学的抽象方法。马拥军教授指出：我们对马克思"抽象力"的理解应该打破将其理解为一种"知性的思维能力"的传统，从扬弃和超越那种知性抽象力的理性存在所决定的辩证抽象的视角，重新审视马克思"抽象"方法的本质内涵。马克思的抽象是不同于"黑格尔的思辨抽象""实证科学的经验抽象"的"科学抽象"。根据马克思的思想，对社会现象的分析必须从理性抽象切入，通过内在联系的观点通达理性具体，这种抽象必须是完全的和深刻的。在马克思看来，李嘉图就是因为他的抽象不够深刻、不够完全，才使他妄图不通过任何中介，直接将价值与生产价格等同起来，从而使他的理论陷入混乱之中。马克思的科学抽象方法的革命意义，在于它抽象的深度和厚度使它可以深入物质生活中，因而它是一种对现实的历史的人的科学抽象方法。正是从现实的物质生活中出发，马克思才发现只有从经济范畴出发才能形成对人的具体的理解，进而揭示出物和物掩盖下人和人的关系，为剥削理论奠定基础。

正是在唯物史观、辩证法和科学的抽象方法相结合的方法论基础上，才使马克思赋予了劳动价值理论不同于以往政治经济学的科学内涵；正是因为从现实的历史的人出发，从人们的物质生产生活出发，才使马克思将视线转移到商品，从商品最简单的规定出发，从商品的二重性中引申出劳动的二重性，从而使马克思提出劳动力和劳动的区别；正是对劳动的使用价值和价值的分析，才使马克思清楚地阐明了剩余价值的真正来源，一步步揭示出物和物掩盖下的人和人之间的关系。所以，只有劳动价值理论才能揭示资本主义生产关系及其内部矛盾，阐明剩余价值的真正起源，揭露资本主义的剥削本性，为实现人类解放提出理论路径，清晰论证只能止步于从论证的表面论证剥削，无法取代劳动价值论对资本主义进行鞭辟入里的分析。

二 劳动价值论的真正意蕴

每个马克思主义学者都试图以各自不同的方式在马克思主义这个茫茫森林中为自己开辟道路，以柯亨为代表的分析马克思主义力图以分析的方法重新诠释或者重新建构马克思的剥削理论。关于资本主义具有剥削性质，柯亨持赞同意见，柯亨反对的是通过劳动价值理论建立剥削的论证。柯亨在《劳动价值理论与剥削概念》一文中，指出传统马克思主义关于剥削论证的前提是错误的，认为其前提劳动价值理论与剥削互不相关，并且劳动价值理论本身是错误的，即使劳动价值理论是正确的，劳动也并不创造价值。因此，问题的关键是劳动创造价值是否正确？是否所有的劳动都创造价值？创造价值的劳动是什么样的劳动？劳动是如何创造价值的？这些问题就是马克思劳动二重性要解决的问题。

马克思在《资本论》中曾表示过政治经济学的枢纽是劳动二重性，劳动二重性是破解政治经济学的突破口。马克思劳动二重性理论的提出是站在古典政治经济学家的肩膀上的。斯密第一次将国民财富的源泉定义为一般劳动，而不再是诸如农业劳动等特殊劳动，使古典经济学理论向前迈进了一大步。但由于斯密研究方法的二重性，使他的理论都陷入二重性的矛盾之中：当斯密着眼于揭示资产阶级社会隐蔽着的内在联系时，他提出"商品的价值由生产商品所耗费的劳动所决定"的科学规定，行走在劳动创造价值的科学认识的道路上；而当他醉心于资产阶级生产方式的外在表现时，他认为决定商品价值的是工资、利润和地租这三种收入，最终使其陷入收入决定价值论的泥淖之中。李嘉图比斯密进步的地方在于他贯彻了劳动价值理论，将价值决定于劳动时间视为分析资本主义社会的基础。马克思对于李嘉图在此方面的贡献给予了高度赞扬："李嘉图终于在这些人中间出现了，他向科学大喝一声：'站住！'资产阶级制度的生理学——对这个制度的内在有机联系和生活过程的理解——的基础、出发点，是价值决定于劳动时间这一规定。"[①] 但是李嘉图所谓"劳动时间"实际上是以经验的手段测量的"最大化的直接劳动时间"[②]，而不是马克思所谓"社会必要劳动时间"，为此古典政治经济学家都没能区分具体劳动和抽象劳动。由于古典政治经济学的局限性和资产阶级的立场，使他们把资本主义社会看作历史的终点，从而限制了他们对劳动二重性理论的揭示。正如阿尔都塞所言，马克思并不是看到了古典经济

[①]《马克思恩格斯全集》第34卷，人民出版社2008年版，第183页。
[②] 孙乐强：《马克思劳动价值论的革命意义及当代价值——对非物质劳动论与知识价值论的再思考》，《理论探索》2017年第3期。

学没有看到的东西，而恰恰是在他们看到的东西中，在他们没有疏忽的地方发现被他们遮蔽的、作为空白的却视而不见的东西。

马克思正是要突破他们难以突破的界限，站在无产阶级的立场上，揭示出资本主义中看似简单和平凡的商品是怎样具有"形而上学的微妙和神学的怪诞"①的。正如柄谷行人所言："在最为单纯、再平凡不过的商品身上却发现'形而上学的微妙和神学的怪诞'——马克思如此的眼光，其实早已不是所谓经济学家所能具有的。"②因此，"马克思破解劳动的秘密的直接对象却不是劳动而是劳动所创造的商品。通过阐发商品的二重性而揭示劳动的二重性"③。商品有质和量的不同，使用价值体现了商品的质的区别，交换价值表现了商品的量的差别，所以商品的质和量的不同表现为使用价值和交换价值的二重性上。打开劳动二重性之谜大门的钥匙是商品二重性，商品的有用性赋予商品使用价值的特性，如果撇开商品的使用价值，那么商品就只剩下劳动产品这个属性，如果再抽去劳动产品的使用价值，劳动产品的具体劳动的有用性消失后，剩下的只是无差别的抽象的人类劳动，正因为劳动产品蕴含的这种共同的东西，才使不同的产品相互之间可以进行交换。所以这种抽象的人类劳动创造商品的价值，具体劳动和生产资料结合形成商品的使用价值，这种劳动的二重性是劳动的同一个过程，而不是把劳动割裂为两个过程。马克思探骊得珠，精辟地界定道："一切劳动，一方面是人类劳动力在生理学意义上的耗费；就相同的或抽象的人类劳动这个属性来说，它形成商品的价值。一切劳动，另一方面是人类劳动力在特殊的有一定目的的形式上的耗费；就具体的有用的劳动这个属性来说，它生产使用价值。"④由此可见，劳动的确创造价值，但不是所有的劳动都创造价值，创造商品价值的是人的抽象劳动。

柯亨对劳动价值论和剩余价值论的批评，实际上是将劳动价值论和剩余价值论归为一种分配正义的伦理观点。而马克思在劳动价值论基础

---

① 马克思：《资本论》（第1卷），人民出版社2004年版，第88页。
② ［日］柄谷行人：《马克思，其可能性的中心》，［日］中田友美译，中央编译出版社2006年版，第7页。
③ 孙正聿：《〈资本论〉与马克思主义哲学》，《学习与探索》2014年第1期。
④ 马克思：《资本论》（第1卷），人民出版社2004年版，第60页。

上对剩余价值论的揭示并不仅仅是要说明资本主义的非正义性,马克思的目的在于揭示资本主义生产方式产生的历史及其因它内在矛盾的发展而走向自我瓦解与崩溃的逻辑,为无产阶级寻求解放提供可能。这就充分表现了柯亨并没有细致地分析剩余价值理论。实际上,马克思在发现劳动价值理论的基础上,在对古典政治经济学家的继承与批判过程中建构自己的理论体系,赋予剩余价值理论科学的含义,揭示剥削的秘密。在马克思看来,重农学派最大的历史功绩是打破了以往在流通领域考察剩余价值,用商品高于其价值出卖来解释剩余价值的状态,把目光从流通领域转移到生产领域,从而为科学地揭示剩余价值理论奠定了基础。马克思正是在对重农学派的分析中,指出剩余价值不是从流通领域中产生,而是从生产领域中产生,在流通领域中实现,这就是后来马克思在《资本论》中对剩余价值如何转化为资本时所说的:"资本不能从流通中产生,又不能不从流通领域中产生。它必须既在流通中又不在流通中产生。"① 但是重农学派将价值等同于使用价值,把剩余劳动局限为农业劳动,因而把剩余价值看作自然的赐予。斯密突破了重农学派的限制,发现了剩余价值的真正起源,他"从工人超出他用来支付(即用等价物来补偿)工资的那个劳动量之上所完成的劳动,引申出利润"②。但斯密囿于其研究方法的二重性,使他对劳动的划分也具有二重性,当他把生产劳动定义为直接同资本交换的劳动时,他考察的是资本主义社会的内部联系,当斯密把生产劳动定义为"物化在任何商品中的劳动时",他离开了社会规定,把重点放在了劳动的物质内容上,从而偏离了科学的道路。马克思充分贯穿了斯密生产劳动的第一个定义,指出在资本主义生产条件下,只有同资本相交换的劳动才能创造出剩余价值,只有创造剩余价值的劳动才是生产劳动。但是由于斯密没有区分劳动和劳动力,不懂得工人向资本家出卖的不是劳动而是劳动力,所以他不能科学地在价值规律的基础上解释资本和劳动相交换的问题。

马克思超越古典经济学的地方,在于他将纯粹形态的剩余价值从剩余价值的各种特殊形式中分离出来,不再局限于对剩余价值的特殊形式

---

① 马克思:《资本论》(第1卷),人民出版社2004年版,第193页。
② 《马克思恩格斯全集》第33卷,人民出版社2004年版,第56页。

进行表面研究，而是对剩余价值本身进行深入的考察。马克思说资本"必须既在流通中又不在流通中产生"①，那流通背后的秘密是什么？剩余价值到底怎样实现自己既在流通领域又不在流通领域的变换的？马克思正是在劳动二重性的理论基础上，揭秘被古典政治经济学遮蔽的剩余价值理论，找到解密的关键——劳动力。马克思指出劳动力成为商品在市场上出卖是资本主义经济发展的基础。资本的总公式 G—W—G'中，因为货币只是购买和支付的手段，所以货币转化为资本的价值变化不可能发生在货币本身，流通的第二个行为只是商品从自然形式再度向货币形式的转变，那么变化只能发生在流通的第一个行为上，但商品是按照它的价值进行等价交换的，所以变化应该在商品的使用价值中去寻找，即一种使用价值是价值源泉的独特属性的劳动力商品。劳动力这种特殊的商品和其他商品一样具有商品二重性，特殊的地方体现在劳动力商品的使用价值具备普通商品不具有的功能——创造价值，资本家占有的是工人劳动力使用价值创造的价值与劳动力价值之间的差额，资本家对这部分劳动不支付任何等价物的无偿占有就是剥削。资本家将劳动力的价值或价格以工资的形式支付给工人，将无酬劳动表现为有酬劳动，掩盖了这种看似等价交换背后的剥削。实际上，资本家支付给工人的只是维持劳动力生存的最低价值。古典政治经济学家不能说明雇佣劳动和资本的吊诡现象，原因在于他们对劳动力这种特殊商品视而不见。马克思之所以能对剩余价值进行科学的分析，其中一个原因在于马克思区分了劳动和劳动力。"正是凭借这一具有穿透力的理论剖析，马克思越过了英国李嘉图派空想社会主义者基于劳动价值论而展开的对劳资分配不公现象的批判视域，进入到对资本主义生产方式本身的批判层面，并把发展了的劳动价值论与剩余价值论有机地结合了起来。"②

　　劳动价值论是进入政治经济学的入口。以劳动价值论为依据，马克思揭示了劳动与劳动力的区别，揭示了剩余价值产生的秘密，进而指出了资本主义的生产是剩余价值的生产，提出了通过延长工作日来提高生

---

① 马克思：《资本论》（第1卷），人民出版社2004年版，第193页。
② 唐正东：《马克思劳动价值论的双重维度及其哲学意义》，《山东社会科学》2017年第5期。

产的"相对剩余价值理论"和通过提高生产率、缩短必要劳动时间来增加剩余价值的"绝对剩余价值理论";马克思对资本主义生产过程的分析也是以劳动价值理论为基础的,从而阐释了资本主义生产过程的实质是劳动过程与价值增殖过程的统一;马克思对资本进行了科学的划分也是以劳动价值论为切入点的,将被古典政治经济学家遮蔽的不变资本发掘出来,将资本分为不变资本和可变资本;正是以劳动价值理论为起点,马克思才能在批判李嘉图理论的基础上,对市场价格理论、平均利润例如和生产价格理论等中介环节进行阐述,指出不通过这些中介环节无法理解价值怎样转化为生产价格,从而完善了剩余价值理论,解开了资本主义剥削的秘密;劳动价值理论揭示了资本主义的历史必然性和历史暂时性,"劳动价值论其本质不仅在于说明劳动创造价值和劳动时间决定价值量的问题,而且还在于说明资本主义生产方式以及作为这种生产方式基础的商品经济的历史性,包括其产生的必然性和存在的暂时性"①。由此可见,通过劳动价值理论,马克思为我们解答了资本主义的一系列问题。劳动价值理论是理解资本主义发展的重要枢纽,所以如果摒弃劳动价值理论和剩余价值理论,我们对资本主义生产方式及其关系无法做出科学的考察,对剥削何以可能无法做出科学的解答,对社会主义也难以做出科学的理解。

三　柯亨误解劳动价值论的原因

我们揭示了劳动价值论的真正意蕴:马克思从看似简单的商品入手,在分析商品的二重性中揭示了劳动的二重性,指出创造价值的是抽象的人类劳动,正是在对劳动二重性的分析中,马克思区分了劳动和劳动力,找到了剩余价值产生的秘密。那么,为什么柯亨以前提批判的方式向经典马克思主义剥削论证发起挑战,指出劳动价值论本身的错误导致剩余价值论成为不可能,进而无法为剥削论证提供依据?我们虽然揭示了劳动价值论的真正意蕴,但是我们不能仅仅止步于此,还必须追问柯亨否定经典马克思主义剥削论证的原因。只有找出柯亨做出这样论断的原因,我们才能从根本上澄清柯亨对马克思剥削理论、劳动价值论和剩余价值

---

① 闫永飞:《马克思劳动价值论的本质内涵和阶级意义》,《江汉论坛》2011 年第 9 期。

论的误解。本书认为原因有三方面。

第一，柯亨对劳动价值论本身的理解不够深刻，使其做出错误的判断。通过前文对柯亨清晰论证的阐述，我们可以看出，柯亨对劳动价值理论质疑的最主要的原因在于他认为劳动价值理论是错误的，他所有的论证分析都直指"劳动不创造价值"。总体来说，这是因为柯亨不理解马克思作为政治经济学枢纽的劳动二重性理论，他没有区分抽象劳动和具体劳动，不理解"劳动是一切价值的源泉"中的"劳动"仅仅是指"抽象劳动"，他没能弄清不是所有的劳动都创造价值，只有抽象的人类一般劳动才创造价值。正是因为没有区分具体劳动和抽象劳动，柯亨批判劳动价值论的理论基础——劳动不创造价值，这一批判又都是在具体劳动层面上讨论的，所以柯亨对劳动价值论的批判是错误的，完全偏离了靶子。以柯亨反驳劳动价值理论的极端反例为例，我们可以具体得出以下几点错误。首先，从柯亨对低效率理论的批评可以看出柯亨曲解了马克思"社会必要劳动时间"的含义。柯亨认为依据劳动价值理论，劳动时间与价值的关系应该成正比，也就是劳动时间越长价值越大。马克思在《资本论》中就澄清过，决定商品价值量的不是单个商品生产者的个别的具体劳动时间，而是"在现有的社会正常的生产条件下，在社会平均的劳动熟练程度和劳动强度下"[1] 所需的社会必要劳动时间，所以并不是"一个人越懒，越不熟练，他的商品就越有价值"[2]。柯亨没有理解"社会必要劳动时间"的真正含义，他认为现在生产的产品与过去无关，而马克思的意思并不是说过去的劳动不具有价值，"只是说尺度变化了，只能用再生产该商品的时间来衡量"[3]。其次，柯亨否认有价值的东西都是由劳动创造的。这说明柯亨不理解商品的二重性，不知道商品是使用价值和价值的统一体，有价值的东西一定具有使用价值，一定是有劳动对象化在其中的，马克思在《资本论》中就指出，不以劳动为中介而对人有用的物只具有使用价值，而不具有价值。最后，柯亨对马克思劳动价

---

[1] 马克思：《资本论》（第1卷），人民出版社2004年版，第52页。
[2] 马克思：《资本论》（第1卷），人民出版社2004年版，第52页。
[3] 姚顺良：《〈资本论〉与"自我所有权"——析柯亨的"马克思批评"和"后马克思"转向》，《学习与探索》2013年第4期。

值论的通俗学说和严格学说的区分有咬文嚼字之嫌。马克思的劳动价值理论并不能分成什么通俗学说和严格学说,"劳动且只有创造价值"是马克思对抽象的人类一般劳动是价值源泉的肯定,而"社会必要劳动时间决定商品的价值"则是指出商品的价值通过交换价值来实现,商品的价值量体现为对象化其中的劳动量,劳动量又表现为劳动所消耗的劳动时间,所以二者虽然表述上略有差异但在本质上却是相同的。

第二,柯亨对马克思辩证法和唯物史观的误解,直接影响了他对劳动价值论和剩余价值论的科学分析。我们都知道柯亨反对辩证法和唯物史观,认为马克思的辩证法是对黑格尔辩证法的亦步亦趋,唯物史观是对黑格尔唯心史观的简单改造,正是因为这样,柯亨并没有深入劳动价值论的形成过程,没有看到马克思政治经济学的批判是在对古典政治经济学和黑格尔哲学的双重批判中展开的。"马克思的'政治经济学批判',则既借助黑格尔的辩证法批判和超越了古典政治经济学,又借助古典经济学批判和超越了黑格尔的思辨哲学,从而实现了'经济学—哲学'的双重革命。"[①] 在《1844年经济学哲学手稿》中,马克思明确指出"黑格尔的《现象学》及其最后成果——辩证法,作为推动原则和创造原则的否定性——的伟大之处首先在于,黑格尔把人的自我产生看作一个过程,把对象化看作非对象化,看作外化和这种外化的扬弃;可见,他抓住了劳动的本质,把对象性的人、现实的因而是真正的人理解为他自己的劳动的结果"[②]。正是辩证法使黑格尔把握了劳动的真正本质,也正是辩证法在黑格尔手中抽象化、神秘化,使黑格尔仅仅局限于抽象的精神劳动之中。如果说古典政治经济学"使完整的表现蒸发为抽象的规定",走的是从具体到抽象的道路,那么黑格尔试图使"抽象的规定在思维的形成中导致具体的再现",走的是从抽象到具体的道路,那么马克思唯物辩证法所走的道路之所以超越二者,就在于它不再把"具体"和"抽象"割裂开来,而是在"具体"和"抽象"的辩证统一中寻求出路,即坚持"从具体到抽象,再从抽象返回到具体"的辩证之路,祛除黑格尔辩证法的神秘化之后利用辩证法,而不是彻底抛弃黑格尔的辩证法。所以,马

---

① 白刚:《黑格尔、马克思与古典政治经济学》,《现代哲学》2015年第5期。
② 马克思:《1844年经济学哲学手稿》,人民出版社2000年版,第101页。

克思劳动价值理论并不仅仅奠基于古典政治经济学基础之上，缺失对黑格尔思辨哲学的理解无法真正懂得马克思劳动价值理论。

我们都知道，唯物史观和剩余价值论是恩格斯总结的马克思一生的两大发现，但很多人把这两大发现分开来谈，而忽视了两大发现之间的关系，因此如何理解两大发现之间的关系对马克思主义哲学的整体理解至关重要，同时也是追问柯亨为何误解劳动价值论的关键。一方面，马克思正是在唯物史观的基础上进一步深入资本主义经济发展的规律，揭示了剩余价值产生的秘密。马克思以历史的眼光，突破了古典政治经济学把资本主义视为永恒的界限，发现了资本主义剥削的秘密，揭示出资本主义生产规律及其瓦解崩溃的逻辑，从这种意义上，我们可以说剩余价值理论是唯物史观的结果。另一方面，剩余价值论的发现推进了唯物史观的发展。《资本论》及其手稿完美呈现了唯物史观和剩余价值论的结合，马克思通过"商品""货币""资本"等经济范畴揭示的并不是物和物之间的关系，而是隐藏在物和物关系背后的人和人之间的关系。"从人本身出发而考察人，只能是从抽象的人出发而形成对人的抽象的理解；只有从关于人的各种规定——首先是最重要的经济范畴——出发，才能形成对人的具体的理解；只有展现经济范畴所构成的'具体'，才能揭示'现实的人'的'本质'即'一切社会关系的总和'。"① 从商品二重性到劳动二重性的揭示，再到剩余价值理论的发现，使我们看到现实人在现实的劳动过程中所形成的现实的历史。在探讨完马克思对剩余价值的秘密的揭示之后，我们重新审视马克思所提出的人类历史发展三形态论断，更能发现其中的深刻性。因此，马克思正是在唯物史观和剩余价值论双向建构的过程中，提出与空想社会主义不同的社会主义。所以，质疑唯物史观的柯亨不能真正地理解劳动价值论和剩余价值论，否定了马克思两大发现的柯亨也不能真正理解马克思的社会主义。

第三，柯亨坚信只有分析的方法才是科学的方法，以分析方法推出的清晰论证是替代劳动价值论的最佳论证，可以比劳动价值论更加清晰地揭示资本主义剥削的秘密。分析马克思主义以其分析方法而著称，分析马克思主义者把分析方法分为两种：一种是与辩证法相对的广义分析

---

① 孙正聿：《〈资本论〉与马克思主义哲学》，《学习与探索》2014 年第 1 期。

方法，一种是与整体思维方式相对的微观思维方式的狭义分析方法，所以分析马克思主义拒斥辩证法和整体思维方式。但无论是广义分析法还是狭义分析法，都讲究逻辑上和语言上的清晰性，"分析哲学的分析方法主要是通过概念、命题和推理形式结构分析来保证语言表达的清晰性，通过对语言的语境分析来保证语义的真实性，通过对语言之间或者语言形式结构之间的一致性来保证论证的严谨性"①。因此在柯亨看来，除了分析方法以外的方法都是胡说，概念的分析方法是明晰语句的最基本的方法，逻辑形式的分析方法确保逻辑推理的清晰性，日常语言的分析方法强调依据语境理解语言的重要性，通过一个或几个命题来考察另一命题的真实性的证明方法，同通过一个或几个命题来证伪另一个命题的反驳方法是分析方法最常用也是最有力的方法。运用分析的方法确实打开了研究经典马克思主义的另一扇窗，有助于增加概念的明晰性和逻辑论证的严谨性，但是拒斥辩证法和整体思维方式并不是明智之举，在辩证法和整体思维方式基础上融入分析方法才更能推进马克思主义的研究。为此，我们可以说，以分析方法为基础的清晰论证从另一个侧面突出了研究资本主义剥削的重要性，但是以清晰论证替代劳动价值论的观点值得商榷。而从柯亨对辩证法的拒斥中，我们也可以看出柯亨把辩证法视为一种"脱离思想内容而到处套用的'方法'"②。

第三节 革命主体何以可能？——澄清柯亨对无产阶级理论的误解③

自 20 世纪 70 年代以来，伴随着丹尼尔·贝尔"后工业社会来临"说，无产阶级解体、革命主体丧失、阶级消亡论甚嚣尘上。作为分析马克思主义学派的领军人物，柯亨也参与其中，对马克思无产阶级理论提出了疑问。柯亨对马克思无产阶级理论提出了三个诘难：无产阶级的概

---

① 陈伟：《"分析的马克思主义"的方法论》，《当代国外马克思主义评论》（第6辑），人民出版社2008年版，第330—331页。
② 孙正聿：《马克思主义辩证法研究》，北京师范大学出版社2012年版，第9页。
③ 此章节有部分内容已发表。

念受到规范性的质疑；无产阶级面临着正在解体或者已经解体的状况；无产阶级不会实现与哲学的结合，进而从资本主义母体中接生出来的社会主义也不会实现。为此，我们需要澄清：无产阶级概念问题是否真的遭受规范性的质疑；无产阶级是否真的面临解体或者已经解体；哲学与无产阶级结合的真正意蕴到底是什么。澄清这些问题不仅是回应柯亨与持有阶级消亡论观点的学者对马克思无产阶级理论的误解，也是我们正确理解社会主义的理论前提，更是深化马克思主义哲学的关键。

一 澄清柯亨对马克思无产阶级概念的误解

分析马克思主义者强调概念的明晰性，在柯亨看来，马克思主义哲学面临规范性挑战，首当其冲的就是无产阶级概念问题。因此，柯亨曾力图在两个文本中用不同的两种方式界定"无产阶级"概念，试图祛除无产阶级概念的模糊性，但是这两种关于无产阶级的界定都或多或少地存在偏差。在《资产阶级和无产阶级》一文中，柯亨将人与物的关系简单化为人支配物与物支配人两类，运用分析方法经过一系列的分类、分析之后，将资本家归为人支配物的一类，将工人阶级归为物支配人的一类。以马克思的文本为依据，我们可以发现柯亨的这种分类并不正确，因为柯亨没有弄清楚异化、私有财产和无产阶级之间的相互关系，从而也不会看到资产阶级和无产阶级同样处于物支配人的异化之中。在《神圣家族》中，马克思清楚地指出："有产阶级和无产阶级同是人的自我异化。"[①] 不同的是，资产阶级和无产阶级在异化中的状态和处境不同，有产阶级徜徉在这种异化中，在异化中看到自己的力量越发壮大，自己的地位越发坚固；无产阶级却在这种异化中失去一切合乎人性的东西，意识到自己非人的现实处境和被毁灭的地位。即使我们暂且假定柯亨的这种分类方法可行，资产阶级和无产阶级也应该都被划归为物支配人的一类，而非柯亨所理解的那样。无产阶级和资产阶级都受制于"资本"这种"非神圣形象"，资产阶级也不能支配"资本"这种神奇的物，所以非要按照柯亨的分类，资产阶级理应归于物支配人的一类中下属的2.1.1项（见前文第二章第二节第三部分）：人可以在自身所处的环境中得到确证，

---

① 马克思、恩格斯：《神圣家族》，人民出版社1958年版，第44页。

虽然人并不能意识到自己身处在这个环境之中，但是人可以在自身所处的环境中得到享受和满足；无产阶级对应物支配人的2.2分类（见前文第二章第二节第三部分），即人在自身所处的环境中不能得到确证，甚至人还与自身所处的环境相对立，并深受这种对立的压迫。

在《卡尔·马克思的历史理论———一种辩护》中，柯亨认为马克思以生产中的从属地位定义无产阶级与无产阶级概念之间存在悖论，为此柯亨认为对无产阶级问题的讨论有必要对无产阶级进行重新定义："无产者必须出卖他的劳动力以获得他的生活资料。"① 首先，我们需要澄清的一点是，柯亨重新界定的无产阶级含义本来就是马克思主义从生产地位中给无产阶级下的定义，因为恩格斯在《共产主义原理》中清楚地指出："无产阶级是完全靠出卖自己的劳动而不是靠某一种资本的利润来获得生活资料的社会阶级。"② 其次，柯亨围绕着"生产资料"对无产阶级进行分析，认为马克思过多地强调了生产资料对于无产阶级地位的重要性，这是对马克思思想的一种误解。马克思并没有说无产阶级的定义是必须符合没有生产资料的标准，马克思之所以以生产地位为视角对无产阶级进行界定，只是为了强调无产阶级是被剥夺了生产资料而处于从属地位的阶级，只是想强调无产阶级与生产资料的这种失衡状态，只是为了说明无产阶级在资本与劳动关系中仍然是处于劳动的一方。

那么究竟什么是无产阶级？穷人、工人、劳动者都是无产阶级吗？恩格斯在《共产主义原理》中曾经论述到，无产阶级"不是一向就有的。穷人和劳动阶级一向就有；并且劳动阶级通常都是贫穷的"③。可见，第一，无产阶级不同于劳动阶级。无产阶级是工业革命的产物，而劳动阶级在工业革命之前就存在，古代的劳动阶级是奴隶，中世纪的劳动阶级是农奴，中世纪到工业革命前的劳动阶级是手工业帮工，工场手工业时期是工场手工业工人，这些劳动阶级都不是无产阶级。第二，无产阶级不同于穷人。无产阶级的贫困是普遍的，但这种贫困不仅表现在经济上，

---

① ［英］G. A. 科恩：《卡尔·马克思的历史理论———一种辩护》，段忠桥译，高等教育出版社2008年版，第91页。
② 《马克思恩格斯选集》第1卷，人民出版社2012年版，第295页。
③ 《马克思恩格斯选集》第1卷，人民出版社2012年版，第295页。

更表现在精神上，强调无产阶级作为人的本质的丧失，但穷人仅仅是在经济层面上定义的，所以并不是所有穷人都是无产阶级。第三，劳动者与穷人不能完全等同。劳动者普遍是贫穷的，但穷人不一定都是劳动者，所以不能把无产阶级与穷人、劳动者相混淆。我们从柯亨的著作中看到，柯亨对无产阶级误解的一个要点恰恰是将无产阶级与穷人、劳动阶级混为一谈。从这点来说，虽然柯亨试图重新界定无产阶级的概念，但他最终还是陷入了混乱。那工人阶级是不是无产阶级在不同语境中"同出而异名"的表达？关于这个问题，我们需要指明，以人们生产过程中的社会地位界定阶级，从而将不占有生产资料而为获得生活资料不得不出卖劳动力的阶级界定为无产阶级，这是马克思所谈的自在层面的无产阶级，对应于现实生活中的工人阶级，这是经验层面的无产阶级，但这并不直接就是马克思所谓作为资产阶级掘墓人的无产阶级。马克思理想的革命主体是组织起来的自为的无产阶级，自在的无产阶级并不直接的就是自为的无产阶级，自在的无产阶级的任务就是将自身提升为自为的无产阶级。因此，第四，无产阶级不完全等同于工人阶级。因为马克思的无产阶级有自在的无产阶级和自为的无产阶级之分，自为的无产阶级是一个建构性的问题，而不是经验性问题。马克思并不是要在经验中去寻找理想的革命主体，他关注的是无产阶级怎样形成为阶级，也就是自在的无产阶级怎样提升为自为的无产阶级。那么，马克思所谓自为的无产阶级形成了吗？在当代社会的变迁中面临解体或者已经解体了吗？

二 澄清柯亨对马克思无产阶级解体的误解

20世纪七八十年代，随着科学技术的创新和社会生产的飞速发展，西方资本主义社会阶级结构发生了巨大的丕变：一方面，生产性工人比例下降，非生产性工人急剧上升，工人阶级内部出现阶级分层，且各个分层的社会地位和收入出现较大的差异；另一方面，新中间阶层突起，阶级社会两极分化的时代已经成为过去。基于此背景，西方学术界围绕马克思的阶级理论展开了激烈的争论，阶级消亡论与阶层分析论甚嚣尘上。分析马克思主义作为一支重要的学派也参与其中，一方面，柯亨关于无产阶级解体的问题依然是在西方阶级解体论的论域之中；另一方面，与其他赞同阶级消亡，质疑无产阶级革命主体存在的学者不同，柯亨对阶级的关注是要力图抛开无产阶级的革命主体，从道德和政治哲学的角度阐明科学社会主义的合理性和正当性。

柯亨以无产阶级特征的离散为依据，不仅对无产阶级概念的规范性问题进行诘难，而且得出"无产阶级正处于瓦解过程中"①"无产阶级不曾，也不会获得马克思主义理论所预言的联合与影响力"②的论断。我们可以发现，柯亨此处的论断是矛盾的，说"无产阶级正处于瓦解的过程中"则表明或预设了无产阶级已经形成，然后才可以说无产阶级正处于瓦解之中；而说"无产阶级不曾，也不会获得马克思主义理论所预言的联合与影响力"则表明无产阶级过去、现在和将来都没有形成过。我们暂且抛开柯亨论断自身的矛盾性，单就柯亨关于无产阶级解体的整体观点来讨论柯亨对无产阶级理论的误解。柯亨坚决认为"受剥削""贫困""大多数"这些特点正在离散，汇集这些特征于一体的革命主体正在解体，社会主义革命的力量——无产阶级——一半是真实的，一半是假想的，然而不管它的真实成分有多少，它都已经不复存在，而且没有也不会出现类似的革命力量来代替它。但是柯亨并没有像其他西方学者试图寻找新的替代无产阶级的革命主体，在柯亨看来，社会主义已经不能将理想寄托在无产阶级这一概念，如果社会主义仍然寄希望于无产阶级的联合，社会主义永远不能从资本主义的母体中被接生出来。因此，柯亨企图抛开无产阶级这一革命主体，为社会主义做道德辩护，主张开辟一条从道德上宣扬社会主义的新的理论路径。但是不依托革命主体仅仅从道德上为社会主义寻求出路，仍然是对无产阶级问题的一种回避。

西方哲学界谈论无产阶级解体问题时，对问题的提问不是"什么是无产阶级"，而是"谁是无产阶级"，这也就是从经验层面寻找与现实生活相对应的无产阶级实体，柯亨也不例外。对此，我们应该追问的是"无产阶级是经验问题吗"。我们总是想从无产阶级的概念出发，在经验社会中寻找与无产阶级概念相符合的对象，而这恰恰是康德"哥白尼革

---

① ［英］G. A. 柯亨：《如果你是平等主义者，为何这么富有？》，霍政欣译，北京大学出版社2009年版，第133页。

② ［英］G. A. 柯亨：《如果你是平等主义者，为何这么富有？》，霍政欣译，北京大学出版社2009年版，第144页。

命"所要颠覆的：不是我们的观念要和对象相符合，而是对象要符合我们的观念。无产阶级的经验层面往往掩盖了无产阶级的建构性问题，所以我们要看到，不过是现实中出现的无产阶级这个群体，恰好符合了无产阶级的观念而已。马克思在《神圣家族》中就明确指出："问题不在于某个无产者或者甚至整个无产阶级暂时提出什么样的目标，问题在于无产阶级究竟是什么，无产阶级由于其为无产阶级而不得不在历史上有什么作为。"① 问题的关键是要追问这里的"有所作为"指的是什么？根据马克思的文本，我们可以说这种"有所作为"就是把无产阶级从自在提升到自为的作为。在《哲学的贫困》中，马克思清楚地提出要形成自为的无产阶级，"这批人对资本说来已经形成一个阶级，但还不是自为的阶级。在斗争（我们仅仅谈到它的某些阶段）中，这批人联合起来，形成一个自为的阶级"②。怎么才是自为的无产阶级？我们一直在自在的意义上谈论马克思的无产阶级问题，而马克思真正关注的是如何形成自为的无产阶级，正是在这个层面上，我们可以说马克思和恩格斯并没有声明过无产阶级已经形成，马克思只是说"使无产阶级形成为阶级，推翻资产阶级的统治，由无产阶级夺取政权"③ 是共产党人的任务。我们也可以在马恩的著作中，发现"无产阶级的成熟""潜在的无产阶级"等表述，这些都足以表明无产阶级还没有使自己形成一个阶级，一个自为的阶级。那既然没有形成，何来解体之说？因此，无论是柯亨抑或是西方学术界的其他谈论无产阶级解体的问题，都是对马克思无产阶级的误读，并不是汇集了几个特征于一体的工厂里的工人就是无产阶级。这样一来，问题的关键就变成了如何将自在的阶级提升为自为的阶级？

区分自在的阶级与自为的阶级的关键在于是否具有无产阶级意识，那什么是无产阶级意识？无产阶级意识与工人阶级意识等同吗？科拉科夫斯基一语中的："'无产阶级'意识既不能理解成以经验为根据的工人阶级意识，也不能理解成个人意识的总和或平均值。这里总是存在着实

---

① 《马克思恩格斯文集》第1卷，人民出版社2009年版，第2页。
② 《马克思恩格斯选集》第1卷，人民出版社2012年版，第274页。
③ 马克思、恩格斯：《共产党宣言》，人民出版社1997年版，第41页。

际工人的经验意识与无产阶级的'真正'阶级意识之间的差距。"① 在《德意志意识形态》中,马克思指出:"这种阶级形成全体社会成员中的大多数,从这个阶级中产生出必须实行彻底革命的意识,即共产主义的意识,这种意识当然也可以在其他阶级中形成,只要它们认识到这个阶级的状况"②。从中,我们可以看到,第一,必须在革命斗争中形成革命意识,使无产阶级具有革命性。无产阶级必须在经过革命斗争的洗礼后,形成彻底的革命意识——共产主义意识,才能使自在的无产阶级联合起来,为提升为自为的无产阶级奠定基础。第二,必须使具有革命意识的无产阶级具有世界性、普遍性、历史性。打破地域性的限制,在经济上普遍交往的前提下实现无产阶级的普遍性,使具有革命意识的无产阶级在全世界范围内联合起来,随着社会历史的发展而不断壮大。只有无产阶级集世界性、普遍性和历史性于一身时,自在的无产阶级提升为自为的无产阶级才能成为可能,这也就是马克思所说的"无产阶级只有在世界历史意义上才能存在"③。第三,自为的无产阶级必须意识到自己所处的社会现实、位于的阶级地位和肩负的历史使命。无产阶级意识既不束缚于单个人的思想,也不受制于作为整体的无产阶级的群众心理意识,它是意识到了自己所处的社会现实,意识到了自己位于的阶级地位,意识到自己肩负着的解放的历史使命。第四,无产阶级作为代表者必须与被代表者具有阶级利益的一致性。柄谷行人对《路易·波拿巴的雾月十八日》进行了分析,指出"代表者的利益"和"被代表者的利益"之间是任意的,才会使这些阶级在阶级斗争中,造成由谁上位都是偶然的现象,所以才会让波拿巴——这个马克思认为的平庸可笑的人物扮演了英雄的角色。如果代表者不具有将阶级利益普遍化而予以拥护的话语,那么必然会被其他代表者所替代。马克思在分析小农阶级时指出:"……他们是一个阶级。而各个小农彼此间只存在地域的联系,他们利益的同一性并不使他们彼此间形成共同关系,形成全国性的联系,形成政治组织,

---

① [波兰]莱泽克·科拉科夫斯基:《马克思主义的主要流派》(第3卷),侯一麟、张玲霞译,黑龙江大学出版社2015年版,第265页。
② 马克思、恩格斯:《德意志意识形态》(节选本),人民出版社2003年版,第34页。
③ 马克思、恩格斯:《德意志意识形态》(节选本),人民出版社2003年版,第31页。

就这一点而言，他们又不是一个阶级……"① 马克思在此从侧面阐述了阶级利益的同一性对于阶级形成的重要性：是否具有阶级利益的同一性？阶级利益的同一性是否使彼此形成共同的联系？阶级利益是具有全国性的联系，还是仅仅局限于地域之间？阶级利益是否具有政治组织的形式？进而我们可以引出第五点，共产党是无产阶级具有组织的政治形式。卢卡奇在《关于组织问题的方法论》中明确指出共产党是连接革命理论和革命实践的桥梁，"因为组织是理论和实践之间的中介形式。正像在每一种辩证的关系中一样，这一辩证关系的两项只有在这一中介中和通过这一中介才能获得具体性和现实性"②。马克思向共产党人提出的最艰巨的任务就是把无产者形成为阶级，无产阶级只有使其与被代表者的利益同一，与被代表者的阶级利益具有共同的、全国的联系，从而形成有组织的政治形式，这样的无产阶级才能成为自为的无产阶级。

科拉科夫斯基独具慧眼，指出"只要我们还处在经验主义的立场上，那么我们关于无产阶级的一切认识都来自对实际工人的观察，我们就不可能理解历史总体性，因为人的意识的经验状态恰恰是意识不成熟的标志"③。职是之故，无产阶级需要经历从自在到自为的蜕变，才能使自己蜕变为真正的自为阶级，只有无产阶级赋予了自己无产阶级的革命意识，只有富有革命意识的无产阶级冲破地域的束缚，使无产阶级的世界性、普遍性和历史性成为可能，只有无产阶级意识到自己所处的非人的社会现实、自己的阶级地位、历史使命，只有无产阶级作为代表者与被代表者的利益具有同一性，只有在共产党的组织形式的指引下，自在的无产阶级上升为自为的无产阶级才会成为可能。所以，无论是柯亨在抛开革命主体的前提下试图寻找新的社会主义道路，还是像西方激进左派中奈格里、哈特那样诉诸诸众，柄谷行人寄希望于消费群众那样寻找新的革命主体，他们都是在自在的经验层面上谈论无产阶级，都没有真正地理解马克思给共产党人提出的任务——"使无产阶级形成为阶级"的真正

---

① 《马克思恩格斯选集》第 1 卷，人民出版社 2012 年版，第 762 页。
② ［匈］卢卡奇：《历史与阶级意识》，杜章智、任立、燕宏远译，商务印书馆 1999 年版，第 401—402 页。
③ ［波兰］莱泽克·科拉科夫斯基：《马克思主义的主要流派》（第 3 卷），侯一麟、张玲霞译，黑龙江大学出版社 2015 年版，第 266 页。

含义。

三　澄清柯亨对马克思哲学与无产阶级结合的误解

柯亨对马克思无产阶级的第三个诘难是关于哲学与无产阶级的结合问题。柯亨认为这一结合是"人类最崇高的代表——追求真理的哲学家——与人类最卑微、最扭曲的体现——受压迫的社会弃儿之间展开伟大的联合"①。在柯亨看来，柏拉图所谓人类最崇高象征化身的"哲学家"，与人类最底层、最卑微、最贫困的无产阶级有着天壤之别，马克思没有领略柏拉图哲学与权力结合学说的精华，马克思的哲学与无产阶级结合的理论是柏拉图哲学与权力结合学说的拙劣运用。无论是为了阐明无产阶级理论，还是为了深化对马克思主义哲学的理解，我们都必须澄清马克思哲学与无产阶级结合的真正意蕴。

无产阶级确实是受苦受难的社会底层，马克思也的确继承了柏拉图哲学与权力结合的观点，但哲学与无产阶级的结合并不是对柏拉图理论的拙劣运用，它闪烁着同柏拉图理论同样的光芒。第一，柏拉图哲学与权力的结合同马克思哲学与无产阶级的结合，都是寻求一条解放的道路。"洞穴隐喻"是柏拉图哲学与权力结合的最形象的比喻，洞穴中的囚徒解除锁链的束缚，从洞穴的影像看到木偶，看到火光，走出洞穴看到太阳（柏拉图所说的太阳象征着善、真理），所以洞穴隐喻实际标志着哲学家从意见的束缚中获得解放求得真理的过程。柏拉图认为掌握善和真理的哲学家需要重返洞穴，因为只有拥有善和理性的哲学家成为统治者，才能帮助洞穴中的囚徒摆脱意见获得真理，才能在解放自己的同时使洞穴中的囚徒也获得解放。马克思把哲学与无产阶级结合起来同样是一条寻求解放的道路，无产阶级困于资本主义剥削的牢笼之中，不享有任何特殊的权利，受到普遍的不公正，丧失一切合乎人性的东西，使哲学成为现实是无产阶级谋求解放的前提，无产阶级是哲学成为世界性所必备的物质的或世俗的载体，哲学是无产阶级成为世界性所应该具有的精神的或理论的形式。

---

① ［英］G. A. 柯亨：《如果你是平等主义者，为何如此富有？》，霍政欣译，北京大学出版社2009年版，第127页。

第二，二者都隐含有一种奥德赛基调。在西方，很多学者在研究柏拉图和荷马的关系，以及哲学和诗、神话、戏剧的关系中，看到柏拉图的哲学王背后隐含的奥德赛基调，同时也有学者挖掘到马克思与古希腊的传承，发现无产阶级历经艰辛摆脱资本主义的束缚、获得人性的复归与奥德赛经历磨难重返家乡的联系。从中我们可以看到，哲学王重返洞穴、无产阶级人性的复归与奥德赛返乡都是一场复归之路，"一种形而上学的灵魂返乡"①；都是在路上，漂泊在复归的路上，返回到洞穴的路上，行走在人性复归的路上；都历经磨难、饱尝艰辛，奥德修斯在战后历经十年漂泊，终于克服大海的惊涛骇浪、妖魔鬼怪的折磨；哲学王克服内心的恐惧，面向事物本身，面向火光，忍着眼睛的刺痛面向太阳，最后又让习惯太阳光的哲学王返回洞穴；丧失一切合乎人性的无产阶级联合起来，消灭资产阶级，消灭私有制，从而实现人的本质的真正的占有，实现合乎人本性的人的复归。我们可以说，荷马刻画了奥德修斯英雄返乡的传奇，柏拉图演绎了哲学王的奥德修斯传奇，马克思阐释了无产阶级的奥德修斯传奇。所以，在这两个层面上，我们可以说马克思的哲学与无产阶级的结合继承了柏拉图哲学与权力的结合。但是，更重要的是，马克思从柏拉图哲学与权力相结合中真正继承的是"理论与实践相统一"的观点。

尽管我们首先看到的是无产阶级受苦受难的一面，但是积极的革命性是无产阶级的另一面。自为的无产阶级代表着革命的物质力量，哲学与无产阶级的结合并不是柯亨所认为的人类最崇高的代表与人类最卑微的代表的结合，而是理论与实践的统一，这一点才是马克思对柏拉图的继承。正如耶鲁政治科学教授 Steven B. Smith 所说："柏拉图是革命传统的真正奠基者，他是一个试图将理论与实践、理性与现实结合起来的人，这在黑格尔与马克思的学说那里发挥到了极致。"② 尽管马克思是从柏拉图那里继承并发挥了这一点，但正如柄谷行人所说的，我们要消解这种

---

① [美]郝兰：《哲学的奥德赛——〈王制〉引论》，李诚予译，华夏出版社2016年版，第51页。

② [美]史蒂芬·B. 斯密什：《政治哲学》，贺晴川译，北京联合出版公司2015年版，第69页。

差异的"同一性"场域,"把马克思的思想放到与类似的东西有'细微的差别'处来阅读"①,在这细微的差异里恰恰包含着马克思与前人的本质的不同。在柏拉图看来,赋予"哲学王"权力的并不"王",而是"哲学","是来自'真理'、'智慧'、'知识'、'理性',他是善的理念在现实城邦政治中的实现,他本身就是'光明'的化身"②,所以在柏拉图眼中,真正重要的还是理念。黑格尔虽然打破了以往主客分离的局面,主张要把真实的东西理解和表述为实体的同时,也要把它理解和表述为主体,但他所谓"理论和实践的同一是绝对理念辩证运动过程中的自身的同一"③。因此,即使柏拉图与黑格尔都强调理论与现实的结合,但二者始终没有走出理论的界限,只有马克思深入无产阶级的革命的具体实践运动中,赋予了理论与实践结合的真实内涵。

《〈黑格尔法哲学批判〉导言》是揭示马克思把理论与实践相结合的重要文本:"哲学把无产阶级当做自己的物质武器,同样,无产阶级也把哲学当做自己的精神武器。"④真正的革命力量不是仅有物质力量或者仅有精神力量,而是二者的结合,无产阶级和哲学的结合就是这种革命力量,"这个解放的头脑是哲学,它的心脏是无产阶级"⑤。在《费尔巴哈的提纲》中,马克思强调"人应该在实践中证明自己思维的真理性,即自己思维的现实性和力量,自己思维的此岸性"⑥,我们可以将此处的"实践"解读为"无产阶级革命实践","思维的真理性"解读为"理论的真理性",哲学与无产阶级的结合使思维的现实性和力量得到确证。在马克思看来,没有理论指引的实践是盲目的,没有实践践行的理论是空洞的。但是这里需要注意的是理论和实践的结合不是随随便便的结合,而是有条件的结合,"只有当意识同现实有了这样一种关系时,才可能做

---

① [日]柄谷行人:《跨越性批判——康德与马克思》,赵京华译,中央编译出版社2011年版,第125页。
② 田海平:《柏拉图如何开始了"哲学"》,《吉林大学社会科学学报》2002年第1期。
③ 张云飞:《理论和实践的统一:马克思主义整体性的内在机理和科学要求》,《思想理论教育导刊》2008年第5期。
④ 《马克思恩格斯选集》第1卷,人民出版社2012年版,第16页。
⑤ 《马克思恩格斯选集》第1卷,人民出版社2012年版,第16页。
⑥ 《马克思恩格斯选集》第1卷,人民出版社2012年版,第134页。

到理论和实践的统一"①，换言之，只有当无产阶级意识到自己的现实的非人处境的时候，只有当自在的无产阶级成为自为的无产阶级的时侯，才能使理论与实践的结合成为可能。因此，在一定程度上，哲学与无产阶级的结合需要以自在的无产阶级提升为自为的无产阶级为前提。正是哲学与无产阶级的结合、自在的无产阶级联合起来形成自为的无产阶级，无产阶级才能成为革命的主体，才能成为资产阶级真正的掘墓人；而这种掘墓人不仅仅是一种否定性力量，同时是一种革命性力量，因为马克思"把贫困不仅仅理解为无力，而同时也把它理解为能够推翻旧社会的革命力量"②，从而赋予了无产阶级理论不同于以往阶级理论的革命意义。

总而言之，马克思所谓"无产阶级"并非直接就是经验和社会学意义上的"工人阶级"。马克思根据生产关系中的地位划分阶级，进而将没有生产资料、不得不出卖劳动力换取生活资料的阶级称为"无产阶级"时，马克思是站在自在的层面上，即经验和社会学意义上谈论"无产阶级"；马克思号召"全世界无产者联合起来"形成的"阶级"，已然不是经验层面的自在的无产阶级，而是自为的无产阶级，这种具有世界历史性的自为的"无产阶级"并没有形成。葛兰西的一句话可谓是一语中的：阶级社会并没有消亡，而真正的无产阶级社会还没有诞生。本书并不是认为马克思的无产阶级理论是无懈可击的，只是试图说明那些宣称"无产阶级解体""今天已经不存在马克思意义上的无产阶级""我们需要寻找新的革命主体"等此类对马克思的指责都是无的放矢的批判。他们都是在阶层理论层面谈论阶级问题，而这已然不是马克思所强调的阶级问题。他们对无产阶级的理解误区关键在于没有区分自在的无产阶级和自为的无产阶级，以至于对无产阶级问题的讨论仅仅局限于自在层面。马克思真正意义的自为的无产阶级并没有形成，而哲学与无产阶级结合的前提条件恰恰是自在的无产阶级提升为自为的无产阶级，同时哲学与无产阶级的结合不是对柏拉图哲学与权力结合的复制，而是在继承的基础上的超越，是马克思理论与实践相结合的最有力的证明。

---

① ［匈］卢卡奇：《历史与阶级意识》，杜章智、任立、燕宏远译，商务印书馆 1999 年版，第 50 页。

② 王福生：《重温柯尔施的马克思主义观》，《社会科学研究》2014 年第 1 期。

结　语

本书以"道德上维护"、"批判性解构"和"理论性建构"三个部分系统地考察了柯亨的社会主义思想，揭示柯亨何以开始以及怎样为社会主义做道德辩护，阐明柯亨如何走上坚定社会主义理念到质疑社会主义路径的道路，探讨柯亨又是怎样在质疑社会主义路径的过程中走向重建与时代发展相契合的社会主义道路，进而以马克思主义为参照，反思柯亨对马克思主义何以继承与发展，又何以误解与错判。对"继承与发展"的方面，我们给以肯定和赞扬；对误解和错判之处，我们必须进行"批判与澄清"。

首先作为分析马克思主义学派的领军人物，柯亨的思想体现了分析马克思主义以分析的方法在保留马克思主义一些经典议题的基础上，对马克思的思想进行重释的理论宗旨，其理论的独创性、逻辑的清晰性和概念的明晰性尚无出其右者。如果我们将马克思主义定义为社会主义理念指导下的共产主义运动的学说，那就柯亨对社会主义理念与社会建设方案方面来说无疑是对马克思主义的继承与发展，柯亨可以称得上是一个合格的马克思主义者。从柯亨对马克思主义的继承和发展来说，第一而且重要的就是柯亨在自由主义重重包围的环境之中，依然坚定社会主义理念，在同诺齐克和罗尔斯的争论中为社会主义做道德辩护，证明社会主义是自由、平等和正义的，这为信仰社会主义提供了有力的道德依据。第二，就对社会建设方案方面的继承与发展来说，柯亨开创了把西方政治哲学、基督教精神风尚和马克思主义哲学融会贯通的先河，实现了政治哲学、基督教议题与马克思主义哲学之间的深层对话，为推进马克思主义的研究开辟了一条新的道路，为深入理解马克思主义哲学提供了更广阔的方向。第三，在某种程度上唤醒了处于低潮的社会主义，对平等和正义的探讨不仅是抓住了时代的主要矛盾，更是彰显了哲学作为时代精神的精华的重要性。第四，在柯亨看到社会建设方案的设计困境时，柯亨提出市场社会主义是次好的选择，某些地方对于我们发展市场经济体制提供了参照。为此，我们可以说，柯亨为社会主义理念的道德辩护与对现有的社会建设方案的探索，无疑是对马克思主义的继承与发展，体现了其理论的继承性、创新性与时代性。

但柯亨重建社会主义的理论路径因其理论自身的局限性，以及对经典马克思主义科学社会主义的误解，使柯亨为社会主义撰写的食谱并不能烹饪出社会主义的佳肴。柯亨对社会建设方案的探索具有一定的乌托邦性质，表明这并不是一条现实可行的路径：第一，柯亨并不能保证社会主义的平等原则和共享原则在全社会范围内实行，正如柯亨自己所强调的，野营旅行并不具有全社会范围内的可行性；第二，柯亨想在自由主义与经典马克思主义之间保持一种张力，但柯亨并不能保证他从自由主义中拯救的平等与正义，与柯亨从经典马克思主义中拯救的科学社会主义就是相容的，这种融合的结果可能是一种不伦不类的社会主义与自由主义的混合物；第三，在全社会普及基督教精神风尚的计划难以实现，心灵的净化在当今这个物化的时代终将会落空。柯亨也正是因为看到其理论自身的局限性和不可行性，才在晚年提出市场社会主义作为次好的制度是通向社会主义的中介道路，但柯亨对市场社会主义与马克思思想的论述也有误解之处。

其次，柯亨对马克思社会主义理论有所误解。第一，对马克思社会主义理论本身的误解。柯亨自认为重建了马克思的社会主义理论，但事实上，柯亨并没有真正理解经典马克思主义的社会主义。从严格的意义上讲，柯亨试图重建的社会主义并不是马克思意义上的社会主义，或者可以说柯亨指向的是马克思所谓共产主义社会的理论建构，因此柯亨试图重建的社会主义更接近于马克思意义上的共产主义社会。在马克思看来，对社会主义做过多的撰写与计划势必会使其跌回到空想，正如詹姆斯·劳洛所揭示的："马克思的兴趣并不在于给未来的食谱写下烹饪法。"① 所以柯亨为社会主义撰写的食谱并不是经典马克思主义意义上的社会主义，就其撰写出的所谓适合当今时代发展的社会主义食谱，以及他所谓"工程师"式的对社会主义的具体规划来说很容易倒退回空想社会主义，恩格斯曾清楚地指出过：社会主义的任务"不再是构想出一个尽可能完善的社会制度，而是研究必然产生这两个阶级及其相互斗争的那种历史的经济的过程；并在由此造成的经济状况中找出解决冲突的手段"②。

第二，柯亨对马克思社会主义理论前提的解构是一种误解。关于辩证法和唯物史观，首先柯亨是在抛开辩证法理论的认识论内容和认识史的基础上去解释辩证法，"把辩证法解释成一种可以脱离开思想内容的所谓的'方法'，这不仅使辩证法失去了它的深邃的理论内容和深厚的历史感，而且往往造成把辩证法当成到处套用的简单公式"③；其次，柯亨没有看到马克思对黑格尔辩证法理论基础的根本转换，没有看到"随着辩证法理论基础的根本转换，辩证法从对历史'抽象的、逻辑的、思辨的表达'变为对'作为一个当作前提的主体的人的现实的历史'的自觉理解，辩证法真正成为了关于'现实的人及其历史发展'的学说，而这样理解的辩证法，实质上就是历史唯物主义"④；最后，由于没有真正理解马克思辩证法和黑格尔辩证法之间的关系，导致柯亨误认为作为科学社会主义理论基础的唯物史观是黑格尔唯心史观的变形。就劳动价值论和剩余价值论来说，柯亨不理解劳动二重性、商品二重性，否定劳动创造价值，指出劳动价值论的错误导致剩余价值论无法为社会主义提供理论前提，误解了劳动价值论和剩余价值论。从革命主体方面说，无产阶级的"形成"恰恰是共产党的任务，柯亨只是在自在层面谈论无产阶级，没有看到马克思所谓资产阶级的掘墓人是自为的无产阶级，从而误解了马克思无产阶级理论。尽管马克思的辩证法、唯物史观、剩余价值论和

---

① ［美］詹姆斯·劳洛：《马克思主义哲学和共产主义》，《当代英美哲学地图》，欧阳康主编，人民出版社2005年版，第634页。
② 《马克思恩格斯选集》第3卷，人民出版社2012年版，第796页。
③ 孙正聿：《马克思主义辩证法研究》，北京师范大学出版社2012年版，第28页。
④ 贺来：《历史唯物主义的辩证本性》，《中国社会科学》2012年第3期。

无产阶级理论都或多或少有可以批判和需要加以批判的地方，但它们并不能被全盘否定和完全推翻，其理论的科学性表明它们对社会主义至关重要。

最后，从方法论层面来说，柯亨以分析的方法对经典马克思主义一些基本概念和命题重新界定，有利于我们研读马克思主义的经典文本和辨析理论范畴的原初内涵。柯亨用分析方法开创了规范性政治哲学的新领域，这是他理论思想的独创性和学术成就非凡性的根源，正如李佃来教授所言："一方面，柯亨正是借助于分析的方法，厘清了马克思主义哲学中事实性命题与规范性命题的内容及相互之间的关系，才得以根据规范性命题界划出了政治哲学的理论问题与学科边界；另一方面，柯亨也正是借助于分析的方法，透彻检视和指证了罗尔斯及诺齐克等的理论缺陷，才形成了与自由主义话语有着异质性学术前提和思想诉求的马克思主义政治哲学话语。"① 但是这种分析方法在赋予了柯亨理论思想的独创性和学术成就非凡性的同时，也造成了其理论思想的局限性。主张精确性和坚实性的分析方法的确是我们研究马克思主义的一个基础性方法，但这并不代表分析的方法是我们研究马克思主义的唯一方法，也不是我们拒斥辩证法的理由。更重要的是，柯亨在注重"分析"的同时忽略了"综合"，在强调方法论意义上的"个人主义"的同时摒弃了"辩证法"，从而阉割了马克思主义的辩证性与革命性。可以说，这种分析方法既是柯亨理论思想的特点，也是其理论建构的缺陷。正如黑格尔所言，"哲学的方法既是分析的又是综合的"②，"哲学思维，就其仅仅接受它的对象、理念，听其自然，似乎只是静观对象或理念自身的运动和发展来说，可以说是采取的分析方法"③，"但是哲学的思维同时也是综合的，它表示出它自己即是概念本身的活动"④，我们必须将"分析"与"综合"结合起来，借柯亨分析方法的独创性、逻辑的清晰性、概念的明晰性辅助辩证法，这或许是我们阐释马克思主义哲学思想的一种更好的尝试。

---

① 李佃来：《马克思主义哲学的三次方法论变革及其意义》，《社会科学战线》2017年第1期。
② ［德］黑格尔：《小逻辑》，贺麟译，商务印书馆1980年版，第426页。
③ ［德］黑格尔：《小逻辑》，贺麟译，商务印书馆1980年版，第427页。
④ ［德］黑格尔：《小逻辑》，贺麟译，商务印书馆1980年版，第427页。

参考文献

一 中文文献

（一）马克思主义经典著作

《列宁选集》第3卷，人民出版社1995年版。
《马克思恩格斯全集》第1卷，人民出版社1956年版。
《马克思恩格斯全集》第23卷，人民出版社1972年版。
《马克思恩格斯全集》第33卷，人民出版社2004年版。
《马克思恩格斯全集》第34卷，人民出版社2008年版。
《马克思恩格斯全集》第35卷，人民出版社2013年版。
《马克思恩格斯全集》第36卷，人民出版社2015年版。
《马克思恩格斯全集》第3卷，人民出版社2002年版。
《马克思恩格斯全集》第44卷，人民出版社2001年版。
《马克思恩格斯文集》第1卷，人民出版社2009年版。
《马克思恩格斯选集》第1—4卷，人民出版社2012年版。
马克思：《1844年经济学哲学手稿》，人民出版社2000年版。
马克思：《资本论》（第1卷），人民出版社2004年版。
马克思、恩格斯：《德意志意识形态》（节选本），人民出版社2003年版。
马克思、恩格斯：《共产党宣言》，人民出版社1997年版。
马克思、恩格斯：《神圣家族》，人民出版社1958年版。

（二）中文专著

白刚：《瓦解资本的逻辑——马克思辩证法的批判本质》，中国社会科学出版社2009年版。
陈先达：《马克思和马克思主义》，中国人民大学出版社2016年版。

陈先达：《走向历史的深处——马克思的历史观研究》，北京师范大学出版社2017年版。

陈宴清、王南湜、李淑梅：《现代唯物主义导论——马克思哲学的实践论研究》，北京师范大学出版社2017年版。

邓晓芒：《思辨的张力——黑格尔辩证法新探》，商务印书馆2008年版。

段忠桥：《为社会主义平等主义辩护——G. A. 科恩的政治哲学追求》，中国社会科学出版社2014年版。

方广宇：《柯亨平等主义思想研究》，中国书籍出版社2015年版。

高放：《马克思主义与社会主义新论》，黑龙江人民出版社2007年版。

高清海：《高清海哲学文存·续编》卷一、二、三，黑龙江教育出版社2004年版。

高清海：《高清海哲学文存》第一、二卷，吉林人民出版社1997年版。

高清海：《哲学的奥秘——高清海文存》第2卷，吉林人民出版社1997年版。

高清海：《哲学与主体自我意识——论马克思实践观点的思维方式》，北京师范大学出版社2017年版。

高清海、胡海波、贺来：《人的"类生命"与"类哲学"——走向未来的当代哲学精神》，吉林人民出版社1998年版。

龚群：《罗尔斯政治哲学》，商务印书馆2006年版。

韩立新：《〈1844年经济学哲学手稿〉研究》，北京师范大学出版社2014年版。

韩庆祥：《现实逻辑中的人——马克思的人学理论研究》，北京师范大学出版社2017年版。

何怀宏：《公平的正义》，山东人民出版社2002年版。

贺来：《边界意识和人的解放》，上海人民出版社2007年版。

贺来：《辩证法的生存论基础——马克思辩证法的当代阐释》，中国人民大学出版社2004年版。

刘同舫：《马克思的哲学立场》，人民出版社2017年版。

孙伯鍨：《探索者道路的探索——青年马克思恩格斯哲学思想研究》，北京师范大学出版社2017年版。

孙利天：《高清海哲学思想讲座》，中国社会科学出版社2014年版。

孙亮:《重审马克思的"阶级"概念——基于政治哲学解读的尝试》,江苏人民出版社2016年版。

孙正聿:《理论思维的前提批判——论辩证法的批判本性》,中国人民大学出版社2010年版。

孙正聿:《马克思主义辩证法研究》,北京师范大学出版社2012年版。

王福生:《求解"颠倒"之谜——马克思与黑格尔理论传承关系研究》,中国社会科学出版社2010年版。

王庆丰:《〈资本论〉的再现》,中央编译出版社2016年版。

吴晓明:《马克思早期思想的逻辑发展》,上海人民出版社2016年版。

吴晓明、梁敬东、朱必祥:《马克思主义社会思想史》,复旦大学出版社1996年版。

郗戈:《从哲学革命到资本批判——马克思历史唯物主义基本范畴的当代阐释》,世界图书出版广东有限公司2012年版。

薛俊强:《恩格斯〈社会主义从空想到科学的发展〉研究读本》,中央编译出版社2013年版。

杨魁森:《哲学与社会主义》,人民出版社1993年版。

姚大志:《罗尔斯》,长春出版社2011年版。

余文烈:《分析学派的马克思主义》,重庆出版社1993年版。

张盾:《马克思的六个经典问题》,中国社会科学出版社2009年版。

张盾、田冠浩:《黑格尔与马克思政治哲学六论》,学习出版社2014年版。

张祖辽:《罗尔斯政治哲学的建构主义政策策略及其困境研究》,东方出版中心2016年版。

(三) 中文译著

[波兰] 莱泽克·科拉科夫斯基:《马克思主义的主要流派》(第3卷),侯一麟、张玲霞译,黑龙江大学出版社2015年版。

[德] 黑格尔:《法哲学原理》,范扬、张企泰译,商务印书馆1961年版。

[德] 黑格尔:《精神现象学》(上、下卷),贺麟、王玖兴译,商务印书馆1979年版。

[德] 黑格尔:《小逻辑》,贺麟译,商务印书馆1980年版。

[德] 康德:《纯粹理性批判》,邓晓芒译,人民出版社2004年版。

［德］柯尔施:《卡尔·马克思》,熊子云、翁廷真译,重庆出版社 1993 年版。

［俄］B. M. 梅茹耶夫:《我理解的马克思》,林艳海、张静译,人民出版社 2013 年版。

［法］雷蒙·阿隆:《阶级斗争——工业社会新讲》,周以光译,译林出版社 2003 年版。

［法］雷蒙·阿隆:《想象的马克思主义——从一个神圣家族到另一个神圣家族》,姜志辉译,上海译文出版社 2007 年版。

［法］雷蒙·阿隆:《知识分子的鸦片》,吕一民、顾杭译,译林出版社 2005 年版。

［法］路易·阿尔都塞:《保卫马克思》,顾良译,商务印书馆 2010 年版。

［加］威尔·金里卡:《当代政治哲学》,刘莘译,上海译文出版社 2011 年版。

［美］埃里克·欧林·赖特:《阶级》,刘磊、吕梁山译,高等教育出版社 2006 年版。

［美］保罗·托马斯:《马克思主义与科学社会主义——从恩格斯到阿尔都塞》,王远河、王克军译,江苏人民出版社 2011 年版。

［美］德沃金:《至上的美德》,冯克利译,江苏人民出版社 2003 年版。

［美］弗朗西斯·福山:《历史的终结及最后之人》,黄胜强、许铭原译,中国社会科学出版社 2003 年版。

［美］郝兰:《哲学的奥德赛——〈王制〉引论》,李诚予译,华夏出版社 2016 年版。

［美］罗伯特·L. 海尔布隆纳:《马克思主义:赞成与反对》,马林梅译,东方出版社 2016 年版。

［美］罗伯特·诺奇克:《无政府、国家和乌托邦》,姚大志译,中国社会科学出版社 2008 年版。

［美］迈克尔·哈特、［意］安东尼奥·奈格里:《大同世界》,王行坤译,中国人民大学出版社 2016 年版。

［美］麦卡锡:《马克思与古人——古典伦理学、社会正义和 19 世纪政治经济学》,王文扬译,华东师范大学出版社 2011 年版。

［美］萨缪尔·弗雷曼:《罗尔斯》,张国清译,华夏出版社 2013 年版。

［美］史蒂芬·B. 斯密什：《政治哲学》，贺晴川译，北京联合出版公司 2015 年版。

［美］维塞尔：《普罗米修斯的束缚——马克思科学思想的神话结构》，李昀、万益译，华东师范大学出版社 2014 年版。

［美］约翰·罗尔斯：《正义论》，何怀宏、何包钢、廖申白译，中国社会科学出版社 2009 年版。

［美］约翰·罗尔斯：《政治自由主义》，万俊人译，译林出版社 2000 年版。

［美］约翰·罗尔斯：《作为公平的正义——正义新论》，姚大志译，上海三联书店 2002 年版。

［日］柄谷行人：《跨越性批判——康德与马克思》，赵京华译，中央编译出版社 2011 年版。

［日］柄谷行人：《马克思，其可能性的中心》，［日］中田友美译，中央编译出版社 2006 年版。

［匈］卢卡奇：《历史与阶级意识》，杜章智、任立、燕宏远译，商务印书馆 1999 年版。

［英］G. A. 科恩：《卡尔·马克思的历史理论———一种辩护》，段忠桥译，高等教育出版社 2008 年版。

［英］G. A. 柯亨：《马克思与诺齐克之间》，吕增奎编，江苏人民出版社 2008 年版。

［英］G. A. 柯亨：《如果你是平等主义者，为何如此富有？》，霍政欣译，北京大学出版社 2009 年版。

［英］G. A. 柯亨：《自我所有、自由和平等》，李朝晖译，东方出版社 2008 年版。

［英］G. A. 科恩：《为什么不要社会主义》，段忠桥译，人民出版社 2011 年版。

［英］G. A. 科恩：《拯救正义与平等》，陈伟译，复旦大学出版社 2014 年版。

［英］恩斯特·拉克劳、查特尔·墨菲：《领导权与社会主义的策略——走向激进民主政治》，尹树广、鉴传今译，黑龙江人民出版社 2003 年版。

［英］乔纳森·沃尔夫：《诺齐克》，王天成、张颖译，黑龙江人民出版社1999年版。

［英］斯图亚特·西姆：《后马克思主义思想史》，吕增奎、陈红译，江苏人民出版社2011年版。

［英］特里·伊格尔顿：《马克思为什么是对的》，李杨、任文科、郑义译，新星出版社2011年版。

（四）期刊

白刚：《黑格尔、马克思与古典政治经济学》，《现代哲学》2015年第5期。

白刚：《政治经济学批判与资本现象学——〈资本论〉的哲学革命》，《学习与探索》2013年第2期。

白刚：《作为政治哲学的〈资本论〉》，《江苏社会科学》2015年第1期。

陈伟：《在马克思主义和分析哲学之间——访G. A. 柯亨教授》，《哲学动态》2007年第11期。

程彪：《历史唯物主义的核心范畴："物质生活的生产方式"》，《吉林大学社会科学学报》2011年第5期。

邓晓芒：《马克思从黑格尔那里继承了什么?》，《马克思主义与现实》2008年第2期。

段忠桥：《规范原则以事实为根据吗？——简述科恩对一个元伦理学问题的新见解》，《哲学研究》2011年第9期。

段忠桥：《正义、自由与社会主义——G. A. 柯亨对诺齐克"张伯伦论证"的初次批判》，《马克思主义与现实》2012年第5期。

方广宇：《柯亨（G. A Cohen）社会主义思想评介》，《理论界》2011年第6期。

高放：《也谈马克思主义经典著作中未来社会名称的历史演变》，《理论视野》1999年第6期。

高清海：《哲学的命运与中国的命运——20年哲学历程的回顾与展望》，《哲学研究》1998年第6期。

韩志伟：《历史唯物主义的方法论意义》，《北方论丛》2013年第5期。

韩志伟：《什么是"历史唯物主义"——从马克思的几个比喻谈起》，《长白学刊》2013年第4期。

贺来:《历史唯物主义的辩证本性》,《中国社会科学》2012 年第 3 期。

贺来:《马克思哲学的"类"概念与"人类命运共同体"》,《哲学研究》2016 年第 8 期。

贺来:《我们应从黑格尔哲学中吸取什么思想资源》,《现代哲学》2015 年第 2 期。

贺来、张欢欢:《"人的本质是一切社会关系的总和"意味着什么》,《学习与探索》2014 年第 9 期。

李佃来:《"正义"的思想谱系及其当代构建——从马克思到分析的马克思主义》,《学术月刊》2012 年第 11 期。

李佃来:《究竟如何理解马克思哲学的黑格尔起源》,《学术研究》2010 年第 9 期。

李佃来:《马克思与黑格尔思想因缘的再考证———诺曼·莱文解读马克思哲学的理论定向》,《武汉大学学报》(人文科学版)2010 年第 2 期。

李佃来:《马克思政治哲学的理想性维度与现实性维度》,《学术界》2017 年第 3 期。

李佃来:《马克思主义哲学的三次方法论变革及其意义》,《社会科学战线》2017 年第 1 期。

李华荣:《柯亨平等主义思想介评》,《理论探索》2008 年第 4 期。

李华荣、乔瑞金:《柯亨平等观的实质及其对自由主义的批判》,《哲学研究》2008 年第 11 期。

林进平:《柯亨在指证马克思主义持有自我所有权观上的理论失察》,《哲学研究》2017 年第 1 期。

林育川:《G. A. 柯亨论罗尔斯差别原则的困难——以〈拯救正义和平等〉为中心》,《马克思主义与现实》2013 年第 1 期。

林育川:《从正义原则到共同体原则——兼论柯亨的社会主义方案的启示》,《马克思主义与现实》2017 年第 4 期。

林育川:《拯救正义,意在平等——G. A. 柯亨的〈拯救正义和平等〉解读》,《开放时代》2012 年第 12 期。

陆寒、张华:《试论 G. A. 柯亨对正义的拯救》,《华中科技大学学报》(社会科学版)2012 年第 4 期。

罗骞:《异化劳动:现代性状况与现代性批判——〈1844 年经济学哲学手

稿〉解读》,《学习与探索》2012年第1期。

邱娟:《"对事实不敏感"的正义原则——评柯亨对罗尔斯建构主义的批评》,《教学与研究》2013年第4期。

孙乐强:《马克思劳动价值论的革命意义及当代价值——对非物质劳动论与知识价值论的再思考》,《理论探索》2017年第3期。

孙利天:《马克思的唯物史观对黑格尔辩证法的颠倒》,《马克思主义与现实》2008年第2期。

孙利天、孙祺:《共产主义与人类团结的希望——从〈共产党宣言〉谈起》,《东岳论丛》2017年第1期。

孙利天、王丹:《社会历史的辩证法——辩证法的高阶问题与当代处理》,《社会科学战线》2017年第1期。

孙正聿:《〈资本论〉与马克思主义哲学》,《学习与探索》2014年第1期。

孙正聿:《从两极到中介——现代哲学的革命》,《哲学研究》1988年第8期。

孙正聿:《解放何以可能——马克思的本体论革命》,《学术月刊》2002年第9期。

孙正聿:《历史唯物主义的真实意义》,《哲学研究》2007年第9期。

孙正聿:《马克思的哲学观与马克思开辟的哲学道路》,《社会科学战线》2003年第1期。

孙正聿:《人与世界的否定性统一——高清海对人与世界关系的理解》,《天津社会科学》2015年第1期。

唐正东:《历史唯物主义的方法论视角及学术意义——从对西方学界的几种社会批判理论的批判入手》,《中国社会科学》2013年第5期。

唐正东:《马克思劳动价值论的双重维度及其哲学意义》,《山东社会科学》2017年第5期。

田海平:《柏拉图如何开始了"哲学"》,《吉林大学社会科学学报》2002年第1期。

王福生:《从思辨到革命——马克思对黑格尔辩证法的颠倒》,《广西右江民族师专学报》2006年第1期。

王福生:《历史唯物主义与马克思的自然观》,《学术月刊》2011年第

12 期。

王福生：《马克思〈资本论〉中的辩证法》，《社会科学战线》2006 年第 4 期。

王福生：《马克思对黑格尔的四重批判——以"颠倒"问题为核心》，《吉林大学社会科学学报》2010 年第 3 期。

王福生：《马克思主义的整体性及其内在结构》，《天津社会科学》2013 年第 6 期。

王福生：《重思〈巴黎手稿〉中的异化概念》，《吉林大学社会科学学报》2014 年第 2 期。

王福生：《重温柯尔施的马克思主义观》，《社会科学研究》2014 年第 1 期。

王福生、甘霖：《理解中国特色社会主义的两个理论前提》，《毛泽东邓小平理论研究》2015 年第 6 期。

王福生、朱雪微：《从"助产士"到"工程师"：柯亨对社会主义理论前提的重建》，《江西社会科学》2016 年第 12 期。

王晶：《论柯亨对平等自由主义者的批判》，《山东社会科学》2016 年第 11 期。

王南湜：《卢卡奇与马克思哲学阐释中的黑格尔主义传统》，《学习与探索》2007 年第 6 期。

王南湜：《马克思哲学当代性的三重意蕴》，《中国社会科学》2001 年第 5 期。

王南湜：《走向"批判的历史科学"》，《社会科学战线》2011 年第 5 期。

王南湜：《作为实践智慧的辩证法》，《社会科学战线》2003 年第 6 期。

王庆丰：《辩证法理论的思想移居》，《天津社会科学》2012 年第 4 期。

王庆丰：《论实践观点的思维方式》，《广西社会科学》2005 年第 6 期。

王庆丰：《马克思的〈资本论〉与古典政治经济学》，《学术研究》2013 年第 8 期。

王庆丰：《批判的辩证法与共产主义》，《哲学动态》2013 年第 7 期。

王雨辰：《论柯亨对社会主义的平等主义的辩护》，《哲学研究》2012 年第 1 期。

王雨辰、游琴：《柯亨对罗尔斯的四重道德批判》，《世界哲学》2016 年第 2 期。

王增收：《G. A. 柯亨的社会主义观》，《科学社会主义》2010 年第 2 期。

王增收、杜娟：《柯亨对无产阶级不自由地位的当代论证》，《教学与研究》2016 年第 3 期。

魏小萍：《马克思与当代西方左翼社会思潮》，《西南大学学报》（社会科学版）2014 年第 6 期。

魏小萍：《自我所有原则走向哪里：国外马克思主义者与自由主义者的论战——读柯亨的〈自我所有、自由与平等〉》，《哲学研究》2001 年第 4 期。

吴翠丽：《当代西方运气均等主义的理论演进及其问题》，《伦理学研究》2009 年第 6 期。

吴宏政：《劳动在什么意义上才是"生活的第一需要"》，《哲学动态》2017 年第 5 期。

吴晓明：《黑格尔法哲学与马克思社会政治理论的哲学奠基》，《天津社会科学》2014 年第 1 期。

吴晓明：《论马克思学说的黑格尔渊源》，《云南大学学报》（社会科学版）2015 年第 6 期。

吴晓明：《社会现实与马克思主义哲学的当代课题》，《社会科学辑刊》2013 年第 1 期。

郗戈：《"新现代性"：马克思现代性理论的建设性维度》，《马克思主义研究》2013 年第 4 期。

郗戈：《〈资本论〉逻辑：资本逻辑还是"物象化"？》，《教学与研究》2016 年第 9 期。

郗戈：《资本逻辑的当代批判与反思——〈资本论〉哲学研究的关键课题》，《南京社会科学》2013 年第 6 期。

谢永康：《社会主义论证方式问题探讨》，《福建论坛》（人文社会科学版）2017 年第 4 期。

徐长福：《马克思主义：从建构性理想到调节性理想——借康德的视角来看》，《吉林大学社会科学学报》2006 年第 1 期。

薛俊强：《求解"恩格斯问题"——论科学社会主义"科学性"的理论特质》，《学术研究》2014 年第 6 期。

闫永飞：《马克思劳动价值论的本质内涵和阶级意义》，《江汉论坛》2011年第9期。

阎孟伟：《完整理解马克思的人的解放理论——马克思〈论犹太人问题〉的再解读》，《西南大学学报》（社会科学版）2014年第4期。

杨立峰、应奇：《罗尔斯对古典自由主义的超越——从社会基本结构理念的角度看》，《南京社会科学》2003年第12期。

仰海峰：《历史唯物主义的双重逻辑》，《哲学研究》2010年第11期。

仰海峰：《历史唯物主义的政治经济学解读》，《学习与探索》2011年第6期。

仰海峰：《政治经济学批判中的历史唯物主义》，《中国社会科学》2010年第1期。

姚大志：《G. A. 柯亨与当代自由主义》，《马克思主义与现实》2012年第5期。

姚大志：《罗尔斯正义原则的问题和矛盾》，《社会科学战线》2009年第9期。

姚国宏：《平等的幻像——G. A. 柯亨政治哲学初探》，《学海》2008年第2期。

姚顺良：《〈资本论〉与"自我所有权"——析柯亨的"马克思批评"和"后马克思"转向》，《学习与探索》2013年第4期。

于萍：《科恩对科学社会主义的质疑及对其的回应》，《科学社会主义》2015年第2期。

俞吾金：《历史唯物主义是哲学而不是实证科学——兼答段忠桥教授》，《学术月刊》2009年第10期。

俞吾金：《再论异化理论在马克思哲学中的地位和作用》，《哲学研究》2009年第12期。

袁聚录：《柯亨对诺齐克持有正义理论的批判——一项研究问题的提出及其国内外相关研究述评》，《现代哲学》2008年第4期。

袁聚录：《柯亨对诺齐克持有正义理论的批判》，《理论探索》2008年第5期。

袁聚录：《柯亨对诺齐克获取正义社会制度取向的剖驳析评》，《陕西师范大学学报》（哲学社会科学版）2010年第2期。

袁聚录、杜彩芹：《柯亨式社会主义的终极价值取向》，《科学社会主义》2009 年第 4 期。

张盾：《反现代性：马克思哲学革命的真实意义》，《长白学刊》2004 年第 1 期。

张盾：《在什么意义上黑格尔辩证法是马克思哲学变革的思想源头？——从"卢卡奇——科耶夫"解读看》，《复旦学报》（社会科学版）2007 年第 3 期。

张盾：《重新阐释马克思与黑格尔的理论传承关系——从黑格尔的视角看》，《江海学刊》2006 年第 5 期。

张盾、袁立国：《论马克思与古典政治经济学的理论渊源》，《哲学研究》2014 年第 3 期。

张青卫：《试论柯亨的马克思主义"情结"》，《学术交流》2007 年第 11 期。

张全胜：《简析科恩对罗尔斯差别原则的四种解读》，《河南教育学院学报》（哲学社会科学版）2012 年第 5 期。

张全胜：《论科恩对罗尔斯差别原则的一种批判》，《内蒙古大学学报》（哲学社会科学版）2011 年第 4 期。

张维久、江山：《论类概念的逻辑合理性——从费尔巴哈到马克思》，《吉林大学社会科学学报》1997 年第 3 期。

张一兵：《从精神现象学到人学现象学——析青年马克思〈1844 年手稿〉中对黑格尔的批判》，《社会科学研究》1999 年第 2 期。

张一兵：《马克思：共产主义与人类主体的现实解放》，《社会主义研究》1995 年第 4 期。

张一兵：《马克思历史唯物主义中的历史概念》，《哲学研究》1998 年第 9 期。

张一兵：《马克思哲学的当代阐释——"回到马克思"的原初理论语境》，《中国社会科学》2001 年第 3 期。

张云飞：《理论和实践的统一：马克思主义整体性的内在机理和科学要求》，《思想理论教育导刊》2008 年第 5 期。

赵家祥：《马克思主义经典著作中未来社会名称的演变》，《贵州社会科学》2009 年第 3 期。

朱菊生：《为社会主义辩护——G. A. 柯亨的政治哲学探析》，《学术论坛》2010 年第 12 期。

朱雪微：《柯亨重建社会主义的批判性考察》，《学术交流》2016 年第 4 期。

（五）汉译外文论文

F. 塔里、吕增奎：《柯亨与马克思主义》，《马克思主义与现实》2017 年第 6 期。

［加］威尔·金里卡：《当代政治哲学前沿：多元立场、公民身份与全球视野》，卞绍斌译，《马克思主义与现实》2013 年第 2 期。

（六）报纸

姚大志：《当代政治哲学崛起于罗尔斯》，《社会科学报》2013 年 3 月 7 日。

二　外文文献

G. A. Cohen, *Karl Marx's theory of history: a defence.* Princeton：Princeton University Press, 1978.

G. A. Cohen, *History, labor, and freedom.* Oxford：Oxford University Press, 1989.

G. A. Cohen, *Self-Ownership, Freedom, and Equality.* Cambridge：Cambridge University Press, 1995.

G. A. Cohen, *If you're an egalitarian, how come you're so rich?* Cambridge, MA：Harvard University Press, 2001.

G. A. Cohen, *Rescuing Justice and Equality.* Harvard University Press, 2008.

G. A. Cohen, *Why not socialism?* Princeton：Princeton University Press, 2009.

Andre Gorz, *Farewell to Working Class*, London：Pluto Press, 1982.

Robert Nozick, *Anarchy, state and utopia.* Oxford：Clarendon Press, 1986.

John Rawls, *A theory of justice.* Cambridge, MA：Belknap Press of Harvard University Press, 1971. John Rawls, *Political Liberalism.* New York：Columbia University Press, 1993.

John Rawls, *Justice as fairness.* Cambridge, MA：Harvard University Press, 2001.

后　　记

　　本书是我的博士毕业论文，因此我尽可能地保留了它最初的模样，以此纪念那段拼搏努力的青春岁月。它是我博士研究生生涯的终点，但也是我学术研究的起点。对柯亨社会主义思想的研究打开了我的研究视野，我的国家社会基金后期项目"马克思人类解放思想的新时代意蕴"，以及出版的专著《马克思人类解放思想的新时代意蕴》正是以本书第四章中的很多想法为理论基础，从而为我提供了人类命运共同体思想与人类解放研究的新视角，为我进一步深入马克思主义理论研究与习近平新时代中国特色社会主义思想研究奠定了基础。我的国家社科基金一般项目"当代资本主义新变化下马克思无产阶级理论的当代价值研究"的源头可以追溯到本书的第二章的第二节与第五章的第三节，这是我最初对马克思无产阶级理论感兴趣的地方，柯亨代表了一批西方学者，他们以当代资本主义新变化为现实依据，来质疑无产阶级的存在性、无产阶级革命发生的可能性以及无产阶级理论的时代性，而这种质疑是对无产阶级理论之科学性的否定，因此让我意识到必须结合当代资本主义新变化，尤其是无产阶级的新变化，为马克思的无产阶级理论辩护，重新认识无产阶级概念的真实意蕴，揭示无产阶级理论的当代价值。本书有很多不善完美的地方，但是对我来说真的意义非凡。

　　为此，特别感谢我的博士研究生导师王福生教授。感谢王老师在读博期间给予我的鼓励，这给敏感又要强的我很大帮助。每一次感觉自己快坚持不下去的时候，这种鼓励是我咬牙坚持下去的最大动力。亦师亦友的关系让我能够鼓起勇气找王老师讨论问题，无论我的问题多幼稚，都能得到老师耐心的引导与解答。感谢我的硕士研究生导师韩志伟教授，感谢韩老师当时每一次组会给我的展示机会，让我能有机会训练与提升自己的概括能力与表达能力，韩老师当时教授的很多方法以及对我的严格要求至今都影响着我。感谢吉林大学哲学社会学院的孙正聿教授、孙利天教授、贺来教授、姚大志教授、张盾教授、王庆丰教授、白刚教授、曲红梅教授、元泳浩教授、李慧娟教授等诸位教师，无论是课上还是课下对我的指导与帮助，都开阔了我的理论研究思路，训练了我的理论思维方式，提升了我的理论素养。

曾经以为这会是我人生中的第一本个人专著，但由于一直没有适合的资金项目出版它，导致其一直被搁置到现在，因此特别感谢中央高校基本科研业务费专项资金资助"柯亨社会主义思想研究"，感谢南开大学给予本书出版面世的机会。感谢我的博士后合作导师王新生教授，王老师对学术问题的潜心专研、对现实问题的深刻把握以及对理论问题的深入研究都令我十分钦佩，王老师敏锐的理论洞察力、深刻的理论理解力、精准的理论分析力、高度的理论概括力与独特的理论创新力，常常能把我复杂的问题简单化与通俗化，带我进入一个更为广阔的学术天地。或许做学生的都想成为老师的骄傲，因此感谢王老师总是不吝夸奖与赞扬，又总是不忘提点我戒骄与戒躁，才能让我不断自我反思、自我批判、自我扬弃与自我超越。感谢南开大学马克思主义学院的用心栽培，感谢付洪书记、刘凤义院长、孙寿涛副院长、王升生副院长、余一凡副院长、肖光文副院长、王友江副院长、兰昊副院长等领导对我的培养与提携，感谢刘景泉教授、武东生教授、平章起教授、阎孟伟教授、杨谦教授、寇清杰教授、纪亚光教授、陈弘教授、孔明安教授、石镇平教授、徐曼教授、姬丽萍教授、张健教授、盛林教授、赵美玲教授、赵春玲教授、杨晓玲教授、邓红教授、齐艳红教授、莫雷教授、刘明明教授、刘一博副教授、孟锐峰副教授、刘春雪副教授等诸位老师对我工作方面的指导与帮助。感谢南开大学社科处和人事处的各位老师对于我项目的费心与帮助。感谢南开大学马克思主义学院行政岗的各位教师对我的照顾与包容。

感谢中国社会科学出版社对本书出版给予的大力支持，感谢编辑朱华彬老师为本书出版的辛勤付出。这是第二次与中国社会科学出版社合作，非常感谢编辑老师们对书稿认真负责的态度。

感谢我的学生们，感谢他们参与书稿校对的工作。因为有他们，才让我认识到我的老师们当年对我的良苦用心，让我明白只有学生当了老师才能更加理解老师的辛苦。

最后，感谢我的父母从小到大对我的严格要求以及耐心培养，教我做正直、善良、真诚、坚强、勇敢且乐观的人。

本书对柯亨社会主义思想的研究告一段落，但以此展开的研究还在继续。由于本人水平有限，研究不够尽善尽美，分析不够鞭辟入里，语言不够精练简洁，恳请各位同人批评指教，指引我走向更远的地方！